书简史

中华书品史话

陈洪宜 著

九州出版社
JIUZHOUPRESS

图书在版编目（CIP）数据

书简史：中华书品史话 / 陈洪宜著．—北京：九
州出版社，2023.4

ISBN 978-7-5225-1726-1

Ⅰ．①书… Ⅱ．①陈… Ⅲ．①图书史－中国－古代
Ⅳ．① G256.1

中国国家版本馆CIP数据核字（2023）第 052033 号

书简史：中华书品史话

作　　者	陈洪宜　著
责任编辑	蒋运华
出版发行	九州出版社
地　　址	北京市西城区阜外大街甲 35 号（100037）
发行电话	（010）68992190/3/5/6
网　　址	www.jiuzhoupress.com
印　　刷	三河市兴博印务有限公司
开　　本	880 毫米×1230 毫米　32 开
印　　张	10
字　　数	220 千字
版　　次	2023 年 4 月第 1 版
印　　次	2023 年 4 月第 1 次印刷
书　　号	ISBN 978-7-5225-1726-1
定　　价	68.00 元

自 序
PREFACE

　　四五千年前，华夏大地的甲骨文与金文，承载着文明信息，把中国先民送进了世界先进行列；三千年前，"竹简之书"问世，使得知识的跨时空传授成为可能，直接促成了先秦诸子著作的批量式问世，诱发了华夏知识的首轮大爆炸。可以说，没有简书，就没有周秦两汉中华文明的传承！公元4世纪之后，"纸书"得以普及，完成了"书"的从有到优的历史推进，中国气派的中国书画成为中国各族人民共通的精神载体；再过五百年，宋代先民又以印刷术的广泛使用使印版书代替手抄书成为读书人的最爱，保证了中华文明发展的跨越式飞跃，宋版书迄今仍在大放异彩。中华书品之功大矣哉！

　　那么，"书"是怎么来的呢？"古书"长什么样儿？古人是怎样追求书品的适读性的？古人是怎样阅读书籍、写好用好文章的？我们今天又如何才能读懂古书、用好古文？本书就试图回答这类问题。

　　要问古书长什么样儿，看它的外在形式，首先论其材质，材质不同，书的形态当然不一样。简书、帛书或纸书，各有自己的相应形态，而且在不断变形中：简书是竹木简片编联卷起的，帛书多是丝质绢帛卷轴装的；纸书则有卷轴装、蝴蝶装、折叠装、册页线装、册页包背装等多种样式。当代人最常见的就是册页包背装的纸书了；偶尔可以看到折叠装的经文与字帖，还可以看到卷轴装的字画。无论如何装订，总以适读为第一要义，还得便宜、坚牢、便携才行。至于文字录入的方式，上古都用手抄本，唐宋之际有了印刷本，而今已有电子本；以前都是"右起直行"录入的，现在则通用"左起横行"录入了。说到文字的排版式样，图文配置、正文与注释、附录的安排，则一代更比一代赏心悦目，追求适读。这些，便是关于"书"的一点常识。

要问怎么读懂古书、用好古文，办法有的是。中国几千年来，每一代人都积累了读懂、用好前代文章的好经验，已累积成中国传统的"文章学"知识系列。比如汉代人为整理先秦典籍，发明了章句训诂之学；六朝人为把握汉语文章的民族气派，积累了音律辞章之学；为传承历代经典，唐宋人有了注疏评点之学，同时还发展出藏书事业与版本目录之学；明清人有了考据评鉴之学，近代人又有了审美赏析之学；这都是读好古书、用好古文的方法论结晶。我们的任务就是认识它们，把它们继承下来，加以发展，并有所创新，以利于加速吸纳传统文化的营养。

讲书品，当然不能不论及文章内容，不能不论及文章题材、体裁与艺术手法的源流演变；不能不论及文章的民族风格、民族气派、民族功能。我们这本书，固然无法就这一切展开论述，但也试图就一些带有时代特征的路标式著作做一些感触式的述评，希图由此探索出一条文章评品的线索来。挂一漏万，无可避免；捡蚌遗珠，诚为吾过；举一反三，是有待于智者。

三四千年来，中国古书与古文在中华文明的自身发展和向外辐射方面，起了保证和推进作用。今天，它们仍然无处不在地滋养着我们，丰富着我们的精神生活，推动着我们的产业文明、制度文明与精神文明。它所蕴涵的历史训示、政治智慧，它所反映的社会风情、生活众相，它所累积的科学智慧、生产技能，它所记录的人生思考、审美经验，都是我们取之不尽的无形财富。学好古文，正是掌握这种文化遗产的基础，也是提高我们自身文学素养和精神素质的有效途径。为此，切实解决好古文阅读、古文欣赏与古文应用问题，是当前古文研究与教学中的一个很有意义的课题，值得我辈终生以赴。

这本书，就来讲讲古代的书品，从不同时代的出版物的不同品相说到不同时代读书、写书、出书、藏书、用书的社会风尚与可贵经验，与朋友们分享。不到之处，尚祈补正。

目 录
CONTENTS

第三章　六朝纸书与声律辞章之学

第四章　隋唐五代的卷轴书与注疏之学

第五章　宋辽金元的印本书与版本目录之学

第六章　明清的册页书与考据评注之学

第七章　近代以来的印本册页书与审美赏析之学

结束语

第一章　说说汉字简书与述作之始

古老的中华书品，是中华文明高起点的最好见证。这里先说说汉字的起源及其刻录与书写，再讲先秦时期汉字结体的演变；然后介绍汉字的人造载体——竹简木牍的制作与编联，同时说说简帛书的撰著之始及其对中华文明的巨大贡献。三四千年前的古书至今还能为国人所识读、所欣赏、所利用，这是惊世的伟大奇迹，在世界范围内具有唯一性。

一、汉字是从刻画符号开始的

我国古代文字是从刻画符号开始的。最初，曾经刻画在原始的瓦器、陶器（彩陶、黑陶）上；而专用的文字载体则是龟的腹版、牛的肩胛骨，这就有了"甲骨文"之称，"甲骨文"已经能够传达完整的信息了。商周之际又逐步扩大到石版、玉版（玉饰）以至青铜器皿。青铜器皿多指作为礼器的钟鼎盘盂，所铸文字世称"钟鼎文"或"金文"。西周之钟鼎文已具有早期文章的体式：排列有序、表义完整，能记事说理，自成篇章。不过，甲骨文、金文文章，只是远古流传下来的文字、文献，难以批量性地复制，不能作为跨时空传授知识用的"书"。

考古发现，我国远古的原始瓦器、陶器上，就有人形或鱼纹图案，那是刻画或涂画上去的，笔画挺直，也是一种信息载体。六千年前的一副玉梳上的刻符，就与八卦刻符的笔势相同，富有抽象含义，已经具有契文的用笔效果了，这为《易经》所说远古先民有能力画出"八卦"来提供了实物旁证。河南舞阳的贾湖遗址中，人们发现了一批6000年前有契刻符号的骨片，其中有几十个形符，结体严谨，笔触带有抽

玉梳

象含义，专家们认为，那就是我国最初的原始文字了。还有一支骨笛，至今仍能吹出美妙的乐音来，它表明：我国先民早已具备了在骨质器物上钻凿刻录表义符号的能力，有了很高的抽象思维能力，这是中国人至迟在5000年前就在创制文字的智力保证。

甲骨文是夏商时期一种成熟的文字体系，今存商代甲骨文有5000个之多。1965年中华书局出版中科院考古所编《甲骨文编》收字4672个，目前可辨认的单字已超过1500个，其中不仅有表现日月山川、犬马牛羊这类具体事物的象形文字，还有表达十百千万这类高度抽象意义的表意文字；而象形、会意、形声、假借等造字与用字的方法，在甲骨文中也已大备；尤其是象形字，象形而非绘形，有对应的读音，

是文字不是图画，而且自成体系，这正是文本制作的先决条件。

文字产生后，使文化信息的凝定与跨时空传布有了可能，从而出现了最初的"文本"。考古发现：安阳小屯村YH127号坑出土的龟腹甲上，便刻画有"册三""册凡三"字样，标明是3～9片龟甲的有序编联。另一片龟甲上，还契有"册六"二字，并钻有小圆孔，那就是用绳索串接的证明。这些甲骨上的卜辞，涉及商代的祭祀、帝系、政事、军事、职官、刑赏、农产、畜牧、田猎、婚嫁、疾病、男女、奴隶、禽鸟等各种事物，是商代的"国家档案""社会档案"，是后人认识商代信史的珍贵文献。文献记载与文物实证的交相辉映，映现出上古中华文明的辉煌。

二、甲骨文、金文问世了，但还没有"书"

考古发现：商代留下了大批乌龟腹版，上面记载着商代数百年间祭祀、兵戎、婚嫁、农牧、狱讼的大事。其中有这样一段记事："八日辛亥，允灾伐二千六百五十六人，在沔"（参见陈梦家的《殷墟卜辞综述》）。它所记的时日、事项和地点都简洁明了，能对上千战俘进行精确的数量核计，是商人具有高超的抽象思维能力、综合概括能力和社会管理能力的重要标志。要知道，直到20世纪中期，人们发现：非洲、大洋洲还有不少部落民族不会计量100以上的数字呢！

又，《卜辞通纂》426片还特地记下了一幅"天象"："昃，亦有出虹饮于河。"某天下午，天空又出了一道彩虹，一头插入了大河。这是商人对自然美的一次观察记录，它显然带有观察者神秘敬畏的色彩，显示出甲骨卜辞储存信息的文本功能。由此，我们认为夏商时期已经萌生了文献积存的意识。据记载，我国远古就有这样的文献积存，称之为"三坟、五典、八索、九丘"。这"坟—典—丘—索"，说白了，其实就是若干龟甲文献的几种堆积—庋藏式样。可以设想：这是远古先民把载有三皇五帝时期华夏九州史地政刑知识的甲片做了分类庋藏。它们是"古文献"，但还不是严格意义上的"书"。

20世纪中叶以来，除安阳殷墟之外，在河南的郑州，在山西的洪赵，在陕西的长安、岐山、扶风，在北京的昌平，都成批地发现了甲骨文。甲骨文作为四千年前华夏各地的通用文字，得到了最有力的实物证明。在交通手段十分原始的条件下，甲骨文覆盖面如此辽阔，其成就着实惊人。

商代青铜器铸造技术很高超，用上了"失蜡铸造法"，能铸造繁富的吉祥纹饰和青铜铭文。著名的商代《盘铭》曰："苟日新，日日新，又日新"，很富有生活哲理，至今不失其新意。西周青铜器更发达，在各种食器、饮器、盛器、炊器、乐器、兵器、礼器上，通常都铸有铭文，或长或短，短到三两个字，长到三五十个字以至数百个字。西周青铜器物上的铭文内容更为复杂，它涉及国家管理、贵族事功、刑赏诉讼之类，是当时

铜鼎与铭文

政治、经济生活的实录。西周《毛公鼎铭》有497个字，不仅记事、记言，而且说理、颂功，它叙事有序，说明有方，歌颂有情，祝祷有辞，语汇量大，句式清顺，作为上古的书面作品，未经后人任何加工改篡，一直流传至今，而且能被今人读懂，实在难得。春秋时，郑国执政子产"铸刑鼎"，把国家大法铸在青铜大鼎上，作为向社会推行法治的一项有力措施，实在是件大胆的创造。作为信息载体，青铜器发挥了惊人的跨时空传播信息的功能。但因为这样的金属文字载体，只能由国家机关或贵族之家作为文献庋藏着，它不易复制、不易转运，不易在社会上批量流布，内容不易传授，故严格说来，也还不能称其为"书"，因为它还发挥不了"向社会跨时空传授文化知识"的核心功能。

到西周后期，文字载体用上了竹木简片与木牍（版、方、牍、觚）以及丝帛（缣、绢、缯、素），这才有了"可向社会传授知识"的简书和帛书。

三、简牍：古人类最廉价的文字载体

西周后期，我国文字载体和文字录入方式实现了一次空前的大跨越：时人不再用甲骨龟板去契刻文字了，也不必依靠青铜器皿来铸造文献了，人们改用竹简、木牍与缣帛来录写书本了。简牍材质廉价，适合批量复制。比起甲骨来，简牍便于阅读、使用、收藏、保管、携带、流布，我国社会上这才有了可供传授知识的本质意义上的"书"——简书。

"简"的制作，是中国先民在人类文明史，尤其是文字载体的生产史上的一项卓越贡献。远古时期，两河流域有泥版书，尼罗河有纸草书，印度河有贝叶书等，制作上各有巧妙不同，但就其适于阅读、价格低廉、可大批复制、便于储运、易于流布，且能长期保存而言，与简书的廉价性相比，都不能望其项背。

简书

春秋以前，学在官府，甲骨龟版为官家所有，私人不允许也不会去复制它、收藏它；载有文典的青铜礼器除国家收管外，为贵族私门所收藏，不能在社会上流通，也就发挥不了"书"的功能。春秋时期，学术下移，简书应时而生，并很快得到普及，社会上有了读书、用书、造书、藏书的需要和可能，于是出现了我国历史上第一次创作热潮，出现了第一批私人著述。百家著作的问世，标志着中华书史的正式揭幕。

春秋后期，郑国有位邓析，在子产"铸刑鼎"之后，造出了第一部"竹刑"，就是用竹简录写的"国家刑典"。想想看，当年郑子产把"国家刑法"铸造在国之重器青铜大鼎上时，尚且被"文化贵族"指责为轻率之举，而今邓析又把"刑"从"鼎"移到了"简"上，岂不要遭到传统文化人的唾骂！而邓析的开创性成功，毕竟是阻挡不住的，竹制简书从此普及开了，古籍《竹书纪年》的出现，便是个明显的标志。

邓析与孔子是同时代人。孔子读《易》"韦编三绝"，这也说明早在孔子出生之前，社会上就已经有了竹书的流布。春秋至西晋时的名著，从五经到史汉，从楚辞到汉乐府，从国家法典到民间籍账契约及医农卜算之书，主要是写在竹简木牍上的，其文字内容一直传布至今。

《论语》中有"子轼负版"的话，说是孔子出行时，立在车上，双手扶轼，向背负户口版籍的人行注目礼，以示尊重。《论语》中还有"子张书诸绅"的话，绅是丝织品，在丝质品上做记录，看来已经渗入日常生活了。春秋末年，越国大夫范蠡"以丹书帛，置于枕中，以为国宝"（见《齐民要术》）。加之考古发现先秦人手抄的《帛书老子》，这又证明那时节确有"帛书"的广泛流布。帛书贵重而轻柔，倍受珍视，故民间传说中的"天书"都是帛书形态。

春秋后期的老子、孔子、墨子时代，具备了私人制书、藏书的条件：1.学术下移，私人能够拥有书本了；2.简牍问世后，文本可以复制了，民间有"书"可藏、可读了；3.私人有强烈的求知欲，有学问的人便自己编书，自行复制进而收藏了；4.社会教育兴起后，需要大量的"书"来传授知识，继承学术，这就使我国著书迎来了第一个黄金发展期，蔚成中华第一轮知识大爆炸。

不仅写书、制书，还有藏书，先秦就有公众收藏。战国时齐国政府特设稷下学宫，召聚天下学者，由国家供养，让他们"不事生产，专事论议"，著书立说，从事文籍的制作。荀子曾在这里"三为祭酒"，连任了三届"大学校长"，还写出了著名的专论《劝学》。孟子曾带着他的一大批学徒，"专车数十辆"，浩浩荡荡地开进这个学宫，所带书籍自然不少，其中就有一套晋楚各国的史书《晋乘》《梼杌》等。不过，孟轲没能当上这座学宫的"祭酒"，故他对荀子充满了羡慕。这座规模很大的学宫里有丰富的藏书，各学派的学者们总是聚在一起"讨论坟典"。稷下学宫的藏书，开了我国古代"书院藏书"的先河，这是一种官办的"公众藏书"。秦始皇时，中央分科设专职博士，负责保管和研究"书、史、百家言"各类藏书；汉武帝时，朝廷办"太学"，各郡国办"府学"，也都有大量藏书。那是后话了。

西晋时期，有个叫不准的人，盗掘了汲县的战国魏襄王的坟墓，发现了一批殉葬的简牍，被他当火把烧掉了不少，只是残存的竹简就装足了十几大车。后经整理，清理出了《古本竹书纪年》和《穆天子传》等几种古书，记载着元古时期的许多重要史事。它的发现，确证了上古简书的广泛存在。

总之，先秦简帛载体的出现，为书面作品的涌现准备了条件。到战国时，诸子们都爱著书、制书、藏书、用书，连那个专与庄子斗口水的学者惠施，在周游各地时也"常有五车书随行"。世有"学富五车"之说，这五车简书的文字量，虽说远远不及今天的一本《辞海》的零头那么多（《辞海》有1342.8万字），但当时刻录收藏五大车竹简，却是极为不易的；而且所载内容，又极为精炼，绝少垃圾信息，故尤为珍贵。古代十岁前后的青少年，要读完"四书"，这有多大的阅读量呢？《大学》1753字，《中庸》3566字，《论语》15917字，《孟子》35377字，总共不到六万字，文字量并不大，而知识量之大，则为今之中小学语文课本所不可比拟。文字刻录不易，大概也是古文极其简练的原因之一。

四、最早的书写工具：从聿笔与漆到毛笔与墨

那么，中国最早的文字，又是怎么被"书写"到甲骨或简帛上去的呢？

（一）甲骨契刻

甲骨契刻是文字录入的初基。细察商代龟版文字，你会有个有趣的发现：先民是以契刀（其专名为"聿刀"）一点点地刻录的。他们在坚硬的甲骨上运刀，当然不可能圆转自如，只能直线挺入，即使曲线也以细小短线连缀而成。以力运刀，以契刀入骨，这就使刻出的文字具有了立体感。刻录技艺高超者，刻痕爽利，笔画挺拔有力，这正是汉字美的构成基因，其影响直达于当今的书法艺术。

（二）聿刀刻划

远古陶器上有些刻符或图画，并不只是契刻而成的，而是在刻痕上涂上赭色土，使笔画更醒目些。出土的甲骨文多涂上了色彩，有的是涂着墨色的。前辈人往往把"笔画"写成"笔划"，那是有来历的。

（三）聿笔硬书

在竹简上写字，最初也像在甲骨上那般用聿刀去契刻。时日久了，人们发现不必那么费力去刻录，直接在简片上涂写就可以了。至于帛书，当然就只能用涂写法了，于是聿刀就被"聿笔"代替了。

聿笔，一种刻刀形的硬笔，用竹片或细竹竿削成，末端捶成丛丝状，拿它来蘸上漆（天然墨汁）在竹简上书写，就像民间老一代木工划墨线、做符号用的那种"竹笔"一样。元人陶宗仪《辍耕录》中说：上古"以竹梃点漆而书"。用这种硬笔点漆而写的笔画，头重尾轻，形如蝌蚪，就叫作"蝌蚪文"。因为是用聿笔写字，所以繁体汉字的"书""画"和"笔"就都含有"聿"字偏旁。硬笔最适合书写文字。

（四）毛笔墨书

现在所见的春秋战国之竹简，多是毛笔墨书的，那时用的已不再是契刀或聿笔了。这说明：毛笔早已存在。1958年在河南信阳长台关地方的两座春秋楚墓中，发现了一种"春秋毛笔"。1954年在湖南长沙左公山战国楚墓中，出土了一支完好的"战国毛笔"。那是把细竹管的一头劈成数片，夹进一束兔毛、羊毛之类，再用丝线捆紧，用胶粘牢，这就成了"笔"。它的特点是"软"，便于在竹帛上书写。长沙出土的战国帛画，便是用毛笔画成的（见下图）。

彩帛

毛笔的制作有一个不断革新的过程。秦国驻守北方边境的大将蒙恬，把竹木竿的尖端镂空，插入一束兔毛，蘸上墨来写，非常轻快，人们高兴地给它起了个名字叫"蒙恬笔"。1975年云梦睡虎地秦墓中出土了一个竹筒子，内装三支毛笔，笔杆竹制，下端镂空成腔，装上笔头，再用胶粘住。从此毛笔大致定型。笔的造价低廉，原材料丰富，工艺单纯，不需要太复杂的设备，废物还容易回归大自然，是世界"笔史"上的一项独创。改用毛笔之后，便停止了聿笔的使用，写出来的笔触，就不再是头重脚轻的蝌蚪文了，而分清了点横撇捺的笔形。

有趣的是，秦汉时的笔杆子的另一头是削尖了的，可以插在发髻里，以备随时取用。秦汉朝廷的二品文官，职衔名为"簪袅"，就以"簪白笔"作为身份标志，很荣耀。20世纪五六十年代，人们在上装口袋里别一杆钢笔，就表示自己是"文化人"了，很骄傲的；连开国大典上登上天安门城楼的大人物们，也都用它做"饰品"。古今人情，原是相通的。

（五）从墨团到墨锭

墨在上古时就用上了。韩非子说：夏代祭祀用的陶器，往往"墨染其外，朱画其内"，外黑内红，很漂亮的。这是墨色在生产上的应用。商代有墨涂的写意性图画，甲骨上有墨写的文字。春秋时人"聿笔漆书"，用的是天然树漆。战国时有了毛笔墨书，那便是"烟墨"了。烟墨不能成型，只是"墨团"。1954年长沙杨家湾战国楚墓出土了一筐墨团；1975年云梦秦墓中也随竹简出土了石砚和笔，还有墨团、墨块，是用松木烟灰做成的。《庄子》中说了个故事：宋元君请来一批画家为他作画，这批人一个个在那儿"舐笔和墨"，煞有介事，却老半天画不出一幅画来，原来是一帮冒牌货。这是黑墨与毛笔用于书画的一个旁证。

到了东汉，出现了用炭做的墨。《汉官仪》中记着："（朝廷的）尚书令、仆、丞、郎，月给隃麋大墨一枚，小墨一枚。"说明汉人对墨的重视。隃麋，地名，在今陕西千阳县境内，当时这里盛产松树，其墨即为松烟墨。其时还使用一种"石墨"，是研碎了的煤末。到汉末，用松烟、桐油烟制的墨大行于世，就不再用石墨了。

后来，三国吴的书法家皇象，在墨团中加上胶，使墨团有了定型，叫作"墨锭"，这是制墨史上的一次飞跃。此后，制墨技术不断改进，最有名的是五代后唐奚廷圭父子。他们先在易水之滨制作"易墨"，后来避居到皖南，在歙县制墨，质地优良，李后主赐他姓李。从此"奚墨""李墨"便名播海内外。宋人以"纸用澄泥纸，墨用奚氏墨"为骄傲，可知这奚墨的身价之高。

宋代徽州生产的墨称为"徽墨"，至今名扬海外。在英文中，墨干脆就叫作"中国墨"。此墨历久弥鲜，沾水不湮。近现代签订国际条约、绘制军用地图，都用这种"中国墨"的配方。

五、最早的书：简帛之书及其编联形态

简，竹简，一种窄窄的长条形竹片，杀青之后，用于书写文字。写有文字、经过编联的竹简，称之为"策（册）"。简书，是中国最早的"书"：它最符合"书"要"批量复制、

跨时空传授知识"的需要。另有录写文字的长条状木片叫作"木简",方块形的木块特称为"牍"或"方",多面体柱形的即称为"觚"。

周人按竹木之简的长短区分其功用:周尺三尺(约67.5cm)长的简牍专用于录写国家法律、君王诏令,特别严肃,上古的"制书""命书""竹刑"都用三尺之简来做,故有"三尺法"之说。中国人的守法意识很强,就是从重视"三尺法"起步的。二尺四(约56cm)的竹木简片用于书写经典,也很神圣,"五经"就是用这个规格的简片书写的,所以有"长书"之称;一尺二的简牍用于写"簿记",一周尺(约23cm)长的木牍用于写书信,所以叫作"尺牍"。尺牍用两块木牍相扣合,拿根绳子捆起来,在绳结处再加上封泥,打个印记,这可以保密。如果把木牍做成鱼形,中间夹置一尺写了书信的绢帛,那就成了"鱼传尺素"了。最短的简牍只有八寸长,只能用于日常记事,随手抄录一些"传、解、杂说、轶闻"之类,所以有"短书"之名。这里,也贯彻着严格的等级制思想。册、札可以成"篇"(编)成"卷"地收藏,比起甲骨龟版的堆叠来,当然是个大大的进步。

简牍的编、卷、册的划分是任意的,并不顾及文章内容的起止,不论文章是否完整,是否自成段落,只以竹简、木牍的展卷方便为标准,故古书"1卷"的文字量大小很随意。竹木简片上的字,是从上往下写的,一简有二三十个字不等。文字是连着书写的,并不断句。数十或数百枚竹木简可编成一编(卷)来存放。竹简编联时,内文从右往左编排,自然会给人右起直行书写的观感。不同文章之间用空白简间隔开,卷头卷尾也加上空白简,起保护内文的作用。这便是汉代章句之学出现之前的上古文章之分编（篇）分卷（册）的大致情况。简片是用麻线、丝线或韦线（牛皮绳儿）编联起来的，有丝偏、韦编之称。"韦"的韧性最好，很结实，但孔子读《易》，仍然有"韦编三绝"的记述，可见其用功之勤。

帛书是丝质的，微黄的细绢称为缣，白色的生绢称为素。先秦帛书有折叠收藏的，大多为卷着收藏的，因此也以"卷"来计量了。一卷有的长丈余（周尺），短的二三尺，其幅宽在1至3尺（合市尺8寸到24寸）之间。文字录入就用"右起直行"式，形成一幅有十到数十行以至上百行的卷面，一行20~40个字。把帛书的卷尾粘在轴上，轴用竹木棍制成，也有用玉石象牙作轴的，从左至右卷起。卷首装上"缥"，附有丝带和签儿，以便收札，保护内文。这就叫作"卷轴装"了。简帛书的体制直接影响了后世纸书的版面布局与装帧形态，这是后话了。

六、私人著书始于老子

中国古代，最早把笔为文而且流传下来的，最著名的就是制礼作乐的周公了，他写的《无逸》篇就收在上古之书《尚书》中；而私人写"书"传世的则要算老子了，其后便是孔子和墨子及他们的门徒。老子是守护周王室礼制典籍的，孔子是以"克己复礼"为己任的，墨子是坚持"夏礼"的，他们都是春秋时期的文化代表、精神领袖。他们从事的"礼"，指基本国法，是"法"的上位概念，核心是治国安民的思想理念与制度设计。他们本身原是"平民知识分子"，打破商周"学在官府"的定局，启动了学术的社会化、个体化进程，把"礼"的知识交给社会，成为一代"显学"。

在孔、老、墨的学术活动中，书籍是重要工具，占有特殊的地位。其时，老子率先作《五千言》以传世，孔子对《易》《书》《春秋》《诗》和"三《礼》"作了删削整理，墨翟一派则有《墨子》问世。这些书都是他们及其弟子亲自刻录、亲自书写、亲自编辑、亲自收藏的。他们开启了我国私人著述与收藏书籍的文化之门。

当年，老子不做周王室的"柱下史""守藏史"了，准备"出关"而去，被函谷关的关尹（守关官吏）"喜"劝留下来，写了一本五千字的书，让关尹喜给收藏起来了。老子本人出关后不知所终。他留下的这"五千言"，原是一段又一段的"语录"的联缀。他本人自然不会有"专著"意识，没为这本书命名。其文传向社会之后，人们为着使用的方便，就直接用对他的称呼来命名此书为《老子》，意为"一个老年学者传留下的话"。今

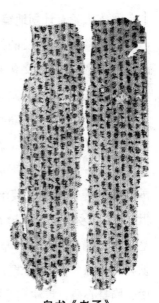

帛书《老子》

见最早的《老子》是先秦帛书抄本，在湖北古墓中发现的。卷面上还织有红色或黑色的"分栏网格线"，后人称它为"朱丝栏""乌丝栏"。文字右起直行书写，都写在栏格内，版面很美。可以说，老子是我国第一个作书立说者，《老子》是第一本被出版且很讲究"版式美"的一本好书。

老子出关，开启了私人著书的时代。奇怪的是：作为我

国最早出的书，《老子》并没有对任何具体的人、事、物、景作记述，倒是从很抽象的哲理思维入手，这一起点之高，超乎寻常，它把相关的实事实景、真人真情都"过滤"掉了，只留下了它的"普世价值"供人去思考。

七、孔夫子以阳光心态编大书

私人大量有计划地编书，始自孔子。

孔子一生最擅长的是当老师，教学生。他用自己关于诗、书、礼、乐的文化基础知识和射（射击）、御（驾驭车马）、书（书写、刻录简牍）、算（四则演算、实地测算、实物计算）的技巧技能来教育他的三千生徒。因此，他不能没有大批的书（教材）。但他宣称自己是"述而不作"的——只编述，不创作。他早年带一帮生徒，周游列国，栖栖惶惶，难有政治建树；到了晚年，"思垂空文于后世"，便回乡家居，拿起"聿笔"（一种刻刀式硬笔，不是毛笔）来，编注《易》，整理《书》，删削《诗》，编纂《春秋》，演练"礼仪"，把自己的治国理想、自然哲学、人伦学说、修身心得，贯注到这些经典文字中去，借"经"言志。

原来，商周王室设有"巫"与"史"二个文职官衔。"巫"负责事前占卜、筹策，当"智囊团"，并记下议事经过；"史"负责及时记言记事，交代相关人、事、时、地，当"现场记者"兼"监察员"。于是当年巫史们做的"现场记录"与"及时新闻报道"能存留下来，就转化成了极为珍贵的第一手"历史资料"了。传说远古有所谓《三坟》《五典》《八索》《九丘》之类的文献，"布在方册"，藏于金匮。前已交代：这"坟—典—丘—索"，说白了，其实就是龟甲的分类堆栈之几种庋藏式样，是一种"象形"之称：或如"坟"堆，或如小"丘"，或陈列为"典"，或串联用"索"，如此而已。

但年深月久，时事变迁，难免散乱遗失讹窜。孔子便收集这些资料，加以排比编次，精选细挑而成典籍。他文化水平高，思想理论深，熟悉国家礼制与掌故，对巫史们记得"不雅驯"的字句，就加工润饰，"笔则笔，削则削"，很干脆。汉代人说，虞夏商周的史料很多，原存3340篇，被孔子删削改编成了《尚书》与《礼记·职方》等篇了。周代600年间的诗歌，包括民间传唱的、官府采录的、个人创作的，不计其数，被孔子删削得只剩下305首，编成了《诗三百》……其工程量之浩大，可想而知。

孔子，作为一位老年学者，一边教书，一边编书，其精力之旺盛确实惊人。他大概是中国的第一位"主编"。他编的书，不仅私人收藏，还送副本给国家收藏。《庄子》里说"孔子西藏书于周室"，以孔子的思想和他的日常行为方式而言，此论恐非虚构。

孔子的编辑思想是开放、敞亮而阳光的，这很值得探究。

他编《易》，注意力放在社会学上，放在社会伦理上，尤重于讴歌往圣先贤之立德立业、为万民谋福祉的实际功绩，而绝口不言怪力乱神，不涉及掐八字、算运命。不信，你看他写的《十翼·系辞》中，就有一部"远古文化史""远古科技史"，记录着远古圣贤之利益万民的种种科技创作与发明，与神灵无关。

他纂《书》，注意力放在国家治理上，放在君相和谐共治上，放在礼治刑罚的论述上。书中几乎无一篇不在论述慎狱恤刑，全书恰恰无一句提及"仁义"（无论是28篇的"古本"还是48编的"今本"）。这很能说明先秦儒家的原旨，并不廓大而空，而是切合政治实践的，执行力很强。

他写《春秋》，字面上是以"鲁史"面貌示人的，却贯之以"王室一统"的思想主线，为中国人之"大一统的历史观"打下了结实的根基。中国人尊儒，最关键的就是尊奉这个"大一统"的爱国理念和家国情怀。

他传《礼》，全面论列礼义、礼制、礼法、礼乐、礼仪、礼节、礼貌、礼教，传授"修—齐—治—平"的人生观、天下观，而不是拘于揖让进退的肢体表演。他是把祭礼、丧礼、乡射礼、婚礼、聘礼作为"文明社群的文明社交"来推进并演习的。这是一种"知和行"的结合方式；是对于群体认同、群体归宿的行为方式的灌输，是文明绅士的养成教育。

他删《诗》，尽管他本人酷爱节奏舒缓平和的雅乐，听一次能"三月不知肉味"。他主张哀而不伤，乐而不淫；"发乎情，止乎礼义"，只求调节心灵，不求声色冲击。但恰恰就是他，百家中只有他保留了大量的周代之民歌、情歌，包括他本人并不喜欢的"郑卫之音"（否则谁也见不到这些精品了），且把民歌、情歌放在突出显著的位置上，要求青少年能配乐配舞去赋颂，学会演奏《周南》《召南》，反对"正墙面而立"，当书呆子……这是一位老人对小青年之情商、智商的最切实的教育。

孔子当老师，不光是用诗、书、礼、乐的文化知识来教学生，还用射（射箭）、御（驾大车）、书（书法、刻录）、算（筹算、策算、测算、计算）的实用技能技巧来培育他的生徒，真正是"传道"而"授业"！他是世上绝无仅有的"全知全能大教授"！这样的教师，中外古今历史上，一人而已。孔子身上，有充沛的生命活力，于此可见；孔子思想的敞亮与阳光，也于此可见。

八、集体著述：起源于儒墨，成熟于吕不韦

《论语》，出自孔门诸弟子之手。弟子们精选能代表孔子思想观点、展现孔子为人风格的语录来记述，成了一部"论列名师之语"的书。每则语录一般是三言两语，多不过两三个自然段。它们是师生们日常的随机问对，原本是"无标题"的。这是一本出于众手的、供社会传布的"书"。

比孔子晚的是墨子，他所创立的墨学，与儒学一起，同为春秋"显学"。墨子本是一位手工业生产者，终生不脱离生产劳动，从不停止制作发明。他奔走呼号，要求在"农与工肆之人"中选拔其"贤可者"，逐级推选为里长、乡长、州长，再由州长们去推选诸侯、卿大夫直至天子。他呼吁制止战争，反对以强凌弱的掠夺性战争，也反对无道虐民的割据性死守；他揭示了声学、光学、力学、几何学、逻辑学、军事攻防学、社会管理学等各学科的许多基本原理，提出了很多科学命题，是纪元前世界上有数的几个伟大科学巨匠之一。《墨子》之文，出自他和他的众弟子及再传弟子之手，是几代人接力完成的一份巨著。当年，墨子曾"读百国春秋"，所以《墨子》书中会有那么丰富的社会科学、自然科学知识和科技知识。他"南游卫地，载书甚多"，有丰富的个人书藏。在那硬笔漆书的时代，是极不容易的。

战国末期的秦相吕不韦，是一位编书的行家里手。他组

织了一个"编书班子"，集体写作，由他本人当主编，撰成了世界上最早的"大型类书"《吕氏春秋》。《吕氏春秋》是我国第一套有组织的"集体创作"。此书实际上是战国文化的一次全方位的汇集与梳理。为了使百家学术能有条理地呈现出来，吕不韦编书之前，先召开了"编稿会议"，发明了"十二纪""八览"的编排办法，把世上已有的知识分门别类地加以归类梳理。然后"分配任务"，让学者们分头去写。写成后加以汇编，编好后由他统一润色加工；定稿后还交给社会，让人们提意见，说是谁能改正一个错字，就奖励千金。这便是成语"一字千金"的来历。可见其学术自信。这是科研方法论上的一个重要突破，一个了不起的创造，吕不韦是出版界的第一位留名的"主编"。看来，中国人集藏书、用书于一体，是渊源有自而富于传统的。今人集体编书的程序，大体上不还是如此这般么？

吕不韦本是名大商人，最识"奇货"。"囤积奇货"是他的最爱，并擅长将其价值发挥到极致。他囤积的"奇货"，一是人才，一是知识。他的"人才"中出了一个秦始皇，这就够了；他的知识便化成了一本"先秦的百科全书——《吕氏春秋》"（郑振铎语）。他反对株守，要求与时更化，学术上并蓄兼收，而且是"开门编书"。秦人如能按他的开放式思维路线走下去，秦的文坛将是何等繁荣的景象，绝不会是"白苇荒草"一片了。可惜！

九、战国之书实现了对华夏文明的全覆盖

公元前5世纪—公元前3世纪末的战国时期，中华大地

社会各阶层都被吸引到、组织到社会大变革大拼搏的大潮之中，华夏文明的覆盖面直达长城内外、江河上下、五岭南北的辽阔大地，社会思潮十分活跃，思想文化界不断涌现开创性的成果。

此间，"士"阶层空前活跃，孟庄荀韩、苏张孙吴等一辈辈学者、策士，或往来于国家上层，或活跃于社会基层，他们全都以华夏大地为舞台，诸子驰说、百家争鸣，不拘成见，不循旧章，各自立说，各自成家，其思想理论都带有原创性，为后人的学术研究预置了无限的发展空间。他们相互展开尖锐激烈的辩争，促进了学术研究的深化和文章写作的繁荣。在这个背景下，私人著述，蔚然成风，于是继《易》《老》《诗》《书》之后，便有了《孟子》《庄子》《荀子》《商君书》《左传》《孙子兵法》的问世，相继又有了《公孙龙子》《离骚》《韩非子》《孙膑兵法》《吕氏春秋》等一大批文史专著的出现，以及《管子》《列子》《周礼》《战国策》《越绝书》《晏子春秋》《吴越春秋》等的孕育成文。

同时，关于工艺规范与管理的《考工记》，关于医药的《黄帝内经》，关于数学的《周髀算经》，关于天文学的《甘石星经》，关于法学的《李悝法经》，以及关于农学的"种（植）树（艺）之书"等各家各类著作，有的已成定本，有的也在修撰之中。它们覆盖了社会科学、自然科学、手工技艺、农业生产、天文律算的方方面面。这一切，构成了我国第一批文物与文献，实现了对华夏文化各领域的全覆盖，值得中国人为之骄傲。

战国时期，齐国政府还特设稷下学宫，召聚天下学者，由国家供养，让他们"不事生产，专事论议"，著书立说，从事文籍的制作。在这座规模很大的学宫里，有丰富的藏书，各学派的学者们总是聚在一起"讨论坟典"。古代声誉很高的"阴阳辩证之学"就发端于"稷下学派"。这比11世纪末出现于意大利波伦尼亚的法学院早了16个世纪。

春秋战国时代，除了私家著作之外，国家的地形图、守军图，政府的典章制度、诏命令策、军政档案，民事方面的户籍数据、田产版图、籍账记事，以及筮卜符录，都是书写在竹简、木牍或缣帛上的。这样形成的简牍文献，也是先秦文物的重要组成部分，标示着上古中华文明的辉煌。

十、先秦文章诸体皆备

先秦经史文章的体裁，各自经历了三个发展阶段，是逐步走向成熟的。

（一）周秦诸子之作

大体经历了语录体—对话体—专题论文体三个发展阶段。

前已说及，《论语》一书，即为语录体。《老子》一书，也是零星随感的语录式汇集，体现了早期文章的原创性、自发性。其后，《孟子》《庄子》的行文，就开始设为问答了：在话题的引导下展开论议，恣纵自由，转换随心，不求逻辑的周延严密，但求论述的挥洒畅达，精彩动人。中国散文讲个性，讲感情，讲文彩，哪怕是学术论文，也富有"主观色彩"，这是区别于西方科学论文的一个重要表征，此风即成型于庄孟手下。这是文体发展的第二阶段——对话体阶段。它透露了私人讲学的社会文化生态；直到汉大赋，都还在采用这种设为问答的"对话体"。

同时及稍后的荀子、韩非子有所不同，他们捉笔行文，自有中心论点，论证时有分论点；且讲究逻辑，依理设辞，言必有据；其结论总是建立在翔实的论证基础之上，每文都各自成篇，自具首尾。而就其全书编纂的总体制、总面貌说来，《荀子》《韩非子》等战国中后期论著的章次安排，又很讲究书内各篇目间的逻辑联系，多贯穿一条"国情—政务—社情—学养—事功"的思想主线。这是先秦文体发展的第三阶段——专题论文阶段。荀、韩文章的这种编著体例，被汉魏六朝的"子学著作"所广泛沿用，形成一种范式：先论国事世事，后述家事人事，可见其影响之深远。

（二）先秦以记言记事为主体的历史散文

其行文体制大体上也经历了三个发展阶段。一是《春秋经》时期，以简略的一两句话，扼要记载历史大事，是一种"大事提要式"的记录。二是《春秋左氏传》时期，以历史时间为序，记载朝廷大事、要事以至宫中琐事、社会要闻，有的毫无情节，有的则详尽记述事情发展的全过程，详细记载相关人物的重要言行；但行文按历史的自然时序来顺次著录，大多不计事件的完整与否，不计中心人物的行迹之连续与否，更不考虑所记大小史实之间有无联系；是谓"编年录入式"。三是《战国策》时期，每篇文章自有中心人物、中心事件，记言则有中心论题。它追求所记叙之事物的完整性、情节性，有时还要穿插评议。文章结构安排以人物为基准，或者以事件为中心，不再以天然年月日为切割的界限。这是历史散文在"文章"体式上趋于成熟的标志，可称之为"专题记叙式"。它是我国记叙文高度成熟的早期标志。

应该注意的是：历史记录是包罗万象的，就《左传》而言，它在记事记人的同时，也记载了政府的诏令盟誓之类，还收录了私人的书柬铭箴之品，加上诸子的各类说理议政之文，后世文章的各种体裁也就大体具备了，所以清人章学诚说过："文至战国而诸体备"，这个看法是有根据的。中国是作为高度文明之邦而进入人类文明史的。

十一、经文之正文及其传、说、解的配置

先秦经史文章，在编排上都采用"经文"与其"传、说、解"相配置的体例。

这里先说明一下"经"的概念。"经"原是丝织业术语，与"纬"相对而称，竖为经，横为纬，交织成匹。转用于文章，便有了"经书"之称，但周秦时期，经书并无与之相对而言的"纬书"，倒是有"经传""经说""经解"之类的提法，这"传""说""解"都是经文的"附录"：经是主体，主干；传、说、解是为"经"服务的，相互间是注释和被注释、解说与被解说的关系，起着翻译转述、交代说明、剖析讲解经文的作用。比如《春秋经》就有《春秋左氏传》《春秋公羊传》《春秋谷梁传》三"传"。在许多情况下，"经文"并不单独行世，它只是一个"提纲""提要"；倒是与其相关的"传""说""解"之文足以独立成篇。"传者转也"，"传"文是用来转述"经"文所提及的人物、事件或典章、事理的：有的传文具体记述相关人物、事件的实际情况，有

的传文则阐述经文的"微言大意",说明经文的写作特点。这就为后人把握经文指出了一个途径。如《春秋》经文开篇第一句是"郑伯克段于鄢",到了《左传》中,这句"大事记"就被当成了"文章标题",而写成了一篇有声有色、有因有果的历史散文。而《谷梁传》则围绕着关键词"郑伯""克""段"来行文,解说蕴含在关键词语背后的微言大义,交代《春秋》经文的行文体例,成了一篇议论性说明文字。

《墨子》一书中,收有《经上》《经下》两篇"经文",又有《经说》一篇,就是对上下"经文"的解说。还有《墨辩》四篇,专门讨论名学(逻辑学)、算学、力学、光学等自然科学问题,这四篇《墨辩》又都各自分为"经文"与"说文"两个部分。其说文便是解释经文的。如"经"中提及"故"这一概念,"说"便予以详解:它把"故"分为"大故"与"小故"两类,说"小故"是"有之未必然,无之必不然";而"大故"则是"有之必然,无之必不然"。这就告诉我们,《墨辩》篇所说的"小故""大故",研究的就是形式逻辑中讲的"必要条件"和"充要条件"问题。

同样,《韩非子》书中有《解老》《喻老》两篇。作者引用《老子》之文为"经",再逐一地作针对性的"解"或"喻"。经他这一解一喻,老子学说便成了韩非本人的思想资料了。韩非自己又有内外《储说》六卷,每篇皆先"经"而后"说":先摆明观点、主张,是为"经文";后列出若干事实论据,是为"说辞"。《史记》让老子与韩非"合传",就因为作者看到了老子与韩非之间的理论联系。

另外,《管子》一书中,也有这种"经传合一"的体例。其《形势·解》《版法·解》《明法·解》等篇,就是对相应的《形势》《版法》《明法》等"经文"所作的解说。看来，先秦经文的传、说、解，无论是后人所作，还是本人亲作，无非是转述、详注、分析经文文义，实际上为后世典章的注释疏解开了先河。因此，我们认为：先秦的传、解、说，为古文的阅读与研究，提供了方法论上的启示。

与"经文"相对应的另有所谓"纬书"。东汉时，学者中有人热衷于为"经文"配上"纬书"，相配合着发行。其实是"借水行船"，贩运私货，那是谶纬迷信的产品，谶语连篇，恣意牵引，尤其是对社会人事的任心比附，往往荒诞不经，当时就遭到有识者的抵制，王充张衡们都极力反对，到隋代便被完全禁绝了。不过，其中也有些关于自然怪象的观测记录，含科学因素，只因罕见，易引起骇异，于是往往被妖魔化、怪异化，难以取信于世。今人披沙拣金，也能从残存的零星文字中，找到某些关于"天象""人事"的特殊记录。

十二、先秦汉字结体的演进与书面排列的成型

早在西周时期，王朝政府就把统一文字、推广"雅言"——当时的"官话"——作为政府事业来做。那时，是以"洛阳话"（并非关中语）为官话基础的，因为洛阳到天下各地"四方道里均"。"书同文"作为王朝的一项基本国策，与"车同轨"看得同等重要。西周通行的是"金文"，那是对商代甲骨文的一次整合。甲骨文文字结体不规整，歪斜松散，布局行款也不讲整齐划一，笔画笔势的变易很大，与周天子一统天下的政治要求不合拍，于是有了"金文"的问世。金文是铸在青铜器皿上的，无论文字多少，都必须安排

在一个既定的"版面"内，有时还要加上纹饰和框边，这便是中国文字之"版面意识"的先声。

周宣王时，太史籀在原有金文的基础上进行了改革，发明了"籀文"。为普及新文字，他创作了《史籀篇》，今传世的仍存220余字。籀文又叫作"大篆"，近代学者王国维总结大篆的特点是："左右均一，稍涉繁复，象形象事之意少，规旋矩折之意多。"这是汉字形体上的第一次抽象化、规范化、方整化演进，完全摆脱了甲骨文文字结体的象形化与笔形走势的歪斜松散，以及行款的散漫自由，其意义非凡。然而，甲骨文字造型中的"象形"要素却被篆字抽象化了，你从篆字的构形上绝对看不到山水日月、人手口目、马牛羊猪、弓矢舟车的"象形"影子，谁曾见过方形的日月口目呢？还得回到甲骨文那里去，才能找到汉字造型的原初理据。

西周开启的"书同文"活动，在春秋战国时期中断了。各地各国的语言文字都各自在发展，扩大了原有的地区差异，以至秦、楚、鲁、齐、赵各国的数字除"一、二、三"皆作筹码状而相同相近外，连"四、五、六、七、八、九、十"几个数字的形体各地也差异较大，更不要说别的文字了。于是到秦皇统一中国时，新一轮"书同文"运动便展开了，其文字改革任务更繁重。

在文字载体青铜器皿或竹木简片上，"版面"有一定的限制，加之简片行文是从上往下写的，编联时又是从右往左卷起的，于是展开后，其文字排面就给人以"从上往下、自右至左"的视觉印象，这深深地影响了我国古书的"版面"形态。

总之，先秦文字的产生与字形演变，先秦竹简的制作与编联，都是中华书品史上的开创性事件，意义非凡。

第二章　秦汉简书与章句训诂之学

本章介绍秦代的文化成就及其对先秦文籍的破坏，介绍汉人的古籍抢救工程与发达的文教事业，进而了解章句训诂之学与目录之学，同时介绍汉代的文章成就与造纸术和抄书业的快速发展。这一切，正是大汉文明的突出标志，是汉族文化共同体的形成要素。

一、秦人也曾大力修书

曾有人说"秦无文学"，这话不对——吕不韦、李斯都是入秦之后才成为大作家的。又有人说"秦人焚书"，这话也对也不对，秦代是烧了一批搜查到手的私藏的诗书百家语，而国库里照样存放着；真正把秦代国家存放的百科之书一把火烧个精光的是项羽，是项羽造成了秦汉之际的文化断层。事实上，秦人还是修书、藏书、读书、教书的行家，更是汉字改造的里手，后人深得其惠。

秦代统一中国后，始皇帝就下令收聚天下图书，办起了"国家学府"，"悉召文学方术士甚众，欲以兴太平"（见《史记·秦始皇本纪》）。他召请了一批齐鲁儒生，聚之咸阳，封了七十名"文学博士"（按：这里的"文学"是广义的，是文化学者之义），让他们搞脱产研究，分头主管着"诗""书""百家语"的收藏与研讨。秦始皇还要求天下"以吏为师，以法为教"，明令推广法典、狱案之类的书籍，比如《秦律》《封诊式》《秦律十八种》《为吏之道》等"教材"，当时就是随着秦军的推进而普及于各地。孔子作为教育家，他对儒学的传播，却采取了"只有来学，没有往教"的态度；秦皇作为政治家，动用行政力量，向全社会灌输法学知识，大兴法纪教育，效果非凡。同时，秦皇身边还一直有儒生博士在参政议政。他又多次巡游齐鲁等地，反复约请当地儒生来跟他一起论议国事，制作仪典，还举行了登泰山的封禅大典！这就是"儒者事业"——后世帝王都有这个梦。他还喜欢方术士，喜欢巫卜之书，故医药、卜筮、算术、种植、树艺之书如《语书》《日书》《大事记》之类也得到了保护，且都有专人收藏、保管、学习、研讨。秦政府对国家籍账、文书档案、史料积存，也都给予认真的保护。这已是在"文学"之外的文化功夫了。

最令人惊异的是，秦人所修之书，从书名到篇章名，都能准确反映其主题，不像先秦或西汉诸子之书以作者之名为书名，以篇章的头两三个字为章节标目。秦人编书根本不待"章句之学"来导引。比如《封诊式》这个书名，意为"封存发案现场、进行司法侦查的法定程式"。以此为书名，何其精当！更为可贵的是：其内文各章节的标题，也都是用的严格的司法术语，是该章节的"关键词"，如："讯狱""穴盗""出子""经死""封守""贼死"之类。当今的法制文牍之标目的规范程度，也不过如此。

秦始皇最注重的当然是制定《秦律》了，他还领导撰写了一批关于法律、狱案、行政方面的书，如《封诊式》《为吏之道》等。《秦律》覆盖面之广，出人意表，其中就有《户婚律》《田律》《市律》《仓律》《牛羊律》《工律》《工人程》《行书律》《公车司马猎律》等不同名目，而今所说的民法、刑法、行政法、经济法以至诉讼法、工程管理法等，无不出现于其间。秦皇在帝位短短十年，建咸阳、修长城、筑驰道、开灵渠、造骊山墓、建阿房宫……如此众多的巨大工程一一上马，且大多限期完工了，那是在《秦律·工人程》等全套法律的规范下实现的，而当时全国可供征用的劳动力不过百万，且都是文盲们用简陋手工工具完成的！看看兵马俑吧，那是今天一万中专生在两三年内能制成的吗？他又让史官收录上古的史书与《诗》《书》"百家语"，其中不乏《吕氏春秋》这样的"百科全书式"的巨著，责成博士们学习、研究，组织他们讨论。只是排斥"史官非秦记者"。今见今古文两种《尚书》版本中，春秋五大称霸诸侯的"国史"唯独收有《秦誓》一篇，其他霸主皆无只字，可见这种《尚书》是源自秦国国库收藏的官方版本。当年秦皇亲封的七十名"文学博士"，有好几位一直活到汉初，还发挥过大作用。如传授《尚书》的伏胜，制作朝仪的叔孙通等人，原都是"秦博士"，这些人都"秦材汉用"了。看来，秦代的藏书与养士，是有一定的规模与效用的。笼统地指责秦皇"坑儒"，是不公道的。《史记》中分明写着：他坑的是一批"方术士"与某些儒生，并不是因为这帮人"政见不同"，只是因为他们对秦皇搞人身攻击，互相牵引攀扯出来的。真不明白关于"坑儒"的罪名究竟是怎么形成的。

秦代，帛书是"珍稀品种"，上自帝王，下至士子，人们大量地使用的是简牍之书。秦始皇本人读的政府文件全是竹简，很沉重的。《史记》上讲：为了及时审批朝臣和各郡县呈送上来的公文简牍，秦始皇"以衡石量书"，"日夜有程，不中程不得休息"。程：额定的数量，一石是120斤。他用"石"为单位来定量他每日所必读的简书，那要由两个壮汉来专职搬运才行。秦始皇在巡视各地的路上也从不间歇，他要及时处理全国各郡县呈报上来的所有公文，辛苦极了，累得他竟然抵挡不了一次中暑，51岁就一病不起，死于沙丘途中。

后来，东方朔向汉武帝"公车上书"，一下子就送上了三千枚奏牍，汉武帝读了两个多月才读完。可见秦汉时写书不易，读书也不易。秦皇与汉武，都是肯花气力修书、读书的人。秦皇还一再指令简化汉字，统一文字。他在文化事业上的重大成就是大有益于后世的，是值得称道的。

二、秦代的文字大整合

秦皇重视文字改革，下令李斯、赵高、胡毋敬等人，新编了好几种语言文字方面启蒙读物，如《仓颉篇》《爰历篇》《博学篇》等，把商周以来零乱繁杂、不易认读、不易书写的甲骨文、大篆、虫书以及山东各国用的"异体字"，都整合统一为方正平整的方块汉字"秦隶"了。秦人又改良了毛笔，造出了"兔毫""狼毫"，大大地提升了文字书写的"生产力"。汉代文字学家许慎曾回顾说：战国之际，"诸侯力征……分为七国，田畴异亩，车途异轨，律令异法，衣冠异制，言语异声，文字异形。秦始皇帝初兼天下，丞相李斯乃奏同之，罢其不与秦文合者。"（见《说文解字·序》）秦始皇一心要实现并巩固全国范围内的政治统一、经济统一、法律统一、文化统一，他把语言文字的整合，视为帝国事业的一项基础性工程，于是简化大篆的结构，整合汉字的构件，简省文字的笔画，从而创制了"小篆"，又改圆转笔形为平直笔形，成为"秦隶"，这就便于书写又便于辨认了。今存典型的秦隶"秦刻石"，便是李斯书写的。

《秦律》规定：社会用字通用小篆或秦隶。与甲骨、金文（籀文）相比，秦隶的字形方正，部位稳定，笔触简化，书写便捷；字的构件也大大简化了，大量"部首"被归并为一或者符号化了。比如原来字形差异很大的部首"阜、邑、草、心"之类，也都符号化了。如秦、奉、春、泰各字，原本没有通用的"部首"，秦文都归一为"春字头"了；至于政府公文用字，则有别于社会用字，要用"八体"：含虫书、大篆、小篆、隶书四种基本体式；另有刻符、殳书（兵书）、摹印（政府大印）、署书（官员签字）等四种变形的官家专用的军政书体。《秦律·行书律》中说：凡制作绝密公文，下达军事命令，刻制官府符印，以及官员签名之类，必须用相应的特殊字体，以便保密和确认。

秦人讲究书法艺术。李斯写的字，方方整整，笔画清晰，长和宽的比正好成"黄金分割"式，特别美观，这可以用现存的《琅琊刻石》《泰山刻石》为证。

这样的文字，比起甲骨文或大篆来，不知要便捷多少倍。于是书就出多了；书多了，也就为公私收藏提供了基础。可以认为，秦国人为书面录入的大发展提供了良好的

《秦刻石》

条件，为书籍的大批量生产提供了可能。近几十年来秦简的大批出土，特别是《青川竹简》和《睡虎地秦墓竹简》的出土，就证明了秦人确实为文字改革和书籍出版做过重大努力，成绩卓然。此举对中国文化建设、文化传播具有何等深远的意义，可以想见。可是一般历史书上，对秦始皇与秦人的这类文化贡献却不肯给予应有的评价，只记得他烧了一堆私藏的"百家语"和杀了一批方术士，扣一顶"焚书坑儒"的大帽子了事，实在不公。

秦统一文字表

三、书殉笔葬：文化储存的"地下渠道"

从先秦时起，书香士子、富豪之家、官僚贵胄都把收藏书籍看作门第品位的标志，看作财富积蓄的手段，看作个人身份价值的体现，特殊条件下还看作为国家民族保存文化种子的斗争手段，于是乎大藏其书，形成了一代"书殉笔葬"之风，死了还拿书籍与笔墨来陪葬。从"汲冢书"的发掘，到近几十年从秦墓中陆续出土的帛书、简书之多，也无不说明先秦及秦代人的收藏确已颇具规模，不是个别上层人士的特殊爱好；而从秦皇下令焚毁私藏的"诗书百家语"这件事本身来看，也说明私藏图籍在当时何等普遍，已成气候，已成一种文化生态，以至要动用行政力量来加以整顿。

秦墓中出土的帛书、简书，包括了大量复制的先秦古本，还有秦人的当代撰著，其品种之多，令人讶异；版本之古，让人惊奇，不少是千年绝迹的文献。特别是《青川竹简》和《睡虎地秦墓竹简》的出土，便提供了全套《秦律》，不仅有一般的刑律内容，还有民事和经济方面的单行法规，甚至还有《法律答问》《封诊式》《为吏之道》这些法制普及宣讲资料和"执法守则"之类，其意义非常重大。这些古籍版本的收藏者都是"有身份的人"。作为个人收藏品，且都用于"殉葬"，可见其珍爱的深切程度。我们有理由相信，今后会有更多更有价值的发现。可以想见，当初被埋入墓中的典籍一定不少，其早已朽败者、从未发现者、永世不能再见天日者必定更多；而今已知的只是其冰山一角而已。这对当时的社会文明当然是一种损失，让人痛惜；它们而今的被发现，又让今人无比兴奋。

据说，当秦始皇下令焚毁私藏经书时，曾有人对孔子裔孙孔鲋说：皇上要烧书，你可是个书虫儿，很危险的。他回答说：知道我有书的，都是我的朋友，会有什么危险呢？而且，"吾将藏之，以待其求；求至，无患矣"。他是有长远眼光的，他认为这只是秦皇的一时之策，只要躲过这场灾难，将来国家还是要来向他求书的，到那时就根本没有什么危险了。于是他把经书藏于曲阜老家的屋壁中，自己则远远地避居到嵩山里去了。后来在汉朝建国后，这批书果然发挥了大作用。孔鲋采取的这种让风头、避急难、保种子、求将来的策略，对后人很有启示。所谓留得青山在，不愁没柴烧，这是一种韧性战斗。

又有传说：秦皇在咸阳焚书时，有两个学者冒险将一批书偷运出来，远远地逃到今湖南沅陵西北的小酉山、大酉山中。山中有"二酉洞"，他们就把书藏到穴中，相传有藏书千卷。"避秦"的桃花源也在湖南的这一带，两个传说的方位指向一致，该不是偶然的吧？20世纪发现的《里耶秦简》，也在湘北，这也不会是偶然的。楚人一向有保护中原文物的"癖好"，说来有趣。"二酉藏书"从此就成了一则久传不衰的佳话。直到清代，吴江人严豹还建有"二酉斋"，专门收藏他的手抄秘本；武威的张澍也建了"二酉堂"来藏书，出《二酉堂丛书》，是研究西北史地的重要文献；陈荫堂在北京琉璃厂也建了个"老二酉堂书铺"，用套色印书。

四、秦皇禁书，项羽焚书

秦皇统一中国后，为着统一思想、统一是非标准、统一行为模式，下令焚毁了一批民间私藏的书籍，主要是儒学典籍《春秋》之类——那是以鲁国为中心的历史书，当然不合秦人的历史观；还有《礼记》——它不合乎秦的法制精神；还有《诗三百》，周代各地民歌，尤其是雅颂部分，不利于秦的思想统一，精神统一，故不许民间私藏；但政府是收存的。国库中收藏着的《诗》《书》"百家语"，明令一律不烧，还特设博士弟子员七十名专门研习着。秦人没有烧《易》，因为它属于医药卜算之类；没有烧先秦科技书，没有烧医、农、手工生产、算学、天文方面的书，只在咸阳街头烧了一批搜来的"私藏"儒学典籍，借以威胁民间借古讽今的人。

另外，他召请过许多"文学博士"，常找儒生们讨论礼仪；他待方术士更是尽心，几乎是言听计从。秦始皇曾问一批术士和儒生："冬天能不能生产瓜果？"人人都说"不行"。秦始皇就让他们到终南山的山谷中去看，结果都呆了：那儿正种着瓜呢！秦始皇又让儒生们讨论祭祀礼仪，儒生们各执一词，争论不休，旷日持久，却毫无结论。这都使秦始皇不满。可是术士们却欺蒙他，背后诽谤他。他一怒之下，把一些方术士抓了起来。方士和文士们都惊惶了，便"转相告引"，牵连而出的"犯禁者460余人，皆坑之咸阳"（参见《史记·秦始皇本纪》）。所谓"坑"，是"乘其不备而加以掩杀"的意思，并不是简单地"挖个大坑给集体活埋了"。秦始皇主要是"坑"了一批"方术士"，包括秦人心目中的"游食之士"。此事却被汉代人视为"坑儒"。《史记》把这和"焚书"一事连带着记在一起，但并没有用"焚书坑儒"来概称它。"焚书坑儒"当然是不智之举，但毕竟是一时之举，并非基本国策。它本身的危害其实是有限度的。真正的危害在"楚人一炬，化为焦土"。

原来，项羽兵进咸阳时，一把火"三月不绝"，毁掉了咸阳城，也烧掉了全部文件、资料与典籍，包括科技文化书籍在内。这是我国文化的一个重大损失。加之这批由秦人收存的文献，多数是用秦隶以前的各国古文字书写的，其内容无法默记，汉人抢救先秦文献时，只是靠一批老人凭记忆把《尚书》《诗经》《论语》之类好记好背的"社会科学"书籍恢复了一些而已（而且版本不同，谁也不可能完全保持"原貌"）。当年，秦人的《焚书令》中说得分明：史官、博士官主管着的《秦记》《诗》《书》"百家语"和公私收藏的医巫、卜筮、种植、树艺之书，都不烧。那么，先秦书籍毁于谁人之手呢？就毁于项羽的这次纵火。

当年，秦皇灭了六国，曾在咸阳以西"复制"六国宫殿，"关中三百，关外四百"，迤逦二百余里，皆有覆道相连，迁来六国文物宝货嫔妃美姜尽纳其中。项羽于"鸿门宴"后，"引兵西屠咸阳，杀秦降王子婴，烧秦宫室，火三月不灭"。对于已经解除武装、毫无反抗打算的咸阳城，项羽纵使他的复仇大军这么一放火，"三月不灭"，该是怎样一副惨相，可想而知。《史记·项羽本纪》只用这么短短的一行字写项羽焚咸阳的史实，未免太不"真实"了。当火起之时，项羽和刘邦的部下都忙着趁乱夺宝，唯独萧何令人从烈焰中抢救出一批籍账簿书，他因而洞悉了全国各地兵马人口的实力分布。在此后数年的楚汉相争中，刘邦往往为项羽所困，萧何却始终能保证粮草人马的"转运不绝"，确保了刘邦的最后胜利。相形之下，项羽烧这一把火，是多么愚昧也就可知了，是他把先秦图书典籍尽行焚毁的，是他造成了秦汉之际的文化断层，闹得一时间社会竟似无书可读了。

总体上看来，秦始皇的文化建设之功不如武力统一中国那么显赫，但他所成就的事业也绝不是一次"焚书坑儒"事件就能够掩蔽或抵消的。另一方面，秦皇禁书、项羽焚书之后，实实在在地发生了我国文化史上的一次严重的"文化断层"，要不是汉初几代人花大力抢救古书，其后果很难设想。

文化传承，一要有文人，二要有文献，两者皆无，安得不中断！秦代原有人口约三千万，历胡亥覆亡与楚汉相争，到汉初刘邦称帝时，全国只剩下区区八百万人口了，其中识字者本已寥寥，会契刻、帛书而能著述者就更是少之又少了，加上秦代一再进行"文字改革"，由大篆而小篆而秦隶，先秦各国凡不以"秦隶"写的书籍文献，就易于失传了。秦始皇的注意力在"武力统一"与"基础建设"上，文化事业自然要"靠后"。社会精力不在文化事业上，先秦学术便传授乏人了。后来又发生了"焚书"事件，此举势必造成社会恐慌，文化更无人问津了。二世胡亥庸愚顽劣，全无善举；待到项羽进咸阳，一把火把秦人收藏的百家文献烧个精光；刘邦又瞧不起儒生，拿儒者的帽子撒尿……在这样的"人文遭际"下，怎能不酿成一次严重的文化断层！

秦皇禁书，项羽焚书，造成了我国书籍史上第一次大劫难，酿成了秦汉之际的一次文化中断。

五、汉人的简书抢救工程

经过秦皇禁书、项羽焚书之后，社会上出现了"文化断层"现象。西汉建国后，在抢救先秦典籍方面，公私都做出了艰难的努力。

要进行文化抢救，首先要解决如何"读到古书"的问题，然后再解决如何"读懂古书"的问题。汉丞相萧何深明藏书的好处，他主持修建未央宫时，特地在宫内辟出三个专室，命名为"石渠阁""麒麟阁""天禄阁"，用来收藏入关时从秦庭所得的图书，这是汉家文化抢救的开始。

到汉武帝时，便着手"建藏书之策，置写字之官，下及诸子传说，皆充秘府"（参见《汉书·艺文志》）。这时，汉政府把国家文化建设事业推上了新的台阶，既收藏已有的古本书籍，又组织复制新的古籍；不仅复制经书，而且广及各学派的注释。其时中央政府机构"外有太常、太史、博士之藏，内有延阁、广内、秘室之府"（《汉书·艺文志》）。这就从制度上、措施上、组织上为后世政府的藏书事业做出了示范。

汉宣帝甘露三年曾在石渠阁召集学者，论定五经，世称"石渠阁会议"。戴胜、刘向、梁丘据等著名经学大师，都参加了这场讨论。汉代博士说"经"者的分家分门分派，即始于此次御前会议。

汉代学者们讲授的五大经书，是用当代通行的汉隶抄写的。他们凭各自的记忆录下先秦经书如《诗经》《尚书》之类，又凭自己的独家理解去口授经文、宣讲经义，阐发前代圣贤的"微言大义"，张扬古代经传的当代解读，于是形成了一个与汉家四百年相终始的"今文经学"的学派。

汉人抢救的书，都是经史人文之作，这一来是统治者爱好、提倡，又用利禄召引之；文章本身又易记易诵，拍拍脑袋，一本书就出来了（正因此，各书的不同"版本"也就特别多，伪书也很难考辨）；二来科技书不易记认，难以复原，故形成了汉人知识的偏枯结构：重人文而缺科技。

东汉时更加"崇儒尚文"，朝廷藏书于东观、兰台、太学、仁寿阁、宣明殿等处。东汉章帝时又召开过"白虎观会议"，对今文经学的定型和谶纬之学的泛滥，起了推波助澜的作用。

汉家藏书原是不少的，但遭过两次毁灭性大劫难。一次是西汉末年王莽时，战乱中秘府所藏亡失殆尽；一次是在东汉献帝时，董卓强迫迁都，军士以书帙为囊橐，把洛阳焚劫一空，继而长安兵乱，文籍损毁殆尽。

两汉广大人民创造的文明成果被毁，实在是无可挽回的损失，就连汉初抢救的先秦残典《尚书》之类，到汉魏之际，凡国库之藏便散失殆尽了，可见被毁的文籍之多。

六、汉代的文字改革与启蒙教育

秦以后，西汉继续革新语言文字，在推广雅言的同时，变秦隶为汉隶，为八分，为章草，使文字更利于书写。此后便出现了以抄书为职业的书手，出现了专业"书市"。这在书籍出版史上，是一个巨大的进步，是中国制书史的又一次飞跃发展。

汉代文字学家许慎说过："汉兴，有草书、尉律。学童十七以上始试讽《籀书》九千字，乃得为史；又以八体试之，郡移太史，并课最者以为尚书史。书或不正，辄举核之。"（见《说文解字·序》）这是说，汉政府一开始就规定：要识得九千个篆字才能当上政府小史，做做基础性的文字工作；要能读写"八体"，才有当官的资格。官吏不仅不能写错字，即使不同场合，用错了的字体，也要被举核，受惩罚，这可够严厉的。这样运用行政手段，把规范字形跟读书人的前程挂上钩，自会收到相当的成效。有位老臣，因为其奏本中的"马"字少写了一笔，便惶惶不可终日，以为"欺骗了皇上，获罪不浅"。

此后，汉政府又进一步整合汉字，理顺字形，发展出更便于用毛笔书写而又美观的"汉隶"来。据记载，汉武帝时曾命司马相如作《凡将篇》，汉元帝时命史游撰《急就章》，汉成帝时又有人作了《元尚篇》，王莽时扬雄作了《方言》，东汉时许慎又有《说文解字》的出版……这一切，都是汉人重视语言文字工作的明证。总之，秦汉的文字整合工程，是有极其深远的文化意义的。

这里扼要地介绍一下《急就章》。

西汉元帝时（前48—前33年在位），有个黄门令叫史游，他撰著了一本启蒙读物，题为《急就章》。该书用当时流行的"草书"写成，世称"章草"。晋代王羲之父子就是师"章草"之意，推陈出新，而写出"正楷（楷书、真书）"来的——也就是说，楷书是从章草中脱化而来的。

在《急就章》问世之前，就出过多种"识字课本"，比如李斯的《仓颉篇》；赵高造了《爱历篇》，胡毋敬又作

《博学篇》，那只是单字的堆积，尚未顾及文义。到了汉武帝时，司马相如作《凡将篇》，串字成句，积句成章，这是一个进步。汉元帝时，史游承其意而张其制，创作了《急就章》，供皇家与贵族子弟入学的"急就"（速成）之用。该书用1394个不相重复的汉字编成，使学童在初识汉字的同时，对社会生活中常见的姓氏、食货、婚嫁、庄园、从政等事事物物有一个轮廓性的了解，简直是一本微型的"百科全书"。这有利于给儿童搭建一个合理而周全的知识框架，文化意义深远；加之全书基本上是用"七言韵语"写成的，汉代只有武帝时的"柏梁体"那首诗才偶尔使用了七言句，而"七言诗"要一直等到唐代才大兴的；而本书却早已用上了七言韵语的表达式，富有音乐美。它朗朗上口，容易沁入心脾，好读易记，一时不理解的字义只要读熟记住了，日后自然会消化的，这又是一种文学性的创新。本书就因为具有这类优长，直到唐宋之际，社会上都优选它作为启蒙教材。

西汉至今，年深月久，时移世变，文窜字改，不仅《急就章》原文读来困难了，就连唐人、明人作的"注解"也已变得难解了。而今的一些字帖释读之文，多出于书法家之手，重字形考辨，重书艺赏读，而往往忽略文义的串讲，更罕及文化生态的疏解了。因而，在认清原文的分"章"体例与"组字成文"的七言句式的基础上，辨识其字义，认准其音读，理清其逻辑段落，归纳其章节题旨就非常必要了。今人应在疏解一向难懂或错解的句意、文意上，在还该书以"启蒙""急就"的固有价值上下一番硬功夫才对。再进一步，从文章史、文化史的角度，对《急就章》内容作适当的延伸评析，揭示其历史文化学的意义，让今人对两汉社会生态有所认知，对学童应有的知识构架和启蒙教学法有所体认。这样，才能恢复《急就章》本身既是"章草之祖"，更是"启蒙读物"的双重身份，从而明确其现世价值以启诱后人。

《急就章》的问世与传布，反映了汉代启蒙教育与社会文化所达到的高水平。人们艳称的汉唐文明，不是天上掉下来的。

七、汉代的章句之学

汉武帝重儒学，朝廷设五经博士，召请一批老年学者，用当代通行的隶书（今文），凭各自的记忆，录下先秦儒学的经典文字，又凭自家的理解，向弟子们宣讲经义，阐发圣贤的"微言大义"，张扬古代经义的当代应用。为此，他们认真地辨章断句、疏通文义、点明题旨、说明章法，逐步地积累了不少学问，于是形成一种"今文经学"。这些搞"今文经学"的人，各家都只认可自己的分章断句与经义，这就形成了关于经文阅读的"章句之学"。《汉书·徐防传》永元十四年说："五经章句始于西汉。"至于先秦其他学术，特别是医农、算数、天文等科技类书籍，因为不与功名挂钩，且文字内容本来也不易记诵，故这类书籍也就少人抢救，不加整理而归于沉寂了。所以汉代儒学独兴而百家沉寂，带来汉人知识结构的严重偏枯，消极影响很大。

一般说来，章句之学的操作程序是：

（一）标定书名。周秦两汉时的文章，原是写在竹木简片上的，写成之后，编好卷起，于是有"编（篇）"、

"卷"、"册（策）"的划分。为了识别，卷末标上"老子""墨子""庄子""商君书"之类名字，以示此书为某人所写，某人就享有"立言"的荣誉了。到了汉朝，人们大多仍然这么做，比如《贾至新语》《贾谊新书》《太史公书》《淮南子》《氾胜之书》等就是。当然也有一些书名，能够标识出该书的内容特色，如董仲舒之《春秋繁露》，崔寔的《政论》之类。这"春秋繁露"四字，就表明了作者"以《春秋》大义折狱，用儒术润色吏事"的良苦用心。这两种命名法，后世都一直沿用着：个人文集往往题以作者之名，而专题文集则题以特定书名。

（二）分章断句。先秦书籍，原是不分章也不断句的。"五经博士"们为了传授方便，开始分出章句来。最初的分"章"，并不考虑文义的逻辑关联，只随简册编连的方便，一"卷"简册之末，写上"右第×章"（右章第×）的字样就行了，或者把该文起头的两三个字加上去，成为"右论语先进章""右孟子梁惠王章句第一"之类文字，以作标识。

人们读书时，是要断句的，"段"就是断，断句就是把文章截断成一小段一小段的；而"句"就是勾，在应断句之处加上一勾，此之谓"断句"，或称"句逗"。汉人的断句，其办法有二：（1）在该停顿、该断句的地方，加上不同的勾识符号，或点（，）或圈（o），或加三角（△），或用其他符号（√）。据《史记·滑稽列传》记载：东方朔所上奏牍三千条，由两名壮汉搬运，武帝读之二月方尽，"每遇句读，辄乙（√）其处"。这便是最早见于记载的断句法了。1959年甘肃武威出土西汉《仪礼》，就是用这套符号来分章断句的，说明此法为西汉社会所通用。（2）把训诂文字夹注在正文的可断句、可分章节的地方，或置于相应的固定词组和短语之后。这样，既详释了词义、文义，又起到为文章分章断句的作用。但它有个缺点：正文与注文容易相混，一经转抄，易生排版之误，反而增加了阅读的难度。这个办法一直被使用到晚清引入标点符号时为止，近两千年间没有什么改进。

（三）解题。点明文章意旨及写作特色，必要时介绍作者情况，补叙文章背景资料，讲述本文主旨，以至进行必要的校对、辩正等。

章句知识从初步积累到能够自如运用，有一个相当长的过程，大体上从西汉中叶起，到东汉后期止才算成熟。章句之学是"今文经学"家引发出来的学术，但它一旦产生，也就具有相对的"独立性"了。作为一种为古文"分章断句"加讲解的方法论，它当然也可用于"五经"之外的任何一种古文的传授与讲解，那是必然的、合理的发展了。比如东汉王逸就把"五经章句"的办法，用之于"楚辞"研究，写出了《楚辞章句》。

八、汉代的训诂之学

从西汉中期起，社会上私家藏书纷纷重见天日，政府也注意从民间搜集先秦著作。据《汉书》记载：当时河间献王刘德"修学好古，实事求是"，他搜集的民间"善书"（先秦古文旧书）与朝廷所收等量。淮南王刘安也搜存了不少先秦古文旧籍。武帝末年，鲁恭王从孔子旧宅的夹壁中获得一批"古文经书"，也就是使用先秦古篆字书写的经书简册，有

《书》《礼》《论语》《孝经》等，立即引起社会的重视。而如何才能辨识这些字体古旧且不作断句分章处理的文字，便成了当务之急；于是识古字，通古音，知古义，就成了当代知识分子必须解决的课题。这就逼出了"古文经学"。

为此，汉宣帝下令征召懂得古文读音者，张敞便受命为古文字正音。他把自己专有的知识传给外甥之子杜林，"为作训诂"，对古文字的形、音、义逐一作音训讲解，这就奠定了汉代训诂之学的初基。西汉末，学者刘歆力倡"古文经学"，并上书皇帝要求将它列入"国学"，与"今文经学"分庭抗礼。到东汉章帝时，古文经学终于取得全面胜利。

在这一过程中，以通古今之"文"和古今之"语"为任务的"训诂学"也就获得了长足的进步。古文经学以求"是"、求"实"、求"根"为学风特点，不搞主观臆想与推测，重视"证据"，这是有科学精神的。桓谭、班固、王充、贾逵、许慎、服虔、马融、郑玄等人，都是著名的经学大师。其中，活跃于东汉末年的郑玄，是治"古文经学"的，但他能大力破除积久以来的门户私见，敢于吸收"今文"派的长于思考论析的优点，成为集大成的"汉学大家"，其学"训诂简明，举大义而已"。不凭空臆说，而且排斥谶纬，以求实态度进行经学研究。随着今古文经学的发展与融会，汉人的训诂章句之学得到了理论提升和操作规范，为后世的文字学、语音学、注疏学、校勘学以至文章学打下了坚实的基础，而许慎《说文》的问世，便是这门学术的代表。《说文》以"六书"释字形，揭示了古今文字的字形演变规律，确立了偏旁归类的检字法；又总结出解释字义的声训、形训、义训等释义法则。

现在来看看汉人训诂的实际操作情形。

（一）为生僻字注音

其任务是为先秦的文字标音、给当代读者正音。读书需先识字，识字依赖于注音。按：西汉为学，是同门师弟子之间直接的口耳相传，遇到生字需要说明读音时，就直接描述发音部位，说明发音方法，这叫作"譬况发音法"，但不能保证其准确性。比如《尔雅·释名》说：风，泛也，其气博泛而动物也。冀豫兖州一带的人"横口合唇言之"，模拟出泛吹的状态，其音在灰昏之间（接近于声母w）；又释为："风，放也，气放散也"，因而青徐之人就"蹙口开唇推气言之"，其音在呼翁之间（接近于声母h）。再如："天"和"顶、巅"等字（词），都有"在上高显"的基本含义，所以"青、徐以舌头（舌尖）言之"（等于说声母为d）。然而，这种描述性发音办法并不能为字头准确标音，也难以统一方言方音，在当时只能算是无法之法。到汉代末年，孙炎作《尔雅音义》，开始用"反切法"标音，这才使汉字注音开始走上科学轨道。如：东方之"东"，读成"德红反"；省亲之"省"，读成"悉井反"。这里的"反"，是"反切"法的简称，有时也称作"翻""翻切"，或者就叫作"切"。办法是前字取声母，后字取韵母与声调，两字连在一起急读就成。稍后，北朝人又用上了以同音字标音的"直音法"，以后便一直沿用下来。然而，"同音字"在不同的方音系统中未必"同音"，因而它仍然不能完全解决读音标准化的问题，要留待后世去解决。

（二）为字（词）释义

汉字与单词往往相一致，注释字义也就注释了词义。汉语单词没有性、数、格、位的"语法变化"，只要识字，没有读不懂语义文句的，没有说不通汉语的。根本无须去区别什么"名动形、副介助"的所谓词性，也不必纠缠于"主谓宾、补定状"的所谓语法。故汉文释义，只需用声训、形训、义训等三种方法就行。

（1）声训。通过字音说明字意的办法叫"声训"。人们习见的"赋者铺也"，"王者往也，为人所归往也"之类，用的就是声训法。前人有"音近义通"之说，字的声音相同或相近者，其字义往往相通：如"空—孔—窟窿""是—此—斯—兹—这""辅—铺—敷—赋""矢—死—屎—逝—时""不—勿—弗—非—否""纷纷—纷纭—纷飞—芬菲—霏霏""咕噜—骨碌—礧碌—咯唠—角落"之类，其发音相近，也就都有一个贯串于其中的基本义素，是可以颠倒互训、辗转生义的。

（2）形训。从单字的结体形态和构架演变上讲解该字的本义、通用义。因不仅独体的象形字可以以形训义，就是大量的形声字或会意字，其字形之构件原来自象形字或其变体，也都能够以其字形表达其字音与字义，故可通用"形训"法。如"日月山川、水火牛马、鱼鸟犬羊、口耳目足、舟车瓦缶、土石血肉、金木禾草"之类独体象形字，其甲骨文的原始字形，本身就能表音兼表义。还有很多字，上古原本就是独体象形字，即如"云、雷、电"与"气、回、厂"之类："云"象祥朵形，"电"与申同体，似闪电之形；

"雷"为叠起的三个圆，圆中各着一个十字叉，状雷声如车轮滚滚之音。"气"为三条斜置的曲线，像出气上升之形；"回"为连体套设的双圆，状回环往复之状；"厂"像搭建在主建筑墙外的敞篷，内无家具，外无围墙，很形象。这便是"形训"，依形来训义、表声。现在的简化字让"云、气、电、厂"之类"返祖"了，很好。

再说形声字，由声旁加形旁组合而成的字，一般说来，加形旁后，可以更明白地表义，其声旁则可以表音。其实，文字是记录语言的，语言是以声音表义的，故形声字的声旁，本来也有表义的功能，只是后人未必能弄明白而已。如从"工"得音的"红—虹—江—杠—缸—肛—功—攻—功"之类，都是各自同类事物中的大者、强者、醒目者。后人由此引出"右文说"来，把字形—字音综合起来追索字的本义，这是比较科学的识字办法。

但形声结合，并不是一成不变的，时代不同、文明程度不同，习俗不同，古今语音不同，构字的形声偏旁也就会不相同。如"碗""杯""盘"等字，过去就有从"木"从"皿"等多种写法，"矿"字有从"金"从"石"的不同写法，"帆"字有"马风"合体的写法，"炮"有从"石马炙"的合体。再说，不少形声字的形旁，本来就是后人附加上去繁化了的合体字，比如将"孚"写成"孵"，将"采"加上"手"旁，其实是多此一举。另外，同一部首，却又未必同音，如从"各"的字，就有"格、搁、阁、骼"和"路、洛、络、貉、赂"两个声母系统（g与l）。如此之类，不可拘执。

另有会意字，往往由形旁加一抽象表义的符号组合而成。分析其形体构成，便可推知字义。如"旦"字，表示

"日"出于地平线上，指早晨。其构字部件"日"象形，"一"表抽象的地平线；"刃"字的"丶"，指示"刃"在"刀"的口部。"本"字义为树根，从"木"从"一"，指示树的根本"一"在"木"的底部。束，表示从"木"的腰部捆扎住。另，过去，粗字有从三鹿垒加写法，尘字有从三鹿垒加再垫土的写法，奔字有从三牛叠加的写法。这也是据形释义，称作"形训法"。

（3）义训。义训法是直接从词义的角度去训释文义，这是最主要也最常用的训释方法。如："丰：大也、多也、茂也、盛也"就是义训；"肇，始也，起也"也是义训。又如《孟子·告子》云："从其大体为大人，从其小体为小人。"对此，赵岐解释说："大体：心思礼义。小体：纵恣情欲。"（见《孟子章句》）这个注释便点明了原文"大体""小体"的修辞学意义，帮助读者理解了原文。凡字、词在句子中，在上下文语境中，都会产生具体的"语用义"，这时，就只得靠"义训法"来解决问题了。如当一个名词在文句中转变为动词或形容词甚至借用为虚词时，就必须通过"义训"来做出解释了。

（三）解句、串讲、解题

释词之后，就要作句意串讲了。对名物制度的训释，说明其古今演变和沿革，介绍相关典故或史实。如《周礼·秋官》"方士"条下郑玄注为："方士，主四方都家之狱者。"这说明，"士"是狱官，主管审案，"方士"则主管审理"都家之狱"。有了郑注，我们就不至于把原文中的"方士"理解成"江湖术士"了。

弄明白字义之后，还要串讲句意和章节要旨，并进一步申叙题旨、揭示章法等，这样才能帮助读者理解全文。《孟子见梁惠王》有句云："苟为后义而先利，不夺，不餍。"赵岐《章句》："诚令大臣皆后仁义而先自利，则不篡夺君位，不足自餍饱其欲矣！"这里，把"夺"和"餍"都理解为接物动词，串讲时粘上了相关宾语"君位"，句意便畅达了，而且明示了这里讲的"利"，不是人人需要的养生送死之"利"，而是"不篡夺君位，不足自餍饱"的非法祸民之"利"。

九、汉代子学文章的体制

汉代关心时政、关注世事者，还有一批"子学作家"，从汉初的陆贾、刘安到董仲舒、扬雄、刘向，从王符、王充到崔实、仲长统，他们致力于理论专著的著述，大致都按"立国之本—政治方略—政策措施"的思路构建其理论框架，编排其文章。行文中又都热心于使用先秦文献提供的思想资料，密集地征引先秦典籍的现成文句、现成知识、现成故实，为论证自己的思想政治观点服务。但我们不能不指出，汉初，当《陆贾新语》《贾谊新书》《淮南子》等书问世的时代，梳理前代知识，构建理论体系，自有其历史的必要。可是一旦形成既定模式，后来者照样去做，就值得讨论了。我们这里不去讨论那些奉命之作和高头讲章，仅就名著而言，如《盐铁论》《论衡》《潜夫论》《申鉴》等，从思想体系到章次编排，似乎有一个约定的儒学套路在。为行文简约起见，现依原书目录的顺次拣择若干标题列出，以窥其崖略。

（一）陆贾《新语》

1. 道基：论立国之本　2. 术事：论政治方略　3. 辅政：论慎用重臣

4. 无为：论与民休息　5. 至德：论信赏必罚　6. 明诫：论行善施仁

（二）刘安《淮南子》

1. 原道：论立国原理　2. 主术：论政治方略　3. 齐俗：论整齐民俗

4. 兵略：论用兵之道　5. 修务：论政策措施　6. 要略：论行政管理

（三）荀悦《申鉴》（各章主题从略）

1. 政体　2. 时事　3. 俗嫌　4. 杂言（上）　5. 杂言（下）

（四）桓宽《盐铁论》（各章主题从略）

1. 本议　2. 力耕　3. 轻重　4. 后刑　5. 世务　6. 杂论

（五）王符《潜夫论》（各章主题从略）

1. 务本　2. 思贤　3. 本政　4. 断讼　5. 救边　6. 本训

由上列目次序列不难得出结论：两汉四百年间，思想家们热切地关心着国家政治走向，关注着社会矛盾、社会问题。但他们观察问题的角度始终是一致的，所提解决问题的方案也大同小异。就行文而言，这些文章都朴实无华，切于时用。同时也都给人一种在温习、在消化先秦诸子思想的观感。名著如此，一般文章可想而知。至若社会上陈陈相因的经学，荒诞不经的谶纬，使沉闷陈腐的空气弥漫控制了东汉文坛二百年，消极作用就更不待言了。谶纬邪说，直到隋代才被遏止住。

不过，汉代子学论著中也有很多富于生命力的好文章，和章奏政论相表里，后者是直接呈递给当局的，前者是"储宝待售"，为后来者打算的。直接呈递，话不投机，祸将不测，理论勇气与政治勇气必备。为了表达自己的主要观点，有时难免要"从众"，说些违心的应景话；而私家著述，其祸未必立至，则可以多一些锋芒。我们看看王充、王符、仲长统这些不在位的人的著作，就不难得出相应的结论了。比如王充，他家境贫寒，自学成才。用毕生精力，历时二十余年写成巨著《论衡》，以唯物论的自然观，批判宗教神学，批判君权神授论。他高举"疾虚妄"的大旗，与谶纬神学做斗争，同时还写了《问孔》《刺孟》等文，从经学迷幻中杀出了一条血路。仲长统性倜傥，敢直言，不拘小节，曾在曹操幕中当过小吏。他的《昌言》有文三十四篇之多。书中有言：天下本不乱；乱，是由统治集团"熬天下之脂膏，吸生民之骨髓"招致的。这些文章，仍不失汉初锋芒。

文学对于社会人生的关注，正是它的重要功能。相对于周秦文章来说，汉文在密切关注时政的前提下，开始把笔触引向社会人生。晁错的《论贵粟疏》，鲍宣论民有"七亡"，仲长统论豪门经济，都十分关注社会底层的实际生活状态；司马迁把游侠、商贾、卜算之徒写入国家正史，班固张衡把三教九流的活动写入"京都赋"，王褒以黑色幽默的笔调反映僮仆的被奴役生涯（《僮约》）……从《淮南子》《论衡》到

《列女传》《京辅黄图》，不仅反映政治家、思想家、社会活动家对治国治民的思考与实践（这是先秦散文的主题），同时也开始关切个体生命如何生存、如何奋斗。如果说在先秦散文中，社会底层的"小人物"只能以类型形象在寓言故事中露露脸的话，那么，在汉代散文中，他们已经开始有了自己的个性形象，尽管只是配角，但毕竟走进作品了。当然，应该说明，汉代文章大体上还是宏观地呈现反映社会、讨论政治的局面，对芸芸众生的生存状态还缺乏足够具体的记述与描绘，对个体生命的心灵开掘与个性发展也还没有关注到，这要留待六朝文章去解决了。

十、汉代史学文章的成就

两汉史传，记录了上下三千年历史发展的轨迹，记录了汉人在中国统一进程中发挥的无上智慧和付出的沉重代价，反映了汉人在创建世界一流文明过程中的艰辛与成就，也为中国人物画廊塑造了数百个鲜活的艺术形象，他们身上凝聚着中华民族求生存求发展的民族力量与民族精神。两汉雄文中，以《史记》与《汉书》的史传文章成就为最高。

司马迁是我国古代最有理想、最有人民性、最有战斗性的思想家、历史家、散文家，他的《史记》是我国史传散文的丰碑。它"究天人之际，通古今之变，成一家之言"，起自黄帝，迄于汉武，"原始察终，见盛观衰"，上下三千年，共用五十二万六千余字，写成一百二十八篇。《史记》人物画廊之生动多姿，不仅是空前的，也是"绝后"的：它集中而又十分成功地塑造了各阶层历史人物群象。《史记》人物的思想境界、行为方式，对我国人民产生了深远影响。通过这些人物形象，中华民族坚韧、刚强、朴实、勤劳、友爱、智慧的传统美德，中华民族的向心力、凝聚力、生命力、创造力，都第一次得到了艺术的肯定和升华，第一次得到了形象的展示和表彰。

《史记》体制宏伟而结构完整。郑振铎说："（司马迁）他排比、他整理古代的一切杂乱无章的史料，而使之就范于他的囊括一切前代知识文化的一个创作定型之中，而他又能运之以舒卷自如丰泽精刻的文笔。"（见《插图本中国文学史》）司马迁是善于创造性地继承前人的艺术经验的。此前，《尚书》提供了按历史顺次编排史料的启示，《春秋》提供了按大一统思想线索筛选排比史料的经验，《国语》《国策》提供了将人物分类归并加以记述的组合样式，《吕氏春秋》将前代一切文化知识兼收并蓄、"集六国时事以为八览六论十二纪"的网罗结构，更提供了将丰富文化史料分门别类、举其纲而张其目的艺术手法……司马迁便将其综合成《史记》的"纪传体"。于是，上下数千年杂乱纷繁的史料被他以人物为中心结撰起来，形成了一个有机整体。其中，《表》十篇，按世代年月，谱列国家大事与重要历史人物的主要活动，为全书纷繁史实提供了一个清晰的叙事网络。"表"这一表述形式，简明适用，在世界文化史上也是一个首创（西方统计学史上，非常推崇350~400年前荷兰历史学家"发明"的列表叙事法，其实比司马迁晚了近两千年）。《书》八篇，是天文、历法、水利、财贸、音乐、礼法等方面的专科史。这又是一项首创，它充分表现出作者对科技领域、生产领域的重视。而本书的主体则是《本纪》十二篇，专写国家元首与国家大事，这就为纷繁史料的组织与凝结提供了一个核心；这是民族向心力的意识体现。《世家》三十篇，专写贵族侯王的兴衰、特殊历史人物的事迹；《列传》七十篇，写不同阶层、不同类型的各种历史人物，包括少数民族君长、历代功臣名将、酷吏文人、医卜游侠、隐士商贾、刺客叛逆、佞幸滑稽等各色人物。《世家》与《列传》把历史人格化、形象化了，使人读了有强烈的历史感。

班固是东汉史学家，早年曾因"私改国史罪"而下狱。他运用司马迁《史记》及其父兄已有的写作成果编撰成《汉书》，周详地记述了西汉一代的历史。西汉在我国历史上是一个重要王朝。由秦皇所首创的大一统中央集权政治制度，只是在通过西汉高惠文景武昭宣几代人的持续探索和不懈努力下，才找到了它的有效实践模式，从而保证了政权的巩固、封建统治思想的确立、封建经济文化的发展。中华民族也由此而成为屹立于世界东方的伟大的先进民族。为此，汉代人民付出了艰辛的劳动和巨大的代价。班固沿着司马迁开辟的史学道路，写下这段历史，自然是有重大意义的。《汉书》仿《史记》，首列帝王之"纪"，侧重于记载西汉历朝帝王的治国方略，记述他们所作的制度建设，及内政外交上的带全局性的重大成就和失误。次列《表》和《志》，特别是写了《地理志》《刑法志》《艺文志》等，记述了中国版图内各行政区划的历史沿革、物产民情；记述了周秦以来文章学术的发展史；也记述了春秋战国特别是秦汉的刑律发展史——这在"独尊儒术""经学"泛滥的历史条件下尤为珍贵，学术价值很高。其重点则在七十篇人物传记上。通过传记，西汉一代文臣武将、社会名流的功业与事历被展示出来，有些传记写了边疆地方民族政权首领的事迹；甚至还涉及中外交往、涉及周边一些国家的基本情况，为那个时代的"世界史"留下了一份可贵的记录。汉人的"天下观"由此得到了实实在在的充实与拓展。

《汉书》特别注重对历史正面力量的歌颂。凡对巩固国家统一、致力民族团结、发展民族文化、推进国土开发、推进民智开发、弘扬民族精神有贡献、有成就的人物，他都给予精心的记述。如苏武的北海牧羊、张骞的坚持西征、陈汤的立功绝域、霍去病的横绝沙漠，都写得情文兼茂、感人至深。汉宣帝曾说：与自己共同治理天下的，"其唯良二千石乎？"一方大吏，能左右一方祸福。如文翁的办学校、育子弟、兴文风以治蜀，龚遂的废苛政、抚流民、让百姓"卖牛买犊"的兴农思想，黄霸"力行教化而后诛罚"的治安方略，召信臣的辟土地、兴农业、通水利、富百姓的治理方针，张汤的社会层面控制，赵广汉的社会秩序管理，郅都的勤职奉公……至若董仲舒的安邦三策，温德舒的守法奉法，鲍宣的直陈时弊，朱云的析槛抗争等，《汉书》均不惜篇幅详载其方略构想、实践成效，为后人留下了一面面镜子。《汉书》形象的艺术性可能比不上《史记》，而历史的可信度、真实感则较强，在历代从政人员心目中的可仿效性、可操作性也更加切实有效。因而六朝隋唐文献上，提到为政榜样时，无不称道《汉书》中的这批人物。古代的良吏们，正是以文翁、召信臣、龚遂等人为榜样的。人们说：学《史记》人物，"画虎不成反类犬"，很难；学《汉书》人物，只要一步一个脚印，总能做好。此话很有道理。《汉书》在语言运用上，比较注意书面化、规范化，有较重的书卷气，有些章节的行文注重排偶，预示着对散文整饰性方向的认可与普及。不过，由于他反对"虚构"、不"好奇"，不愿对人物作细节描写，因而他笔下的历史人物往往有功绩而无生气，有思想而少血肉，性格平面化，从文学上看，这又是不可取的。

附带说一下，汉人还有一些"杂史著作"，介于散文和小说之间，如《列女传》《越绝书》《汉武帝内传》等，这里就不多论了。

十一、时代精神与汉大赋

汉赋，是与唐诗宋词齐名的"一代文章"之高峰，讲汉代书品，汉赋不能不引起人们的高度重视。

汉帝国的建立与巩固，为中华民族的发展开辟了广阔的前景，我们民族赢得了春秋以降的最佳发展时期。然而，汉初，刘邦、吕后都曾受到匈奴的困辱，文帝景帝时匈奴仍活跃于河东河西，有时兵锋直达长安城下。这使我们民族面临着沉重压力。到汉武帝时，倾全国之力，经过反复较量，终于解除了外患。汉帝国的有效统治，北逾大漠，西抵天山，南包闽粤，东临沧海，东亚的广袤大地，实现了空前的政治统一。匈奴威胁的解除，西域通道的打开，国内经济文化的发展，长安洛阳等大都会的建成，社会财富的高度集聚，都使汉人的民族精神处于昂扬奋发的状态中。人们对精神文化生活的需求也更高更繁富了。西域打通之后，人们猛然打开了眼界，第一次知道世界原来这么大！于是人们倾注心力发展中外联系，努力探索未知世界。人们多么希望将自己对已知世界的了解和对未知世界的憧憬统统反映到自己的作品中来！这就使作为"一代文学"的汉赋得到了空前的发展。

汉赋是融汇周秦文学成果、集诗骚子史的艺术特征于一身的新的文学样式。"赋也者，受命于诗人，拓宇于楚辞者也。"（见《文心雕龙·诠赋》）这是说，赋是由周诗演变而来，又接纳了楚辞的艺术手法。汉赋的出现，使汉家文坛在章奏史传之外，获得了文学表现的新体式，打开了先秦诗骚未涉足的艺术新天地，难怪它要雄踞汉家文坛四百年。

汉赋，经历了骚体、七体、大赋、抒情咏物小赋的发展过程，它是汉帝国强大声威在文学上的反映。打开汉赋，我们看到，名山大川的雄奇，京都宫苑的富丽，田猎驰逐的奢豪，精巧工艺的奇绝，历史的悠久，人物的辏集，物产的丰饶，游艺的喧腾，都成为审美欣赏的对象。而能够艺术地反映这一切的，在当时唯有"大赋"。于是全社会的精神都聚集于赋的创作。据《汉书·艺文志》载：秦有"杂赋"十余篇；西汉就有各体赋作一千余首，作者六七十人。《昭明文选》专收"事出于沉思，义归于翰藻"的文学作品，首选辞赋；王国维《人间词话》将汉赋与唐诗宋词元曲并称为"一代文学"。汉赋特有的美学价值早就被公认了，只是在"五·四"之后，特别是"文化大革命"后的一二十年间被忽视罢了。

汉初赋作，题材涉及很广，举凡音乐美食、声色狗马、骑乘游猎之乐，无不形容尽致，物象纷呈，使人目不暇接。到汉武帝时期，汉大赋的创作便进入高潮期，持续二百多年之久，涌现了司马相如、杨雄、班固、张衡等大赋作手。一时名篇迭出，蔚成汉世文坛一代大观：《子虚》《上林》《大人》《甘泉》《长杨》《羽猎》《两都》《二京》《鲁灵光殿赋》相继名世。每一篇都写得体制宏大，富丽堂皇，夸奇炫博，神采飞扬。鲁迅评大赋领袖司马相如"制作虽甚迟缓，而不师故辙，自摅妙才，广博弘丽，卓绝汉代"。这个评价不低。

汉大赋体制宏丽，把汉代社会生活尤其是京都生活的方方面面，都吸纳进来了。高山巨川日月星辰尽在其里，宫苑都会街景市貌尽收其中，绘画雕塑音乐舞蹈杂耍游艺尽现其貌，虫鱼鸟兽佳卉奇葩古木怪石竞出笔底，医卜巫祝三教九流尽显其能，商贾学子中外旅客尽列其间，侯王将相文士军人尽活跃于其所……有闻必录，求尽求全。这一切，共同蕴就了一代繁华。汉赋不仅关心皇家生活方式，也涉笔民间生活面貌。张衡《二京赋》就再现了汉代洛阳、长安的街头民众、坊市商旅的生活面貌，写了江湖杂技、民间游乐的种种场面。汉代文章气魄豪雄，这在汉大赋中表现得尤为突出。汉赋的铺张扬厉、开阔宏肆，是对帝国初期发展的艺术肯定。它描绘山川风物、宫馆园林、衣食歌舞、市井百态、文士心态，相对于经子史传文章来说，它在思想论争、政治军事较量之外，开辟了艺术反映的新天地，是文章事业的进步。相对于周秦散文来说，这是文学题材的新开拓，是文学功能的新进步，应予肯定。

汉大赋在结体模式上与前代相比，也很有特点，它讲究的是对称美，铺排美，装饰美。如：在写方位时，有东必有西，有上必有下；时序上，写昼必写夜，写春必写秋，写冬必写夏；方物上，写土必写石，写瓜必写果，写五谷必写六畜。如《子虚赋》就是这样写"云梦泽"的：臣闻楚有七泽，尝见其一，未睹其余也。臣之所见，盖特其小小者尔。云梦者，方九百里，其中有山焉（其山则……其土则……其石则……）其东则有蕙圃……其南则有平原广泽……（其高……其埤……）其西则有涌泉清池……（内……外……中……）其北则有阴林……其上则有鸳雏鸾凤……其下则有白虎玄豹……——这是追求"对称美"。内容上，写了猪，必连类而写马、牛、羊、鸡、犬、兔；写了桂，必连类而及菊、兰、竹、松、柏、梅；写了华山，必再写泰山、恒岳与嵩高，以至匡庐、普陀与峨眉，这叫"铺排美"。汉人要抒发其雄迈之气，似乎不如此不足以显现。我们看大型歌舞场面，也觉千千万万人服色一样，步调一致，动作相同才有气势。这道理是相通的。不过，这样的文章写得多了，就显得板重，不受欢迎了，所以后世少有如此"大赋"了。

汉末出现了抒情咏物小赋。

十二、传统目录学的产生

中国传统的目录学出现于汉代。

要给书目分类，至少需要有两个前提：1. 摆在面前的书足够多，迫使你必须将其分门别类；2. 有明确的篇章意识，能对"文章要旨"作简明的归纳，对文字结构有明晰的理解，从而有能力将题旨性质相一致、结体相一致的书归为一类。汉中期以后，这个条件成熟了。《汉书·艺文志》讲：汉武帝"建藏书之册，置写字之官，下及诸子传说，皆充秘府"。秘府官吏对其职事自然有记录，能形成书目。成帝时，下令光禄大夫刘向"校经、传、诸子、辞赋"，其他人则分头负责校阅兵书、数术、方技。每一本书校读完毕，刘向当即"条其篇目，撮其旨意，录而奏之"，这就有了书目，且有了对书籍本身的介绍。刘向死后，成帝让其子刘歆完成这项事业，于是"总群书而奏其七略"。就是说，刘向父子对每本书作了书目和要旨的登录，刘歆又把书目作了归类划分，归纳了各类的总特色，并为之命名。这是一项很有意义的劳动。其七略首为辑略，顾名思义，应是七略的总叙，交代七略划分的缘起和依据；其下，二、六艺略，应是儒学六艺，指易、诗、书、礼、乐、春秋及其相应的训诂研究之作；三、诸子略，辑录先秦诸子的书和汉代研究各家的书；四、诗赋略，这里收录的书不含《诗经》及其研究之作，专收楚辞汉赋与汉诗；其后的兵书略、术数略、方技略，界划清晰，无须赘言。总之，突出经学的地位，是汉儒的共识。这样的分类，大致反映了汉政府的收藏实况，是运用归纳法作目录学研究的良好开端。

东汉班固继承了这项事业，他发展并充实了"七略"，使目录学正式成为一项独立的图书管理理论和实际操作指导，后世历代正史大致都仿其做法，专列"艺文（或称经籍）"一项，使中国书籍的登录两千年从未中断，这在世界文化史上也是独一无二的。

班固首先著录的是儒学"六艺"之书，分为九种：一、易学系列，首列《易经》的施、孟、梁三家传注本，这是当时官家认可了的最重要的通行本；次列其他当代已有的各家注本，可以参照阅读的；最后列出同类著作和相关的易学研究著作，全面反映东汉及东汉以前的易学成果，搜罗穷尽，计13家、294篇。——注明其书名、卷数，有的还记着作者姓名及相关附录。以下系列都按这个体例著录。二、《书经》系列，同样是先列《尚书》经，次列其主要传注本、一般传注本，次列其同类作品，再列研究性著作，共9家，412篇。三、《诗经》系列，6家，416篇；四、礼经系列，13家，555篇；五、《乐经》系列，6家，165篇；六、《春秋经》系列，23家，948篇；七、《论语》系例，12家，229篇；八、《孝经》系列，11家，59篇；九、"小学类"（如《尔雅》）10家，45篇。以上计9种，103家，3123篇，都属于先秦儒学经典，分类深细，著录体制一致。

其次为诸子之书。按学派性质分类，共十家。首为"儒家者流"，从子思、曾子到贾谊、董仲舒，到刘向、扬雄，计53家，836篇，也是注明作者、书名、卷数，及其相关附录之类；其次是"道家者流"，从伊尹、太公到老子、庄子和托名的黄帝等37家，993篇；再次是"阴阳家者流"，有容成子等21家，369篇。这以下就是"法家者流"，有韩非、晁错等10家，217篇；"名家者流"，有公孙龙子等7家，36篇；"墨家者流"有墨翟等6家86篇；"纵横家者流"，有苏秦、张仪等12家，107篇；"杂家者流"有吕不韦、刘安等20家，403篇；"农家者流"，有《氾胜之书》等9家，114篇；"小说家者流"，有师旷、虞初等15家，1380篇。诸子凡189家，4324篇。这便是"诸子十家"。每家书目之后，有一段总结性说明，交代其学派源流、特色、主要主张、可取之处及发展流弊。以客观介绍的语气行文，而尊儒倾向则寓于其中。

再次为诗赋作品。首列"（屈原）赋"，20家，361篇；"（陆贾）赋"，21家，274篇；"（孙卿）赋"，25家，136篇；次列"杂赋"，12家，233篇；"（乐府）歌诗"，28家，

314篇。本书收入先秦秦汉诗赋计106家，1318篇。班固指出：楚骚为"贤人失志之作"，汉诗乃"感乎哀乐，缘事而作"之篇，这个意见值得探讨。

最后为各种实用性学科："兵权谋"13家，259篇；"兵形势家"11家，92篇，图18卷；"阴阳"家16家，249篇，图十卷；"兵技巧家"13家，199篇；"天文"家，21家，445卷；"历谱"18家，606篇；"五行"31家，652卷；"蓍龟"15家，401卷；"杂占"18家，313卷；"形法"6家，122卷；"医经"7家，216卷；"经方"11家，274卷；"房中"8家，186卷；"神仙"10家，205卷；"方技"36家，868卷。对这十五家，作者也都有综合评定，讲其源流，列其代表，揭其长短，要言不烦。但把这么多门类相差悬远的学科摆在一起，却把儒家"六艺"单列为一"略"，也反映出汉家"独尊儒术"政策的彻底性。总计"六略"38种，596家，13269卷。班固所做的学术分类，大致勾勒出了中国汉代学术的类型，勾勒出了汉代知识分子的知识结构：其重经学轻百家、重思维轻实践的偏向十分突出。它事实上成了后世知识分子的基本知识框架的结构蓝图。此后，历代正史依例写下去，历代政府的出书藏书也依着办，历代读者更是照着念，中国人的知识构架如此"定型"，其正面或负面影响都十分深远。班固《艺文志》的作用不可小视，它是承先，也是启后，启发了后世经史子集的划分模式。

说明一下：同是书目著录，却引出了两门不同的学问——版本学和目录学。官家著录，从《七略》到《汉书·艺文志》，还有六朝私撰书目，如荀勖的《中经簿》，王俭的《七志》，阮孝绪的《七录》等，对文献名称只作了一般的分类登录。后世正史的《经籍志》，清代的《四库全书·总目提要》《四库存目》之类，其目的在于"辨章学术""考镜源流"，在于"纲纪群籍，簿属甲乙"，这才是"目录学"方面的专著。至若宋人的私家藏书目如陈振孙的《直斋书录解题》、尤袤的《遂初堂书目》，就不仅详列所藏之书，而且细辨不同版本，显然是版本学兴起的反映。后世的"书目"，就多属于版本学的内容了。

十三、投笔从戎，汉代的书手与书市

我们今天可以看到的汉代简书不少。《居延汉简》《武威汉简》《银雀山汉墓竹简》《连云港木牍》连同《马王堆帛书》等，便都是汉代制作、保留下来的书品实物，可谓从西到东，从北到南，遍及海内。看来，当时的人是十分保爱这些书籍的，殉葬的就有这么多，"藏之名山，传之其人，通都大邑"者不知还有多少。今后，说不定什么时候还能发现一批汉人的著作呢。司马迁说过：他写的《太史公书》有72万字，他说要献给国家，藏于内府，供皇子皇孙们阅读，还说要"藏之名山，传之其人，通都大邑"，可见"副本"还真不少。汉代依然是简书时代，手写笔录，要生产许多"副本"，必然形成一种产业。

社会上的读书人，毕竟会千百倍于著书人，于是"抄书""购书"就成为一种社会需求，这就培育出了专门的抄书手、抄书业和专门的售书市场。西汉后期社会上便出现了一种"佣书"行业。当时，权贵之家或者书香门户或者书商，遇有好书，就雇请一批书手来抄录、复制。不少中下层知识分子，也就以替人抄书为业，有的人因此而聚财发家，亦有人因此而成为书法家、学问家，这就蔚成了中国文化史上的一大景观。

《后汉书》记载：东汉名士王溥，家中贫苦，不能入仕为官，"乃挟竹简、插笔洛阳书肆佣书"。想想看，王溥自己带上一捆捆的竹简，"插笔书肆"等待雇主光临的情景吧！那是很凄惶的。这条史料告诉人们：东汉简书是在书肆上出卖的。东汉名将班超，年轻时家中也很清苦，"常为官佣书以供养"，靠为官府抄书来养家活口。难怪他后来要"投笔从戎"，不干抄书这一行当，丢弃毛笔，跑去参军了。（参见《汉书》本传）

据西汉辞赋家扬雄《法言·吾子》篇中说，"书肆"出现于王莽时期。《三辅黄图》也有记载：西汉平帝元始四年（公元4年），汉政府扩建太学，于是在太学的附近逐渐形成了一个"书肆"。成百上千的士子，每逢初一、十五，聚会于此，互相交换手中的书，或干脆购书。因为这是个露天集市，栽着许多槐树，人们就称之为"槐市"："列槐树数百行为队，无墙屋。诸生朔望会此市，各持其郡所出货物及经书、传记，笙磬乐器，互相买卖，雍容揖让，或议论槐下。"好一派君子国的书市场景。几十亩的黄土地上长着绿荫森森的大槐树，书摊摆在树荫里，可以避风避雨避日头，这槐市倒也挺让人怀念的。而今天安门东侧劳动人民文化宫内的松柏林中，常常举办书市，很能引发人们的思古之幽情。

第三章　六朝纸书与声律辞章之学

本章首述晋代纸书取代简书而问世的世界文化史价值；兼述动乱年代遭遇的禁书、毁书之灾难；介绍六朝书画美的民族气派，介绍艰难时代里中华审美文章观的惊世发展；与之相应，六朝声律之学揭示了汉语文学语言的音乐美；六朝辞章之学，阐释了汉语文学语言的形象美；六朝文体研究，说明了汉语文章结体的建筑美：综合为南北方的文风分趋与文化交融之卓越成就。一句话，六朝书品，使读书业走上了一个新台阶，保证了中华各族的大一统、大融合。

一、洛阳纸贵，晋代纸书取代了简书

汉代兴起的抄书行业，到魏晋六朝时期更兴旺，由此而留下不少佚事，有靠替人抄书为生，也有靠佣书发迹的。书体也由汉隶变成了魏碑体，又变成了楷书、正书；一批批的书法家、画家和作家也就应时而生；个人专著（别集）纷纷涌现出来，蔚为一派新的时代景观。

晋人开始拿黄纸抄经书，包括儒、道、佛之经典，还用黄纸写皇帝诏策、国家户籍等。因为黄纸是用黄蘖汁浸泡过的，可以防虫蛀，又与皇家服色相一致，所以黄籍比白籍珍贵。

晋代有个作家叫左思，写了篇《三都赋》，其内容知识广博。写成发表后，众人传抄，引起轰动，一夜成名。洛阳市面的纸，很快脱销，一时有"洛阳纸贵"之说。

今所见最早的手抄纸书，是在新疆发现的由卜姓小学生手抄的《三国志》。

北魏有位刘芳，书法不错，很受欢迎，常为雇主抄写儒释经典，"卷值一缣，岁中能入百余匹"。抄一卷经书就能得一匹缣，而缣是质地精致的绢，可以染彩色，拿它来抄写经书，那是很华贵的；再卖出去，很能赚一笔。刘芳操此行业数十年，难怪会闷声发大财。（参见《北史》卷四十二）

至若文人的自作、自抄、自画，能卖高价，就更不稀奇了。晋人王羲之"写扇换鹅"，他的字值钱，自不必说，因为那是高价位的艺术品。王羲之前后出了那么多书法家、绘画家，纸墨笔的高质量大批生产，为之提供了物质基础。

权贵或书商组织书佣大规模复制书籍，或求名，或谋利，是这个时期的书界景观。

北朝有位大书商兼大文人叫祖珽，有一次，他亲自到东魏大将军高澄府上，推销梁元帝主编的《华林遍略》。高澄见了，说："你把它留下来，我要亲自看一看值不值得买。"祖珽答应之后，放下书就走了。高澄连夜招来大批书手，一日一夜抄毕，然后就把原本退还给祖珽，说："这书我是用不上的，不买它了。现在如旧退还。"祖珽自然是吃了大大的暗亏，却不知道。而高澄本人并不能文，他能在一昼夜间抄出620卷大书来，可见其规模之大、效率之高，也就可想见当年的抄书业之盛了。他有权而狡狯，给书史留了一则幽默故事；而书商能依赖书手谋利，也证明了制书业的发达，从业者之奔兢。

二、纸书上市的世界文化史价值

周秦两汉至魏晋，所有经史名著都是"简牍之书"，它们是中华文明高度发达的实证。南北朝时期，纸成为人造文字载体的最佳选择，唐代发展出雕版印刷，宋元有了活字排版，这就使中华文化产业一直遥遥领先于世界各国。当中国编写成《永乐大典》时，西欧人还在用300张羊羔皮抄一本《圣经》，仍处于"摇篮本时代"。

考古发现，早在汉武帝、汉宣帝年间，我国已经有了纸，一种用煮茧缫丝的残剩物造成的"絮纸"（这便是"纸"字从"纟"旁的缘由），不久又有了"麻纸"——以植物纤维制成的纸。1957年5月在西安霸桥发现的一叠88张麻纸，经鉴定，产于汉武帝时（公元前140—前87年间）。后来又陆续在新疆罗布淖尔、甘肃武威、内蒙古额齐纳、陕西扶风等地发现了这种麻纸，有的还写有字，画有地图。东汉和帝时，宦官蔡伦改进了造纸术。他"造意用树肤、麻头、敝布、鱼网以为纸。元兴元年（公元105年）奏上之。帝善其能，自是莫不从用之，故天下咸称蔡侯纸。"（《后汉书·蔡伦传》）蔡伦原籍在今湖南耒阳，家乡人至今纪念他，有一口水池就名为"蔡子池"，传说当年他就是在那口池子中沤麻造纸的，还有一个石臼据说也是蔡伦遗物。

自从有了纸，人类便从根本上解决了文字载体的问题。它兼有甲骨金石的耐久性而不似其粗笨，兼有简牍的廉宜性而不似其厚重，兼有缣帛的轻柔性而不似其昂贵。它轻薄柔韧似帛，而可卷可展又胜于简，其普及是必然的。早在东晋穆帝永和年间（公元345—356年）造纸术就已传入了朝鲜，生产出了书画用的优质桑皮纸、木棉纸。到七世纪初，造纸术又由朝鲜传入日本，日本到明治维新时一直在使用中国的造纸术。八世纪中叶，唐将高仙芝出征中亚，战败了，留在那儿的中国军人便在大食国的撒马尔罕（今乌兹别克斯坦境内）建立了中亚的第一座造纸作坊。后来，在巴格达、大马士革又建成了造纸作坊，使造纸术在中亚、西亚传播开来。阿拉伯人把纸浆远销到北非、希腊。埃及于公元900年建立了第一座造纸作坊。1150年西班牙建成欧洲第一座造纸作坊，后又传入法国。1189年法国中部小城安贝尔市郊建成了一座造纸作坊。这里还建有一座"蔡伦馆"，陈列着中国早期的汉字木版，保存着用古老纸张印刷的中国书籍，还有巨幅宣传画，画着纸的生产流程和中国纸西传的路线图。那里的人至今仍在用石臼生产纸张，远近闻名，而今已成为法国中部吸引国际旅游者的一处名胜。造纸，是世界公认的一项重大发明。

说来奇怪，这么好用的纸，它取代简帛为书，竟经过了相当长的演进过程。汉末学者、书法家蔡邕、邯郸淳等，都不肯用纸写书，仍用竹简。魏·曹丕编著大型类书《皇览》，也不用纸，他曾用缣帛抄出一套副本，赠给吴王。现存古代纸书的实物，是西晋人陈寿以纸写的《三国志·吴书》（残卷）。直到东晋桓玄时，才下令说："古者无纸，故用简。今诸用简者，宜以黄纸代之。"这才正式开始制作纸书。纸书一登台，就带来了南北朝作家别集、专集、丛书、类书、工具书的一次出版风潮。两汉四百年的作家之众、出书之多，比不上南北朝的两百年。唐人爱写诗，爱写传奇，走到哪儿写到哪儿，要是没有纸，恐怕也很难。从一定意义上说，汉唐文明就是用手抄出来的，先抄竹简后抄纸，着实不易。唐的《艺文类聚》，宋的《册府元龟》《太平御览》，明的《永乐大典》，清的《古今图书集成》《四库全书》等，都是惊世的手写纸本巨著，工程量之浩繁，举世震惊。

三、六朝的藏书、禁书与毁书

纸书出现以来，文教大兴，连梁朝也出现"四境之内，皆有文史"的大好局面，因而收藏风气也就大涨，成千累万的图书聚于一家、一室、一阁，那可是旷古未见的空前豪举。今略举数则实例，以窥六朝私家收藏的一斑。

三国吴人范平爱藏书，首开浙东藏书风气。范平，钱塘人，官至临海太守，平生好研读古文典籍，总揽百家。家中有藏书七千卷。其子范泉等三人，都以儒学闻名于当世。其孙范蔚，官至关内侯。范蔚不仅自己爱书、藏书，还优遇读者。上门求读的人常有百余位，他既借人以书，还供人衣食。为世垂范，令人缅怀。浙东藏书，世有其人；范家三代，遗风长存。至今那里仍是书香胜地。

西晋的张华写过著名的《博物志》，作为一代公卿名流，他死时家中四壁空空，只有书箱才是满的。生前有一次搬家，人们不见其有何家什，只知其"载书三十车"。他为官僚名宦而兼作家的人只重书藏、不急物欲，树立了一个难得的榜样。

南朝齐梁时的大家任昉，藏书上万卷，且多为异本，名震朝野。名人沈约，年幼时家门孤贫，却专心苦学，后历任宋齐梁三朝大官，位至尚书令（宰相）。他一生好收藏典籍，聚书两万余卷，京师无人可比。同时又自己写书，写成《晋书》百余卷、《宋书》百卷、《宋文章志》和《齐纪》三十卷。他把藏书与用书、积学与著书巧妙地结合起来，这又是一个榜样。当年，刘勰写成了《文心雕龙》，曾拿去请他审读推荐。

六朝大家珍爱书籍，未有时百计求索，既得后与同好共享，取之于社会，反馈于社会。他们绝不封闭苦守如吝财奴一般，从藏书风格上看，这是极其宝贵的。先秦人爱书，搞书殉笔葬，多埋到地下去了；相比之下，六朝人的公之于社会，实在高明。

同时，六朝时玄学兴起，佛学兴盛，佛道书籍的出版、研究与收藏，亦足与儒家分庭抗礼，而禁佛毁道之举也就时有起伏。"五胡十六国"的后赵时期，天竺僧人佛屠澄来华，大兴佛教，石勒、石虎允许百姓出家为僧尼，从此佛经在社会上传播开来。南朝梁武帝首倡"三教同源"之说而佞信佛教，佛教走向全盛。就藏书史而言，各地寺庙都建有"藏经阁"，收藏佛经，有严密的管理制度。这为中国图书的社会公藏开辟了一个独特的渠道。

值得注意的是，六朝政府并没有放松对"民间宗教宣传品"的管理。《三国志·魏志·高柔传》说，曹丕颁布过《妖谤赏告之法》："有妖言辄杀，而赏告者"，禁止民间私自讲习图谶、内学（指佛经）。西晋太始三年，下令禁止民间私学天文图谶，犯者处两年徒刑；到后赵时，石虎下令犯者罪至诛死。前秦苻坚下令"禁老庄图谶之学，犯者弃市"。惩罚十分严厉。北魏太武帝信奉道教，于446年下令"灭佛"，僧侣活埋，佛经佛像全毁，前后历七年之久，使佛教受到重创。《北史·魏书·本纪（三）》上说，北魏孝文帝太和九年（485年）下诏："禁图谶秘纬"，认为"既非经国之典，徒为妖邪所凭。自今图谶、秘纬及名为《孔子闭房记》者一律焚之，留者以大辟论"。"委巷诸非坟典所载者，严加禁断；妄说吉凶者一律斩首。"其后，北魏宣武帝、孝明帝也一再"诏禁天文学"，下令民间私学天文者"以大辟论"，惩罚极其严酷。北周武帝的禁佛规模很大，是佛教的又一次大挫折。南朝梁武帝也禁谶纬，但收效不大。南北统治者都严禁谶纬与私学天文，是因为有人利用纬书和天象的变化来制造颠覆政权的舆论。

此时国家图书又迭遭大劫。南朝萧齐东昏侯时，宫廷紊乱，发生大火，图籍皆成煨烬。到萧梁末年，好不容易收聚的一批图书，又遭逢军阀侯景的叛乱，叛军在金陵皇宫中胡乱焚掠，大量典藏被毁。时湘东王萧绎据有荆州，拥有一定的实力，他利用手下的舟舰兵马，把金陵府库所藏东晋南朝以来的所有图书，连同从北方传入南朝的书籍，凡未被侯景乱军毁坏者装运一空，搬到了荆州，派专人守护。他甚至不顾军情如何紧急，都坚持亲自讲论老庄与易学，很像个彻底的文人天子。可是，好景不长，公元533年，北周宇文泰撕毁盟约，发兵攻打江陵。兵临城下，破城在即，梁元帝情知必败，他面对空城，拔剑击柱，愤愤地说："我一辈子爱书、读书、写书、藏书，我文能著述，武能用兵，到头来什么用场也没有！"于是折断了宝剑，把从金陵迁来的和荆州原有的图书14万卷，统统堆到户外，一把火全烧光了！南朝两百年文化精华，毁于一炬。

四、艰难时世与审美文章观

六朝文学创作，成为独立发展的盛事。就诗文写作而言，六朝时期社会审美情趣的大转换，是一个关键。

先秦两汉时期，人们的眼光集中在社会政治伦理方面，试图从这里发掘社会的善和人生的美；写出了大量导引我们的先民为国家为民族去奋斗去牺牲的动人篇章。然而，在全部周秦散文中，除寓言故事外，几乎看不到社会基层人士的艺术形象。汉代，司马迁写了商贾、卜算、侠客形象，但其出发点仍在国家政治上，还没有直接关注"社会的人"本身。到了六朝，频繁的改朝换代过程中，一批又一批名士被卷入漩涡，命如草芥，横遭屠戮。于是，疏远政治，抵拒政坛，鄙视政界，甚而自放于社会之外，便成为一代士风一代世风。人们转而把精力贯注于提高自身的精神生活的质量上，把审美眼光集中到观察大自然，欣赏自然美；观察人生、欣赏生命美的活动中。人本身的生命意识在觉醒，人本身的生存状态、生存环境受到了关注。有了这一转换，社会蕴藏的文化艺术生产力便挥发出来，书法、绘画、音乐、舞蹈、雕塑等等，涌现出一批我们民族的一流圣手，连科技界也硕果累累。在这种氛围中，诗文创作的题材空前丰富了，篇章体制、文章结构也受到空前自觉的重视，文学表现手法空前丰富，连谐调声律、规范句式句型都有了实践上的突破和理论上的创新，中国传统文章学也发展到它的一个高峰。

一句话，六朝文章及文章学得到了全面更新。

六朝作家群一批批地涌现，打破了两汉的沉闷局面，且都形成特有的流派风格，这是两汉时期绝无的景观。西汉平帝时国家登录的总人口5959.8万人，西晋武帝时全国只有1616.2万人。两汉与六朝存在的时段相当，两个时段内社会稳定程度相差悬殊，可社会拥有的作家数、作品数及其品类的丰富性、多样性，却是反向的"相差悬殊"。证据之一：收入《中国文学家大辞典》者，汉代从刘邦到蔡邕、赵壹等共190人；六朝从曹操到江总、颜之推等近800名——这是个值得思考的社会历史现象。两汉大批知识分子的精力消耗在烦琐的经学与谶纬上了，六朝知识群体把文章写作看成是人生"不朽的事业"去认真从事，大概是一个重要原因。

汉末建安年间，作家们以"三曹七子"为核心，主要活动于许都（许昌）和邺下。建安文风"梗概多气"，精神上上承秦汉，重在反映现实，注重实用；而体制上则开启六朝，文采声韵，一新耳目。魏晋之际，以"正始之音"为特色，"竹林七贤"与王弼何晏便活跃于其时。文士们一个个"废弃礼法""遗落世事"，形成一个儒学低迷、玄学盛兴的年代，是哲学思辨走向心灵、文章写作走向审美的年代。西晋有"太康文人"，潘岳陆机，张华左思，外加李密陈寿与葛洪，都有名篇传世。东晋文章，以王羲之、陶渊明之作为标志，轻灵平易，文采风流，《兰亭》一序，足垂千载；《五柳》一文，脍炙人口。南朝作家，接踵联袂。吴均体、永明体、徐庾体之诗文，把六朝辞章学对形式美的一切要求都付诸创作实践，取得相当的成就。北方，"五胡十六国"时期的王猛是文章里手。元魏至北齐北周时期，除了崔浩、邢邵、温子升、苏绰的政论、碑传之外，真正有成就的是"北朝三大家"：郦道元、杨衒之、颜之推。北人文章，保留着更多的阳刚之气。总之，魏晋南北朝时期，是散文创作最具风采的时期。

汉代的思想家、政治家以至不少文章之士，都从"文章"的外部，把文章视为政治教化的工具、六经的附庸、功业的点缀。魏晋南北朝时期，文学意识觉醒了，人们学会了对生活作审美观照、作情感反映。传统"文章学"也就从以训诂为主干的、为经学服务的章句训诂之学，一变而进入直接为文学自身服务的辞章之学的发展新阶段，从而使阐释学、语义学、修辞学、音韵学都获得了长足的发展。这是古代文章学在方法论上的一次质的飞跃。

六朝出现了一批文学评论家，从文章自身出发，去论述文章的本质、文章的社会功能、文章的艺术手法、文章的分析评鉴，从而真正实现了"中国文章学"的理论构建。六朝文章学的理论构建，是从"三曹"起，中间经挚虞、葛玄、陆机、沈约、钟嵘、刘勰等人的接力式研究，到"三萧"时期完成的。曹丕在《典论·论文》中明确提出："文章乃经国之大业，不朽之盛事。年寿有时而尽，文章期于无穷。"这是文学挣脱政治附庸、要求自身独立地位的宣言。曹丕此文是我国历史上第一篇文学理论专论，对作家、作品、文体、文气、文评作了独到的理性观照，提出了一系列经典性的观点，为中国式文论的建设拓出了一片新天地。其父曹操以一代雄杰，倚马作文，横槊赋诗，一扫东汉文坛陈腐空气，成为"改革文章的祖师"（鲁迅语）。其弟曹植，用一篇《洛神赋》，标示出六朝美文时代的到来。他们为六朝文章观的确立打下了根基。

纵观六朝文坛，曹魏时发明了汉字反切法，晋人出楷书，北魏出魏碑，南朝阮孝绪创《七录》，沈约创"四声"说，在两汉章句之学的基础上，六朝发展出辞章之学。辞章之学包括文章本源研究、文体构成研究、声律研究、词采研究，以及诗文评品等。如果说汉代的章句训诂原是为经学服务的，那么，辞章之学则完全是为文章写作与文章评品的内在需要服务的。六朝是传统文章学理论构建的完成时期。

这一切，对手抄本时期我国文献的书本面貌有着决定性影响，对六朝个人创作的批量出现与收藏，起了巨大的推动作用，也为隋唐的创作繁荣准备了先期条件。六朝是一个富于文学成果、美学成果、思维成果的时代，文人学者一辈辈接踵而出，其个人著作之多之富，书画成就之大之高，两汉的四百年也未见胜于它。

五、魏晋南北朝的艺术哲学

魏晋人的艺术哲学是"立象尽意"说。王弼明确地提出了"言不尽意，立象以尽意"的命题。这一命题的基本含义是：思想理论是抽象而深奥的，不是通过语言就可以说清的，应该通过"言"即语音文字符号来"立象"——结撰艺术形象，结撰出相应的事象、物象、意象和情境来，再以这种"象"为中介来传达作者的"意"，传达作者的思想理论观点、情感愿望意向，以至情韵风度气质等。他还说：当作者完成了"以言立象、立象尽意"之后，受众就应该"得意忘象，得象忘言"，即读者听者观者赏者应用心于领悟作者的"意"，而抛开"象"与"言"的"物质外壳"，无须斤斤于"象"的真伪，不必凿凿于"言"的是非。这个命题是对的，它接触到了艺术表现的本质特征。六朝文章侧重于向人的内心开掘，尤重情的抒发，"立象尽意"论总结了它的艺术经验，又回过来指导艺术创作。不仅是赋与散文、六朝诗歌、小说无不受益于这一理论的沾溉，而他们自身的玄学哲理著作之所以为人们所接受，其学术能成为一代显学，也得力于"立象尽意"！

其后，挚虞着力研究了文章的体裁，葛玄清算了贵古贱今的腐论，陆机、钟嵘研究了诗文的创作论、流派论、鉴赏论，沈约提出了声律说……中国文坛从来没有这么活跃过。他们都从文学艺术自身出发，来研究它的特殊矛盾、特殊本质、特殊规律、特殊表现，因而有许多创获。不似汉代人的以政治家、经学家的眼光看文章，只能提出一些外围课题去琢磨。

六朝文章观，到"三萧"时期更集中于"美文"研究了。先是萧子显在《南齐书·文学传论》中说："文章者盖情性之风标，神明之律吕也……蕴思含毫，游心内运。放言落纸，气运天成——莫不秉乎生灵，牵乎爱嗜。"他注意到了"情"对于创作的决定性作用，进一步明确了文艺散文的创作要求。紧随其后的萧统、萧纲兄弟，都是"美文"的热烈鼓吹者。萧统主编《文选》，经学子学文章不在其列，首选汉赋，其次诗歌，其次各种单篇制作，其唯一标准是："事归于沉思，义归于翰藻。"就是说唯有出发于艺术构思、采用了艺术表达方式的作品才能入选。其弟萧纲在《诫当阳公大心书》中宣布，"立身之道与文章异：立身先须谨重，文章且须放荡。"这是要求创作摆脱经传的思想框架与文风，要求解放文艺生产力的呼唤。他本人在立身上确乎比较谨重，而文学上则是南朝宫体诗文的倡导者，走了极端。从三曹到三萧的文学主张，集中反映了六朝文人创作意识的主体化，无疑对创作繁荣起了思想前导作用。

六朝文章学的最高代表是刘勰。刘氏是从"原道""征圣"的高度来阐释自己的文章观、强调文章写作与文章研究的重大意义的。他说："文之为道也大矣，与天地并生。"从文章本源出发论述文的地位。在他看来，历代圣哲，都在"雕琢情性，组织辞令"，用文章来"写天地之辉光，晓生民之耳目"，"道沿圣以垂文，圣因文而明道。"文和道原本就是相辅相成、不可或缺的整体，文章事业原本就是一项神圣的事业。他诘问道："天道难闻，犹或钻仰；文章可见，胡宁勿思？"他称颂"唐虞文章，焕乎始盛"，"圣文雅丽，含华佩实"，目的就是要人们高度重视文章写作与研究。这是一箭双雕的做法：一面把文章事业提到"圣贤事业"的高度来看待，回敬了"倡优畜之"论、"雕虫篆刻"说；一面把圣贤经典纳入文章研究的视野，因为诸子文章确有大量出于沉思、归于翰藻的美文。这就站得高，抓得准，避免了两种片面性。

在刘勰的文章视野里，最突出的就是"五经"。他力主"宗经"，但绝不同于道学先生的宗经；他以文章专门家的特定眼光，把《经》纳入"文章"范畴，"宗"其"洞性灵之奥区，极文章之骨髓"，"宗"其"情深而不诡""风清而不杂""事信而不诞""义直而不回""体约而不芜""文丽而不淫"……这实际上是在"宗经"的课题下，系统地概括了千古文章的本质特征和基本要求。在这个基本前提下，他"正纬"，他"辨骚"，他"诠赋"。他无情抨击纬书"其伪有四"，认为它虚伪乖悖，僻谬诡诞，毫不足训；但其"事丰奇伟，辞富膏腴"，在活跃文思，丰富文学语汇方面倒也"有益文章"，稍有可取。他热情地为《骚》辩护，认为它"衣被词人，非一代也"；赞颂道："不有屈原，岂见《离骚》？惊才风逸，壮志云高！"把扬雄班固泼在屈原身上的污水擦拭干净了。他诠释赋作，肯定"赋者铺也，铺采摛文，体物写志"的艺术特征，肯定其"拟诸形容""象其物宜"的形象表达手法。——刘勰是严格地在文章学的范围内讨论"原道""征圣""宗经"问题的；是从文章本质特征的角度去"正纬""辨骚""诠赋"的。他有很强的专业意识。至今还有许多研究家，把刘勰的"宗经"与道学家的观点捆在一起去分析去批评，实在距事实太远。刘勰对文章学的建设是全方位的，他对辞章研究的重要贡献留待下文再叙。

六朝人明晰的文章观，催发了六朝"美文"创作的持久性热潮，也完成了六朝辞章之学的构建。

六、六朝声律之学：文学语言的音乐美

汉字读音有声、韵、调三要素，古人早就注意到了它的审美运用，诗歌谣谚和各种韵文的押韵，《诗经》《楚辞》"汉赋"中关于双声词叠韵词的大量运用，都证明了这一点；但人们长期不知声韵调为何物，对声韵尤其是声调的构成及其功能却一直认识不清。曹魏时李登作的《声类》，才开始研究汉字的音节构成，此后晋人吕静作了《韵集》，

齐梁之际，沈约等人又作《四声谱》，这才系统地对汉语的声—韵—调做了科学的分析研究。

南朝齐梁时期沈约、周颙、王融等人，受了佛经中梵语诵读的启发，仔细研究了汉语的声、韵、调，对汉语音乐美获得科学的理性认识。他们认定：汉语声调，可分为四种，称之为平上去入四声，又归纳为平仄两类；这两类习惯上又称之为宫与商或浮声与切响两大类。当时，有人诘难说：南北各地语音有别，声调不同，何所取正呢？沈约干脆回答说："吾辈数人，定则定矣！"由他们自己参酌裁定。于是编成了《四声谱》，把一个个汉字都按声调类别谱列出来，公之于世，从此汉语四声便相对稳定下来了。沈约他们对此种发现十分自负。《梁书·沈约传》说："约撰《四声谱》，以为在昔词人累千载而不悟，而独得胸襟，穷其妙旨，自谓入神之作。"不久，"四声"知识在江南文人中就普及了。他们又进一步把这项研究成果用于新体诗和骈偶文的写作，提出了"四声论"：要求行文时必需平仄声调交互配置，"前有浮声，后须切响"，使诗文节奏分明，朗朗上口。今天看来，他们率先把汉语语音研究引上科学分析的轨道，又将研究成果用于诗文创作，其功劳是不小的，它使汉语文章的民族风格有了科学的理性根基。沈约对文学语言的声韵要求见《宋书·谢灵运传》："欲使宫羽相变，低昂互节，若前有浮声，后须切响。一简之内，音韵尽殊；两句之中，轻重悉异。妙达此旨，始可言文"。这段话本身就具音韵美，是其主张的最好示范。他本人写的也都是具有音乐美的文学语言。这个要求提出后，得到学界的群起呼应。即使对声律说持保留意见的钟嵘，也认为文章"本须讽读，不可塞碍，但令清浊通流，口吻调利，斯为足矣。"而要做到"清浊通流，口吻调利"，舍"四声谐和"又有什么办法呢？

后来，陆法言又作《切韵》，使汉字注音的"反切法"得以普及，从而使汉语音韵学研究走上了独立发展的轨道，成为一门新的独立学科。这方面的成就对汉语文学作品的影响特别深远，诗、赋、词、曲、骈文，甚而八股、对联，无不大获其利。一句话，声律说的讲求，促进也保证了新体诗歌与文艺散文（骈文、俳赋）的创作，提高了文学语言的音乐美，至今我们还深受其惠。

在声律运用方面，首先是词语构成上的平仄对应（这里以符号"｜、－"表示）。先秦以单音词为主体，双声叠韵词往往用之于诗。两汉赋作发达，修辞手法大有发展，双音词、多音词大量涌现，丰富了文字表现力。多音词组的连续运用，能造成文章气势，如《七发·广陵观涛》一节之写风水波涛的激荡："恍兮忽（｜）兮，聊兮栗（｜）兮，混汩汩（｜）兮；忽兮恍（－）兮，淑兮傥（－）兮，浩咣漾（－）兮，慌旷旷（－）兮：秉意乎南山（－），遥望乎东海（｜）……于是澡溉胸中（－），洒练五脏（｜）……分决（｜）狐疑（－），发皇（－）耳目（｜）。当是之时，虽有淹病滞疾（｜），犹将伸伛（－）起躄（｜），发瞽（｜）披聋（－）而观望之也。"强烈的语言节奏，渲染出波涛汹涌的声势。尽管汉人不知平仄，但优美文句却暗合平仄要求。

曹丕说"文以气为主"，这"气"从何而来呢？就从语词运用中来，从语词的平仄相间中来，有时行文还要求大致押韵，读起来就抑扬顿挫、朗朗上口了。不难注意到：凡朗朗上口的文句，其节奏点上的字，必定平仄相间，如上例中加（｜、－）符号的地方即是。我们日常说话，凡脱口成章者必定是平仄交替且有韵律的。看："我静静地坐在海边，看潮涨潮落（｜），云起云飞（－）。""我乘上火车，冲破黑暗（｜），迎来黎明（－）。""不必锦上添花（－），还须雪中送炭（｜）"等等，尽管我们并不自觉运用平仄，但客观上它是存在的。骈体文章在行文运笔时，明确要求整句平仄对应、押韵，有规律地安排"浮声"和"切响"，造成显明的节奏感、韵律感。《文心雕龙·章句》篇说："（文章中）笔句无常而字有定数。四字密而不促，六字格而非缓，或变之以三、五，盖应机之权节也。"最典型的莫过于"四六"句式了。四六句式，要求四言成句，或六言成句，再穿插一些过渡、串接词语，然后交替搭配，成"四六四六"式、"四四六六"式、"四四四四"式等，这就能使全篇文气贯注了。其平仄格式可用"平平仄仄，仄仄平平仄仄；仄仄平平，平平仄仄平平"或以"｜｜－－，｜｜－｜｜；－－｜｜，－－｜｜－－"来表述。行文时视需要加以变通调整。例句如下：

1. 夫迷途知返，往哲是与（｜）；不远而复，先典攸高（－）。主上屈法申恩，吞舟是漏（｜）；将军松柏不剪，亲戚安居（－）。高台未倾，爱妾尚在（｜），悠悠尔心，亦何可言（－）？［采用4444，6464，4444句式］

2. 信年始二毛（－），即逢丧乱（｜），爰是流离（－），至于暮齿（｜）。燕歌远别（｜），悲不自胜（－）；楚老相逢（－），泣将何及（｜）！畏南山之雨（｜），忽践秦庭（－）；让东海之滨（－），遂餐周粟（｜）。下亭漂泊（－），高桥羁旅（｜）；楚歌非取乐之方（－），鲁酒无忘忧之用（｜）。追为此赋，聊以记言（－）。不无危苦之词（－），唯以悲哀为主（｜）。

3. 泉水激石（｜），泠泠作响（｜）；好鸟相鸣（－），嘤嘤成韵（－）。蝉则千啭不穷（－），猿则百叫无绝（｜）。鸢飞唳天者望峰息心（－），经纶世务者窥谷忘返（｜）。横柯上蔽，在昼犹昏（－）；疏条交映，有时见日（｜）。

以四言短语为主干，用五言、六言、七言相变通，使文气抒卷自如，每句落脚点上的字，平仄交替，节奏感很强。

七、六朝辞章之学：文学语言的形象美

辞章之学是研究语言的形式美的，它包括了白描、辞藻、声律、对偶等语言手段，以及词法、语法、句法、章法等方面的个性特点。

一般来说，文章语言都要求准确、鲜明，而六朝文章更要求词采华丽、声韵谐调、形象生动、富于音乐感。时人归纳的用典、隶事、藻饰、对偶、排比、声韵等遣词技巧，便是六朝人锻造文学语言的基本手段。六朝人行文讲究辞采美、形象美，他们或纯用白描，或用典隶事，其设色布景，不美不罢休。

修辞学上有用典一格。用典又可细分为引用前人典籍的"用典"与役使前人事迹的"隶事"两类。说得具体点，"用典"是指行文造句时，引入前人典籍名著中为人所熟知的现成词汇或短语，以加强文字表现力。这是人们熟知的修辞手法。"隶事"是指在行文过程中不直叙本事，而是迂回其辞，

借前人同类之它事来隐喻、比况或暗示所要表达的当前事实。用典和隶事都增大了文字的信息含量，同时还能附加一些典雅色彩，显示"语主"的文化修养；但运用不当，又会使行文晦涩。

先秦文章无所谓用典隶事。唯《庄子》好作寓言重言，假借名流，发表议论，原属"引证"，不在隶事之类；但它开启了引古证今、借人说己的文风，这又不可不予以注意。到了汉代，人们忙于回忆、整理先秦知识，写文章时普遍征引先秦文化典籍中的已有资料，繁征博引，以示其能。突出的表现是将先秦故事，无论是历史故事还是寓言故事，浓缩为成语而应用于行文之中，把前人的名言佳句组织到自己的言语表达中来，这就孕育了后世"用典、隶事"的行文风气。如刘安在《淮南子·氾论训》中，论及贤能之士出身多不高贵时说道："夫发于鼎俎之间（指伊尹），出于屠沽之肆（指姜尚），解于缧绁之中（指管仲），兴于牛颔之下（指宁戚）……"一节，频频引古，繁举例证，只是为了说明"人不可貌相"，说明高贵者往往出于卑贱。从句式上看，似乎已近于用典，然本质上还属"引证"。当时，人还没有用典的自觉。晋人葛洪，开始大畅其密集用典之风，试看其《抱朴子·外篇（一）》："夫有唐所以巍巍，重华所以恭已，西伯所以三分，姬发所以革命，桓文所以一匡，汉高所以应天，未有不致群贤为六翮，托豪杰为舟楫者也。若令各守洗耳之高，人执耦耕之分，则稽古之化不建，英明之盛不彰，明良之歌不作，括天之网不张矣！"洋洋一大段，句句用典，文字含量很大，语意也很贯通——前提是必须读过《尚书》《春秋》《左传》《论语》《汉书》之类经典名著，熟悉典故，才能读懂它。但这时所用典故，在语言形态上还没有约定俗成，比较随便，也就不易理解。六朝人用典太多、太偏，隶事太泛、太僻，反而增加了阅读的困难。

至于"隶事"，盛行于南北朝，隋唐也常见，但唐宋以后的人就不怎么用它了，就因为容易陷入晦涩一路。比如庾信《哀江南赋序》中，有一段回忆他代表梁政权出使西魏却被强行扣留于长安的经过：他作为梁朝使者与西魏谈判，却受了欺骗，未能签订盟约，有辱使命；自己反倒形同囚徒，被拘押在一个特殊的馆舍中；从此羁留异国，禁不住又气又恨又伤心。但悔恨无补于事，故国故乡故亲故友，再也没有相见之期了。——这层意思他纯用"隶事"法来写，便成了如下一段：

"荆璧睨柱，受连城而见欺；载书横阶，捧珠盘而不定。钟仪君子，入就南冠之囚；季孙行人，留守西河之馆。申包胥之顿地，碎之以首；蔡威公之泪尽，加之以血。钓台移柳，非玉关之可望；华亭鹤唳，岂河桥之可闻！"

这里，每句话都不直说，而是役使前人相类似的事历，这就叫"隶事"。通篇从字面上看似乎尽在讲一个个古人如何如何，其实是借古人说自己。这样的句式，我们阅读时要加上"我好比""我如同"一类词头才能准确理解："（我如同）蔺相如（出使时）手持玉璧，看着殿柱示威（要求与对方达成协议），而（我却）受了欺璧；（我如同）毛颖（出使时）捧着盟书（去定交，结果我却）未能签约定交。（我好似）钟仪（作为）君子，却被拘而形同囚犯；（我好似）季孙（身为）使节，竟被软禁在客馆里。（我如同）申包胥的顿地磕头（以求援），头都磕破了；（我如同）蔡威公

（的伤悼亡国，）哭干了泪水而继之以血。（故国故乡江汉一带的）钓台柳树，（自然）不是（身在）玉关（之外如班超的我）所能再看到的了；（当年的）华亭鹤鸣，哪里是身陷绝境（如陆机之在河桥刑场）者所能听到的呢？"这种句式，从"接受理论"的角度看，弊端在于"隔"。它不利于理解、不便于欣赏。前人这么写，为的是逞其学问才力，殊不知却妨碍了思想的明晰表达和情感的顺畅传递，不符合接受美学的要求。唐代以后，很少有人这样"隶事"了。

用典隶事之外，便是白描与藻饰。凡白描与藻饰，必须为文句设色布景、缕金错彩，要巧用"动字"（名词作动词用，以及名词、形容词、数量词的使动——被动——意动用法等），巧用对偶排比、拟人示现等修辞造句的技法。对此，南朝的吴均、阴铿、何逊、颜延之、谢朓、庾信等一批文人颇下过一番苦功夫。

要知道何谓设色布景，可以先体味一下这副西湖名联："翠翠红红，处处莺莺燕燕；风风雨雨，年年暮暮朝朝。"这儿巧用叠字，叠出了一派生机，万千气象，便是设色布景法的妙用。美的画面是由声、光、色、线、面、体组成的，它们作用于人的视觉、听觉、触觉，触动心弦，引起美感。据研究，人的本性是向光的，凡色泽鲜明、线条清晰的对象物，总能给人以深刻的印象，唤起情感律动。红色光波最长，黄色亮度最高，绿色白色纯度最大。三者的有机组合，最能引动人们的审美快感和娱悦。绿水青山，足以养性；红装素裹，偏能怡情，其奥秘就在于此。因而，在以景抒情的诗文中，对设色布景特别注意。曹植诗文便是如此。

翩若惊鸿，婉若游龙，荣耀秋菊，华茂春松。……远而望之，皎若太阳升朝霞，迫而察之，灼若芙蕖出绿波。
（《洛神赋》）

这里，秋菊春松，朝霞绿波，构成明丽动人的画面，映照点染出一位绝代佳人的风情意态，着实悦目赏心。它开启了六朝美文的先机。杜甫说自己对用词遣字十分认真，"颇学阴何苦用心。"阴何诗文，确有别开生面之效。阴铿诗句："栋里归云白，窗外落霞红。""水随云度黑，山带日归红。"何逊诗句："繁霜白晓岸，苦雾黑晨流。""轻烟淡柳色，重霞映日余。""月色花中乱，风光蕊上轻。"庾信文章："一寸二寸之鱼，三竿两竿之竹。"都是精于设色、巧于布景的佳构。这类诗句在写景时，着眼点不在冰冷的客体事物身上，而是在主体感受上，作者精心捕捉事物叩击心灵的那最生动、最鲜明的一点来写，所以能收到动人的效果。下面这样的文章就很好：

"山川之美，古来共谈：高峰入云，清流见底。两岸石壁，五色交辉；青林翠竹，四时俱备。晓雾将歇，猿鸟乱鸣；夕日欲颓，沉鳞竞跃：实是欲界之仙都。自康乐以来，未复有能遇其奇者！"（陶弘景《答谢中书书》）

中间三副对偶句，词性词义词彩相对应，句式结构、语言节奏相对应，表意明朗，传情顺适，读来上口，读后不忘，本身就是一种审美享受。陶弘景此文清丽自然，似乎无心于对偶声韵与辞彩，而细细读来，这一切又无不具备。他化生为熟，让你觉得就置身于其间，亲切自然。吴均《与朱元思书》也是这样。我们认为，设色布景之"色"之"景"，必须取其与心灵契合之色之景，不能是客观自在物，更不能是臆想强加的。颜延之文章最爱镂金错彩，别具风味，但不算成功。可以《吊屈原文》为例：

> 兰薰而摧，玉缜则折。物忌坚芳，人讳明哲。曰若先生，逢辰之缺。温风急时，飞霜急节。赢咩构纷，昭怀不瑞。谋折仪尚，贞蒉椒兰。身绝郢阙，迹遍湘干。比物荃荪，连类龙鸾。声溢金石，志华日月。

在这里，颜延之把人人尽知的关于屈原的史实与典故化熟为生，文章的人工斧凿痕迹太明显。遣词造句以自然天成为美，这样充满金银气、刻削味的刻意布景，反而不好。

八、六朝文体研究：汉语文章的结体美

六朝文章学是从研究文体构成切入的。"文体"研究有三个层面：一是从文风体格上讲，研究作品体格的文学特征，如通常所说的建安体、太康体、吴均体、永明体、徐庾体之类，指的就是各自具有的诗文体格特征。《诗品》在这方面做了示范。其二，是从文章的写作程式、体裁结构上讲，研究文体的构成要素与演变规律，如怎样区别奏议、史传、论说、碑铭、檄移之类，《文章流别志》就是这种研究的开山专著，《文心雕龙》对它做了系统的理论概括。其三，还可以从语言应用讲，如语录体、古文体、骈体、散体、赋体之类。《文心雕龙》的《声律》《丽辞》《练字》《融裁》《章句》《定势》等篇章就是从事这种研究的。不同层面的文体构成研究中，历来以体裁研究为核心，文章体格研究与语言风格研究是其双翼。它为文学欣赏提供了基础。

汉人对文章体格的辨析已有一些认识。扬雄"诗人之赋丽以则，辞人之赋丽以淫"的说法，就隐约含有从文学特

征上进行文章辨体的意思。班固《艺文志》将六经、诸子与诗赋、术数、方技等区分类别，也有文章体裁辨析分类的意识在。《后汉书》为时人立传，当记述冯衍、崔骃、蔡邕等文士的生平著述时，一一列举他们各自的诗、赋、碑、诔、铭、说、颂和章表、书记、官录、自序以及祝文、独断、劝学、女训、篆势等若干作品，一一罗列，不厌其烦，标志着东汉人对文章体裁的区分辨析还没有上升到理论认识阶段，只能随缘罗列，任意区分。到曹丕就不同了，他能作理论说明和归类分析。在《典论·论文》中，他把文体归纳为四种八类：奏议、书论、诗赋、铭诔；并举出了各自的体裁特点。后来西晋的挚虞写《文章流别集（志）》，研究历代文体的源流、演变、特色、要求及相关代表性作家、作品，还提炼出重要文体的创作原则，指出某些作品的艺术失误。他批评"赋"有"假象过大，逸词过壮，辩言过理，丽靡过美"的文病，实在是一番确论。齐梁时的萧统编辑《昭明文选》，分文体为39种，显得琐碎。同时代的刘勰，则在《文心雕龙》中对文体作了贴合实际的分析与归纳。《文心雕龙》在研究了经典著作和诗、骚、纬、赋之后，讨论了史传、诸子、论说、诏策、章表、檄移、奏启、议对，以至颂赞、封弹、祝盟等，他认为这些文体都关乎军国大业；他又讨论了社会生活中重要的应用文体如铭箴、诔碑、哀吊，以至杂文、书记、谐隐之类，形形色色，穷形尽体，连民间笑话、谜语都论列进去了。每论一体，他都先下定义，给以明确界定；再讲文体风格，揭示其艺术特征；然后论述该文体的源流演变，评议代表性作家作品；最后归纳写作要领，指示评赏路径。可以说，《文心雕龙》在文体研究上是集前人之大成，启后世之睿智，功不可没。

九、六朝文章的风格品评

魏晋南北朝时期文章观念有所更新，各体社会实用型文章大量涌现，而且尽力使之"义出于翰藻"，"美文"创作成为一代文章的大潮。大批"专业作家"的涌现，大量个人文集和选集、总集的出现，标志着六朝"文章生产力"的高度发达。盛极一时的文体研究、辞藻研究，更汇聚成一代"辞章之学"，把中国传统文章学推向全面发展的新阶段。由此出现的文章学高峰之作《诗品》与《文心雕龙》，标志着中国传统文章学从体系构建到基础理论的完成。

六朝的文章评品方式，可分为五大类：

1. 摘句评品。摘取文章中有代表性的特色字句加以评品，指出其句法、文法上的成功或失误，进而标示其作品风格。这是辞章评品的起点。沈约所言"子建'函京'之作，仲宣'霸岸'之篇，子荆'零雨'之章，正长'朔风'之句，并直举胸情，非傍书史"。这里涉及曹植等四人的诗文韵律，用的便是摘句评品法。

2. 章节评品。对某一段落或某篇文章作评品，它涉及章节题旨、文章体裁、结构特色、艺术表达、风格特色等，是辞章评品的核心内容。汉人王逸的《楚辞章句》就已开始此类评品了。

3. 体式评品。就某一类作品的体裁、题材、手法、技巧等作专题评述，讨论作品某一方面的共性问题。如《文心雕龙》中的《才略》篇专讲作家修养；《时序》篇专讲作品风格与时代风尚的关系；《物色》篇专讲表现手法，《练字》篇专讲遣词技巧。每个论题，都涉及文学史上许多作品，从具体到一般，评出优劣，品出风味。

4. 作者评品。立足于对作者全人和他的全部著作进行综合评品。所谓"知人论世"，这是最重要的评品。也有只就作者的突出成就或焦点问题作评品的，这样的评品一般都服务于特定的论题或主张。《诗品》对作者风格、流派、主要成就、代表性作品都做了简要评价。

5. 流派风格评品。就题材、体裁、艺术手法、章句特点、风格特征等方面有内在联系的作者群或作品群进行评品，探讨其传承发展兴衰的原因与规律。这就需要大量占有作品，公允地实事求是地进行评品。评品必须有一个科学的标准，所用文本之间必需确有内在联系，不能生拉活扯。在这个前提下去讨论作品流派问题，才是有价值的。

《文心雕龙》综合运用了多种评品方法构建其整个文学批评体系。比如：其《论说》篇中对"论"和"说"这一对文体就相关作家与作品进行了理论性分析评品。"论"是论证，通常是正面陈述自己的思想主张、理论观点。"论"要逻辑严密，论证周延，"必使心与理合，弥缝莫见其隙；辞共心密，敌人不知所乘"。"论"有政论、史论、文论、学术论文、杂议之类。作者对"师心独见、锋颖精密"的论文尤为推重。"说"，指谏说、辩说，一般是向君上进言，旨在辩明事理，说服对方。这就需要有破有立，破得干净利落，立得简截明快；分析是非，指陈利弊，必须切理厌心，顺情入机，才能达到进言的目的。《论说》篇首先评品了周秦以来历代进言的范例，如伊尹说汤，姜尚说文王，烛之武退秦师，苏秦佩六国相印，张仪掉三寸之舌以说楚，以及汉代那些"顺风托势"的说客，给读者提供作品范例，他所真正肯定的说体文章，是范雎的《上书秦昭王》、李斯的《谏逐客书》、邹阳的《上书谏吴王》等能够"逆波溯回"、严守大义而纠偏正倾的谏说之文，而瞧不起那些顺风托势的诡说谲谈。他赞扬李斯的《谏逐客书》敢批"逆鳞"却又"顺情入机"，切合时要，所以得计。文章指出："凡说之要，必使时利而义贞，进有契于成务，退无阻于荣身。自非谲敌，则唯忠与信，披肝胆以献主，飞文敏以济辞：此'说'之本也。"刘勰树立了一个文学批评的基本模式。

在辞章评品的方法上，刘勰有多重贡献。他有历史的纵向评述，用以说明文体风尚的源流演变；有类型的横向对比，用以指示风格手法的异同；有逻辑的推理论证，如论证"原道""宗经"的必要；有实例的归纳说明，如澄清骚体的合乎"诗人之旨"；有鉴赏性审美批评，如《情采》篇的列举佳作；有考辨性追源溯流，如《论赋》篇讲赋体的形成；还有解剖式析疑问难如《指瑕》，传注式详解例证如《檄移》；等等，他都运用得很好，各有千秋。

十、六朝美文的艺术走向

魏晋南北朝时期的美文，为中华各族的心灵沟通、文化融合做出了无可替代的贡献。没有六朝文化，很难想象中国不会像欧洲那么分裂得鸡零狗碎。

（一）论说文轻便化

汉代经学与纬学，给文坛造成了一种沉闷芜杂、臃肿僵死的风气，首先出来打破汉人文章沉闷臃肿的旧习，开魏晋之风的是曹操，他带出了一股清峻通脱的文风。"清"，清新、清朗，不说陈词套语；"峻"，峻急、陡峭，一针见血，不留余地；"通脱"，想得通，看得透，无所依傍，无所顾忌。总之，他是怎么想就怎么说，不顾权威定论，不计世俗毁誉，脱去一切伪饰，干净利落直言所欲，被鲁迅称为"改造文章的祖师"（《魏晋风度与药和酒的关系》）。他在戎马倥偬之间，倚马挥毫，行文通脱简便，斩截精悍，顾不及繁征博引，因而绝无剩语。比如在《求贤令》和《举贤勿拘品行令》中，曹操一再声明渴求人才，说：只要肯"进取"，即使"负侮辱之名，有见笑之行"，哪怕是"不仁不孝""而有治国用兵之术"的人，他也一律任用。真是出语惊人，毫不顾忌世俗舆论。由于他亲身垂范，行文轻便灵活，这就影响了一代文风。难怪他的旗下会集聚大批才士。

在曹操通脱文风下，作为孔子的嫡系裔孙的孔融，竟也发文称：子女的出生，乃"父母情欲发尔"，所以子女对父母不必承担义务。此论一出，石破天惊，对社会对思想文化界冲击很大。他还指斥曹操"复肉刑"的打算。王粲之《太平论》说：天下从来没有"刑措"而能致太平的，尧舜周公也杀人。世上宣传圣人"不用刑"者，不过是些"尽信书"的书呆子，或简直是欺世的骗子。这是一帮放言无忌、出语惊世的人。他们的文章，对于冲出牢笼，破除积习成见，实在太有用了。

正始太康年间，继建安之后，又有一批文士登台。当时名教扫地已尽，名士少有自全。一些有学问、有识见、有操守的人，或寄情于药与酒，遗落世事，逃避现实政治的血污；或潜心于老和庄，发言玄远，企图躲开统治集团的侦伺。他们寄情于云水之间，宅心于天地之表，却也因此而开始了对祖国山河的审美观照和对自身内心世界的观微探奥。中国知识分子从来没有这样疏远政治、厌恶政治；但他们胸中仍然燃着一把火，发为文章，自有异彩。以嵇康、阮籍为代表，他们摒弃六艺，自写胸襟，成了一代斗士，而所使用的武器，则是泼辣尖新的杂文，轻灵适用的说理。

阮籍为人倜傥放旷，著有《通易论》《达庄论》与《大人先生传》等。他崇尚老庄，公开宣布摒弃礼法，说："汝君子之礼法，诚天下残贼乱危死亡之术也。""君立而虐兴，臣设而贼生，坐制礼法，束缚下民；欺愚诳拙，藏智自神。"很明显，阮籍对于六经，采取了摒弃的态度，公开决裂。他当然不屑于像子学文章那样依傍儒家经典来立论，对于老庄文章，他也并不"依经立说"，更不愿打着老庄旗号去"借经立说"，而是从左的方面运用老庄的观点方法，加以引申、发挥，批判魏晋之际的现实政治秩序和社会生活秩序。冷静的理论思考和激烈的社会批判，使他的文章精采绝伦。其《大人发生传》为礼法之士画了一幅"像"："且独不见夫虱之处于裈中乎？逃于深缝，匿乎坏絮，自以为吉宅也。行不敢离缝际，动不敢出裈裆，自以为得绳墨也。饥则啮人，自以为无穷食也。然炎丘火流，焦邑灭都，群虱死于裈中而不能出。汝君子之处寰区以内，亦何异于虱之处裈中乎？"实在辛辣至极。

嵇康酷爱老庄，著有《养生论》《难自然好学论》《声无哀乐论》及《管蔡论》等。其《难自然好学论》，拆穿了宣扬"伦理说教是人的天然需要"者的虚伪用心，他说："六经以抑引为主，人性以纵欲为欢……自然之得，不由抑引之六经；全性之体，不须犯情之礼律。故仁义务于礼伪，非养真之要术；廉耻生于争夺，非自然之所出也。"据此，他提出了"越名教而任自然"的命题，简直一副破儒说、反朝廷、逆时议的"反骨"。

葛洪是位会炼丹的道士，但他存心救世，面向众生，既有对现实政治的犀利批判，又有改造社会的独立思考。他主张重建儒家倡导的伦理秩序而废弃其繁文缛礼；要求严格贯彻法家以法治国的精神包括恢复肉刑，是位儒法并用论者。他倾全力抨击玄风炽盛下形成的夸诞淫靡的世风、士风，颇能"自成一家之言"。他的《论仙》一文，直斥人君的倒行逆施，指斥现实政治的黑暗，其尖锐性颇可注意。

仙法欲静寂无为，忘其形骸。而人君撞千石之钟，伐雷霆之鼓，砰磕嘈嘎，惊魂荡心；百技万变，丧精塞耳，飞轻走迅，钓潜弋高。仙法欲令爱及蠢蠕，不害含气，而人君有赫斯之怒，殳夷之诛；黄钺一挥，齐（ji）斧暂授，则伏尸千里，流血滂沱，斩断之刑，不绝于市。仙法欲止绝臭腥，休粮清肠。而人君烹肥宰膻，屠割群牲，八珍百和，方丈于前，煎熬芍药，旨嘉厌饫。仙法欲溥爱八荒，视人如己；而人君兼弱攻昧，取乱推亡，辟地拓疆，泯人社稷。驱合生民，投之死地，孤魂绝域，暴骸腐野。五岭有血刃之师，北阙悬大宛之首。坑生煞伏，动数十万。京观封尸，仰干云霄；暴骸如莽，弥山填谷。秦皇使十室之中，思乱者九；汉武使天下嗷然，户口减半。祝其有益，诅亦有损。

这哪里是论"仙"，分明是刺君！葛洪其实是个清醒得透底的"现实主义"者，他身上何尝有什么"仙气"！

（二）哲理散文轻灵化

六朝时期，儒学失去了昔日的灵光，不再能够统摄人心了，于是兴起了"玄学"。玄学有三大命题，一是有无之争，它认为世界的本源是"无"，何晏提出了"天地万物皆以无为本"，大倡"无中生有"论，这就直接否定了名教礼法的理性价值；否定了世俗政治的理论基础。二是言意之辩，王弼提出"以言立象，立象尽意"的命题，它回答人们对世界能不能被认识、能不能表达的问题，解决了认识论及其表达式问题。三是声无哀乐论，嵇康认为声（乐曲）本身是自然存在，它无所谓喜怒哀乐，不可能具有人的感情，因而所谓教化作用纯粹是外加的。此论崇尚自然，反对伦理灌输。这三大命题的讨论，把玄学玄风推向一代显学的地位，对尔后中国知识分子灵魂的塑造和行为方式的选择产生了深远影响。

在"摒落六艺，直抒性灵"的时风下，哲理文章写得十分轻灵。这时的思想理论家中，要算王弼最有成就，何晏、向秀、郭象等也各有建树。王弼突破前人的理论框架，构建自己的崭新的理论体系。王弼人很年轻，但目光犀利，对社会问题的观察很透辟；精于思辨，提出了一系列构建玄学体系的基本命题。其《老子指略》中就老子"绝仁弃义，民复孝慈"的观点做了发挥，认为：人类父子兄弟之间的孝慈友爱之德，是最原始、最朴实、最真诚地自然存在的，它本身没有什么特殊，并不引人注目；本无须圣人去人为地"倡导"，用什么美名显利来鼓动人们去实行所谓"孝慈"。在上者特意鼓吹什么"仁义""孝慈"之类的美名，又给予"显利"，那么，人们的注意力就被吸引、被转移到名誉、利益上去了，于是失去了孝慈本有的真诚和朴实，只剩下争名求利的"竞心"了。于是便有人用孝慈友爱的幌子来博取美名显利，这样，风俗越来越"薄"便是必然的了。风俗薄了，在上者又用更大的名、更厚的利去刺激他……这样恶性循环下去，社会何日才能治理好？还不如从根子上做起：绝仁去义，返璞归真！——无须讳言，生活中是有这种情况：民间自发地做了某件好事，影响很不错。但有关方面一表彰、一推广，舆论工具一炒作、一"提高"，便"往往流于形式而失败"。大概就是名利诱导的"竞心"淹没了原本具有的诚实的缘故。王弼之言，有味哉！

（三）记人散文的个性化

《史》《汉》记人，凭史实说话，重在展现人物的功业事迹与命运，以实实在在的情节来展现人物主导性格；魏晋文章写人，意在表现人的精神气质、风度神韵，因而行文不凿凿于记述人物"做了什么"，甚至也不着力于写其"怎样做"，而把着眼点放在揭示"为什么去做"上，放在揭示人物的心灵状态上。这就积累了新的艺术经验。

魏晋南北朝时期，写人散文品类繁多，除传统的史传体以外，又出现了许多新的写人篇章和写人手法。这种记人之文，以理想人生为样板，用个人的阅历为身影，进行艺术虚构。这样写出的"人物"，处于似真非真之间，要数

《大人先生传》和《五柳先生传》比较突出。阮籍的《大人先生传》，写一位高栖深山、不涉世务、不关时事的人物。此文没有对"传主"生平事历的刻画，甚至没有人物身份的相关介绍，只用一个闭目不言的细节、一声孤岭长啸，便写出了他的"出尘之想"与离世风神。陶渊明的《五柳先生传》，用史传的行文口吻，写了一个"不知何许人也"的"五柳先生"。文章对他的生平事历一概略去，不着点墨，而侧重于写其精神气质，说他身无长技而好饮酒赋诗，说他宅心世外而好与农友交游，让人不明白他是"无怀氏之民与？葛天氏之民与？"——"遗貌取神"是这类"传记"的突出的艺术经验。这种"事出于沉思，义归于翰藻"（昭明太子语）的文学性传记，对小说的结撰人物无疑是一种启迪。

总之，六朝记人散文更注重张扬个性，人物身上透射着更多的灵气，写法上也更为灵活多样。

（四）记事散文的平易化

六朝时期，南方文章趋于清丽，抒情文章是其所好；北方文章较为质重，记事文章是其所长。北朝记事文代表了六朝记事文的成就。

周汉记事文，为政治写社会，即使生活小事都要抹上政治的或学术的灵光；六朝记事文，为人生写政事，再大的政治题材，也处理得如同民间事务一般，贴近人生，贴近现实。这里，我们用《洛阳伽蓝记》中的记事文作例子予以说明。

杨衒之的《洛阳伽蓝记》，名义上是写洛阳寺庙的，实际上把北魏时期洛阳发生的朝廷伤乱、军阀混战、风谣传说、街坊邻里、饮酒吹笛、娶妻生子以至艺文古迹等都生动逼真地记载下来了，这就多层次、多侧面地反映了一个时代的生活面貌与老百姓的生存状态。现在介绍其《永宁寺》中的一节。

汉代，有一篇《鲁灵光殿赋》，是专写宫殿建筑美的，那只足为建筑"留影"而已。而《洛阳伽蓝记》的《永宁寺》一文，则用散文形式，再现了当年永宁寺建筑的豪华与壮丽，透现出作者对统治者不恤民命、骄奢望福的批判。文章集中笔墨记述作为本寺主体建筑的九层浮图，先着一句"架木为之，举高九十丈，上有金刹，复高十丈……去京师百里，已遥见之。"勾出其大轮廓，记下总体观感。把这组建筑群的中心推到读者面前。以下便自上而下地用一个个特写镜头，再现此巍峨巨塔的各个细部：（1）能容25斛的金宝瓶，（2）11层之多的承露盘，（3）130余个石瓮子一般大的金铎，（4）共有9层的塔身。以至每层四面的塔门，门上的铺首，都写得清晰逼真。特殊的是，文章写这一切时，不是刻板地写"建筑说明书"，而是结合着观感去写，使行文灵动有情致。比如有这类文句："……极土木之工，穷造型之巧，佛事精妙，不可思议。绣柱金铺，骇人心目。至于高风永夜，宝铎和鸣，铿锵之声，闻及十余里。"短短四五十个字，有记叙、有议论、有感慨、有赞叹，还有描写。有意思的是，作者在写了"装饰毕功"之后，记下了明帝与胡太后登塔观览的情况。结果，如此耗尽脂膏、奢华壮丽的寺庙佛塔，竟于"孝昌二年中，大风发屋"，摧毁宝瓶，"随风而落，入地丈余"。好不让人痛心扫兴！文章紧接着就让这座永宁寺，作为历史见证，目睹它脚下发生的军阀叛乱、皇室火并、政权倾覆，官民遭受一次次大屠杀的惨剧。这就是统治者佞佛祈福的结果！多么冷峻的批判！

作者把感情灌注在如实的记叙之中，记叙时又伴随着深层的社会批判。

（五）写景散文的情态化

自"竹林七贤"起，他们"遗落世事，栖心物外"，不再像先秦人那样操心国事；不再像秦汉人那样忧虑生计；而是把注意力引向心灵深处，去内视自己的情灵律动，哀乐兴感；引向山水风物，去仰望浩渺长空，品味草木虫鱼，感受生命信息。这样，人们就学会了对大自然的审美观照，大自然也才作为独立的审美对象进入文章视野，于是《山赋》《海赋》《月赋》《雪赋》大量出现，美不胜收，蔚为一代文学大观。这对于培养我国人民热爱大好河山的共同民族心理，起了十分显著的作用。

如谢惠连《雪赋》、谢庄《月赋》、张融《海赋》、庾信《枯树赋》，每篇文章都具体地、突出地写某一特定事物在作者心目中投下的"象"，客体事物被宣演得活灵活现，有声有色，却又无不贯注着作者本人的思想情感。带着强烈的主观情感写出特定物象的特殊美，是这种散文的艺术灵魂。这一写作特色，在庾信《枯树赋》中表现得尤其特出。特别是"拔本垂泪"一段，读者简直分不清他到底是在写一棵"枯树"，还是在写一个耗尽了生命力的垂死老人。

若乃山河阻绝，飘零离别；拔本垂泪，伤根沥血，火入空心，膏流断节。横洞口而欹卧，顿山腰而半折。纹斜者百围冰碎，理正者千寻瓦裂。载瘿衔瘤，藏穿抱穴，木魅睒䁕，山精妖孽。况复风云不感，羁旅无归……既伤摇落，弥嗟变衰。《淮南子》曰："木叶落，长年悲"，斯之谓矣！

综上所论，六朝美文的成就是多方面的。它的文章观，它的声律辞章之学，它对作家队伍的召唤，对生活的审美观照，对人性人情的大力开掘，它在文章的题材、体裁、艺术手法、文字技巧各方面积累的经验，对后世文学事业的发展，都是莫大的贡献。

魏晋南北朝时期，原来住在周边地区的少数族人，大量内迁；他们通过学习汉文化，迅速改变本民族的生存状态与文化结构，向炎黄先祖认同，为汉语文章的使用拓展了广阔的空间。如果说，先秦两汉之文，其诉求对象主要是君王，是当政者，追求的是美政良风，是人的功业与成就；那么，六朝美文的诉求对象则是作者的心灵、文士的心灵，追求的是人格的提升和情感的挥发。

第四章　隋唐五代的卷轴书与注疏之学

本章讲述隋唐抄书业与私人收藏的繁荣，讲述敦煌奇迹的发现；介绍唐人的注疏之学及其操作，兼及印刷术的问世；并用专门篇幅讨论骈散文章的价值重估；考问"载道古文"何尝救世，以求公允评价隋唐及五代书品，扫除门户之见。

从书品史上看，周秦两汉至隋唐都是"抄本"时代，区别在于周汉为简书，隋唐是纸书。其后的宋元明清至近现代，为"印本"时代，区别在于宋清为木版印刷，近现代则是铅版或胶版活字印刷。

一、隋的藏书与禁谶

公元583年，隋文帝采纳秘书监牛弘的建议，派专人到民间搜集各种书籍，实行"每收一卷，偿绢一匹，校写既定，本即归主"的政策，计得三万余卷。所得之书抄写正副两本，藏于宫中，用于充实秘书府的内外二阁。但他却废除了各州县的学校，太学也只招70名生员。他还下令禁止私撰国史。同时却在全国修了五千余所寺塔，"令民人任便出家"，还下令按人口出钱来营造经像，将所抄佛经藏于各大都邑的寺院之中。其信佛几乎到了沉迷的程度。其时朝廷计抄佛经

13万卷。上行下效，民间更普遍抄写佛经，一时"多于六经数十百倍"，开中国藏书史上佛经与儒经并重的形势。时寺庙都建有"藏经阁"，形成了有效的管理机制，成为中国社会"公众收藏"的劲旅。然而吊诡的是：国家如此精力如此规模收藏的书籍，却罕见有流传后世者！

在图书管理上，隋炀帝采取了一些重要举措。首先，他命令将朝廷秘阁图书抄出，计得37000余卷，"纳于东都修文殿，又写50副本，分为三品藏于洛阳修文殿：上品红琉璃轴，中品绿琉璃轴，下品漆轴。"同时，他又彻底禁绝了谶纬图书，使谶纬再也不能泛滥成灾。此后，谶纬之书只剩下些残鳞败甲，到唐人魏征编《隋书·经籍志》时，只剩下13部了。这类举措是有积极意义的。唐代沿袭了这个禁谶制度。《唐律疏议》中明文规定："诸玄象器物，天文、图书、谶纬、兵书、七曜历、太乙雷公式，私家不得有，违者徒二年，私习天文者亦同。"惩罚较北朝为宽，但禁止之意则是明确的。玄宗下令"禁阴阳术数书"。后来唐武宗"灭佛"，使佛教再次受到重创。

在私人藏书方面，隋代的许善心有足称道处。此人平生苦学、善学。他家住河北高阳，九岁上死了父亲，靠母亲抚育成人，自幼聪明过人。自家无书，就旁听别人讲述，他居然能默记成诵。后来家藏古书万余卷，卷卷通读，终成一代名家，为出身贫苦者做出了榜样。

二、唐代抄书业的繁荣

唐初在书籍制作上采取了几项重要举措：一是在门下

省下设修文馆（太宗改名为弘文馆），掌图书校理，教育生徒。藏书20余万卷。二是组织人力，整理儒家经典，统一经书字句，统一对经文的注释疏解，以国家名义颁发官版"五经"定本，后又扩大为"九经"定本。三是组织大规模的佛经翻译，改变了过去佛经拘守梵文句式、中原人不易接受的旧套，译语顺适，加速了传播，加速了佛教的中国化。同时，为使儒学文本在全国有一个法定的版本依据，唐政府又在公元833—837年间，花费浩大人力物力，刻写了《开成石经》，立于长安国子监太学讲经堂，供天下学子摹写校勘。碑刻《周易》《尚书》《毛诗》《周礼》《仪礼》《礼记》《春秋左氏传》《春秋公羊传》《春秋谷梁传》《孝经》《论语》《尔雅》等十二种儒学典籍，共228碑，6502512字。碑由元度校定，郑覃书石，正文用正楷，标题用隶书。唐末兵乱，被抛弃荒野。后经人收存补勒，现收藏于西安碑林。

唐代抄书更是大规模展开。玄宗时设立了修书院，召聚大批"经生"，专职抄书，所抄成的本子，称为"写本"。笔墨精妙，卷面清丽，成一代文化精灵。由于规模大，所耗纸墨笔材料其量惊人。《新唐书·经籍志》载："太府月给蜀郡麻纸5000番，季给上等墨336丸，岁给河间、景城、清河、博平四郡兔1500皮为笔材。"仅从这种按月、按季、按年定量供给的纸墨笔的数量，就不难推知当时集体抄书的场面之大了。唐人编出了一批大型类书，如《初学记》《北堂书抄》《群书记要》及《通典》《汇要》等，工程确实浩大。请今天的读者记住：我们的先人是在没有印刷术的条件下，靠毛笔手书"写"出了"汉唐文明"！这说明：科技是文明发达的重要因素，但不是决定性因素。

三、唐代卷轴的私人收藏

　　隋唐时期的纸本书籍，通用卷轴装。盛唐以降，又大兴经书折叠装，敦煌石窟中就珍藏着大量的唐写本，不是卷轴，必是折子。唐初魏征是位大藏书家，家藏卷轴极富。宰相李泌的"邺架三万轴"更是有名。李泌，生活于贞观开元年间——李唐王朝的好时光。他身为宰辅，家住京兆，爵封邺县侯，可谓贵盛一时。他用心藏书，典藏丰富。韩愈有诗追述道："邺侯家多书，插架三万轴。"艳羡之意，溢于言表。此后，"邺架"便成了私家藏书的美称。这样的藏书大家，唐代还有韦述、苏弁等二十多位，藏书都超过两万卷，新旧《唐书》的传记中都写着。另有一位藏书家叫杜暹，他在一本藏书后的题词中说："清俸买来手自校，子孙读之知圣教，鬻及借人为不孝。"这里，他说了三层意思：一、藏书得来不易，应该珍视；二、家藏只是为了教育自家子孙，要好好保惜；三、不许变卖，不许借人，否则就是"不孝"。他这第三层意思，使秘守、封闭、禁锢的私藏风格蔓延开去，几乎成了后世一些藏书家的律条，起了转移风气的作用，六朝人藏书与社会共享的良风美俗从此消沉，其影响是消极的。

　　魏晋以降，私家藏书尽管比前代多百十倍，但写本时代的纸书遗存至今者则极为稀罕。相比之下，隋唐以纸张为介质的书本、册页，除敦煌所藏这一特例之外，社会上的私藏或公藏极少，迄今所发现者不仅无法与先秦两汉的帛书、简书相比，甚至还少于上古龟甲的发现。以至清代贵州独山人书法家莫友芝，于1862年从安徽黟县得到了唐人写本《说文解字·木部》的残篇，仅有188字，也使他欣喜万分，得意非凡，认为得到了"千年绝迹"。曾国藩题诗说："插架森森多于笋，世上何尝见唐本？当君所得殊瑰奇，传写云自元和时。"似乎也为他高兴，但细细咀嚼其言下之意，弦外之音，实际上是不怎么确信其真实性的：唐代写本极多，插架不少，可是世上人何尝见过？你得的这片元和年间的残纸，怕只是人们的一种传言罢了。

六朝隋唐写本现存的藏品之少，大概与纸张的难以保存有关，也与文明社会反对以大批书籍去殉葬有关。当年，唐太宗挖空心思从收藏者那里骗得了王羲之的《兰亭集序》真迹，十分兴奋，还复写了不少来赐给大臣们。临死前，私心用于陪葬，但连他本人都觉得不妥，只得在断气前与他的太子私下商求而为之。最后他到底如愿了没有，仍是一宗疑案。尽管如此，还是惹来了身后的不绝指责。周秦两汉流传的书殉笔葬之风就此截止，这是标志。当然，敦煌藏书的巨量发现，改写了中古写本藏书极少的历史。然而那毕竟是一个特例，而且属于"社会公众藏书"的范围，是不能当作"私人藏书"或"国家收藏"来讲的。

四、敦煌奇迹的发现

隋唐图书屡遭劫难。在隋唐交替之际、在唐中期安史之乱时期、在唐末天下大乱之中，又遭到几度毁灭，几度劫难。史称"汉唐文明"，而最严酷的劫难恰恰反复发生于汉唐两代的前、中、后期。从汉的简书到唐的纸书，一概都是人工手抄的，那该是多少人的心血结晶被付之一炬啊！

万幸的是，当隋、唐国家收藏屡次蒙受毁灭性灾难之时，当隋、唐私人生前收藏未能久远流传、身后殉葬也不能填补文献空白的时候，有一种社会公众收藏却崭露头角而彪炳千秋，这就是寺院收藏。隋唐人对寺院收藏是重视的。隋文帝发动各州县寺庙都来抄经藏经，佛经总量一时间大于"五经"之数。当时寺庙道观不仅收藏佛经道藏，还收藏一些世俗之家的作品。白居易编成《白氏长庆集》，特录副本分藏于东林、香山等寺。以寺院为主干的公众收藏，历代不绝，且形成了相当完备的管理机制。敦煌石窟的广泛收藏便是其中的一个惊世典范。

敦煌石窟

事情是这样的：甘肃敦煌东南有座鸣沙山，山上有座千佛洞，洞中从晋代起就不断地在开凿佛像，一直凿到唐代也没有停止，宋代还有人在开凿。晋唐这数百年间，西域路上，中外僧众与商旅络绎不绝，使这里发展成了河西走廊上的一颗璀璨明珠。八九百年过去后，到了清朝末年，适遇西方列强蚕食中国，这个石窟竟然败落成了一个无人过问的荒野古洞，连主事的和尚也没了。在那风雨如磐的日子里，来了一位穷酸的道士，一个小老头儿王圆箓。他在洞中落下脚来，从此以洞为生，只求避风避雨度过此生。一天，他与徒儿清理洞中积沙，发现一处墙壁有条裂缝，向里一张望，竟是一个复室。他索性推倒这垛土壁，进去一看，啊，竟然是一座巨大的图书库！那里堆叠着无数的古代经卷和各式书画。他识字不多，只知道这是历代高僧的收藏，多为佛家的典籍。他本人并不是和尚，当然也就谈不上多么珍惜这些古旧的佛学经卷了。他取出一些字画拿来送人，并报告县府他的发现，于是"千佛洞里有无数古书古画"的消息也就不胫而走。敦煌县令闻讯讨了几卷佛经抄本与画卷走了，并不在乎这里有多少宝物。甘肃学台（中国近代图书馆的创办人）是个明白人，他得知后，立刻请甘肃巡抚把这批文物运到兰州来保管。岂料巡抚怕运费花销大，只是下了一纸命令，叫县令"就地封存"，又没有提供必要的条件，也没有提出什么维护要求，具文而已。所以藏于这荒野山洞里的无量珍籍，实际上处于弃置状态。

这时，不少西方传教士、探险家、考古学家们正在中国各地游走。他们一心搜集、刺探各地的文化情报。敦煌有大批古文物的信息传到国外，便引起了关注。有个英籍匈牙利人叫斯坦因，得知此事后，于1907年来到王道士处，见到了这么多古籍，心下狂喜，提出给王道士500两白银，让他改善生活，也可把洞穴整修整修。至于那些破旧积灰的书籍嘛，就让他斯坦因搬走好了。王道士也就答应了，结果斯坦因取走了9000件文物，装了29箱，运回伦敦，藏到大英博物馆里去了，至今还躺在那儿。第二年，法国汉学家伯希和闻讯，也来到敦煌。他是懂行的，他发现真有价值的古籍，并没有被斯坦因都运走，他又该何等惊喜！就跟王道士讲："你把这堆旧废纸卖给我吧，50两银子一捆，你能得大大的一笔钱。"王道士扳着指头一算，当然高兴。结果伯希和装走了6000件珍品，搬到北京，还展出了一次，向中国人炫耀一番后，运到巴黎去了，现在仍藏在巴黎国民图书馆里。王道士倒也算是有良心的善老头儿，他所得的钱，大体上用在收拾千佛洞上了，而且还把这事向县令通报了，他并没有搞"违法经营"，自然也谈不上"私人开发"，不会用"文化搭台"去赚大钱。眼看着洋人给了钱，运走了许多许多的旧纸破书，他还以为人家真的是乐善好施呢！待到濒临倒台的清政府和不久接手的北洋军阀猛然觉察到其中有名堂时，亦已晚矣！赶快派人来到石窟，清点一下，只剩下了大约8000卷残书，于是运回北京，途中又散失了不少。其中的500多卷，又被人悄悄卖给日本人运走了。新中国成立后，经多方搜集，国家图书馆终于收藏到10000余卷书画。

那么，敦煌石窟到底有些什么样的宝藏呢？它是晋唐时期民间收藏品的最大宝库，主要是公元5—10世纪间的写本卷轴装古籍，不下25000卷之数，另有少量的蝴蝶装小册子，还有些早期的印本书、绘画、版画、石刻拓片及织锦刺绣等千余件艺术珍品。这些写本的内容，主要是佛经、俗讲、道藏、儒经，还有通俗作品传奇、变文、唱词、小曲、杂文、俗赋之类，也有关于文字学、史书、地志、医书、药典、历书之类，还有一些契据、状牒、籍账、占卜等民间实用品，可以说是包罗万象了，不少是晋唐间的书法绘画名品，艺术水平都很高。所用的文字，除汉字外，还有古梵文、古藏文、古回鹘文、古西夏文、古于阗文等，而今都无比珍贵了。它们的发现，证明着寺庙公藏的体制、规模、价值，它以实物证实了中国古代文明的无比灿烂，还意外地成就了一门国际性的"敦煌学"，不知道养活了多少文人学者以至今天的旅游经营者。好在王道士那个小老头儿太"愚昧"，否则，他要是懂得向洋人申请"合股经营"，又该怎么办呢？

五、唐人的注疏之学

注释之学在汉代已有长足发展。东汉马融有《毛诗注》，晋代王弼有《老子注》，南朝刘孝标为《世说新语》作注，北朝郦道元为《水经》作注，各有体例，又都能自成一家，独立成书。一句话，前人在注释方面已经积累了足够的经验。但随着时日的推移、世事的变动、学术研究的深化，旧"注"本身也成了必需训释的对象了。于是有了"疏"：不仅用来阐发原文，也用来补充、校正、发挥原注。唐初复兴儒学，致力于统一经学——南北朝时对经学形成了"南学"与"北学"的对立：南学重义理，受玄学佛学影响深；北学重注释，承袭着两汉章句经说的传统。唐太宗于贞观四年（630年）即下令颜师古考定五经，统一版本，统一经学。经七年而书成，于是颁行天下。鉴于章句繁杂，儒说多门，太宗又令孔颖达着手撰著"五经义疏"，写成后于唐高宗永徽四年（653年）颁行天下，定名为《五经正义》。正如宋人《六经奥论·六经注疏辨》中所介绍的："唐贞观中，孔颖达奉诏撰《五经正义》，与马嘉运等参议，于《礼记》《毛诗》取郑，于《尚书》取孔传，于《易》取王弼，于《左氏》取杜预。自《正义》作而诸家之学始废。独疑《周礼》《仪礼》非周公书，不为义疏。其后，永徽中贾公彦始作

《仪礼》《周礼》义疏。本朝（宋）真宗又诏邢昺校定《周礼》《仪礼》《公羊》《谷梁》'正义'，于是九经之义疏始备。"后来欧阳修曾因《正义》多引谶纬之说，打算删削，未成。于是"九经"的注、疏、正义就这么确定下来了。唐人李善又为《昭明文选》作了《注》，张守节作了《史记正义》，颜师古作了《汉书注》。淹贯古今是这些注疏的共同特色。这就在汉代训诂、章句之学的基础上，发展出了唐人的"注疏之学"。正义、注疏的出现，使后人有了"由疏通经"的阶梯，注释、解析、疏通、引证、串讲、补叙，大有益于后人掌握前代学术成果，当然也就推动了"中华文章学"的进步。

六、唐人注释的操作

注疏的核心任务是释义——解释字义（词义）和句义。释义的基本办法从汉代起就有形训法、声训法、义训法等，唐代又有较大的发展。在释义的基础上再进行疏通串讲，帮助读者掌握全文。

（一）形训法

就是通过字形结构来释义，这办法在唐代有较大发展：（1）根据"六书"的造字规则，分析字的形体结构，进而说明该字的本义和通用义。（2）通过说明本字字体的演变或字形的借用，来阐释该字的字源与后起义，凡古今字、异体字、通假字、俗体字等，都采用这个办法来阐释，这是汉人所未及见的。

1. 口："人所以言食也。象形。"（口：是人用来讲话、吃饭的器官。象口之形。这是象形字训释法——形训法——的应用。）

2. 果："木实也。从木；象果形，在木上。"（果：指植物的果实。本字从"木"旁；全字像树木上结着果子的样子。这是象形兼会义的训释法。）

3. 弄："玩也。从廾，持玉。"（弄：是把玩、玩弄的意思。由"廾"和"玉"组成。"廾"表示双手，持"玉"把玩，便是"弄"。这是会义字的训释法。）

4. 莹："玉色。从玉；荧省，声。"（莹：指玉的光润色泽。字形从"玉"旁，表示此字的义类归属；从"荧"而省略了它的构件"火"，成该字的声旁，表示该字的读音。——这是形声字的训释法。其实，"莹"字头表音兼表义：光润鲜明。）

5.《吕览·本味》："流沙之西，丹山之南，有凤之丸。"高诱注："丸，古卵字。"（高注的意思是：古代"卵"字写作"丸"。这里指出了丸与卵的"古今字"关系。）

6.《汉书·五行志》："有裸虫之孽采。"颜师古注："裸，亦蠃字也"。（颜注的意思是："裸"是"蠃"的异体字。）

（二）声训法

按字的读音来解释字义，即依声求义。办法有三：（1）古人有"音近义通"之说，通过揭示所释字与被释字之间声母、韵母的相同、相近或相关来阐释字义，或运用两字声母之间的古今对应转换规律来释明词义；（2）分析字的形旁和声旁，在据形旁释义之外，特根据该字的声旁去求义。凡声旁相同的字，其义必相关联。古人把这理论叫作"右文说"。（3）从借字求正字来阐明词义：揭示正字与借代字（其实是古人写的别字、白字）的通假关系，从而讲明词义。如：

1. 祈，求也。——古代二字的声母同为群母［Q］。双声互训，音近义通。

莅，临也。——古代二字均为"来"［L］母字，双声互训，音近义通。

2. 坤，顺也。——古代二字韵母同为［un］，这是叠韵互训，音近义通。

3. 盗，逃也。——上古二字均属定母［d–t］、宵部［iao］。双声兼叠韵互训。

4. 政，正也。——从本字的声旁求该字字义，双声法的特例。"秀才不识字，读书认半边"就是对滥用这种方法的讥嘲。

5. 君者，不失群也。郡者，群所居也。县者，悬也，系于郡之下也。——这是从声旁出发，找出相应的双声或叠韵字，从而求出字义来。此法不能滥用。

6. 礼者，理也。富者，福也。学者，效也。——叠韵互训法的运用。

商者，商也。商度物之远近贵贱而通有无也。——同上。

贾者，固也。固守其有用物，待人来求从而取利也。——这是叠韵互训法的推广应用。这种方法，往往给人牵强附会的印象。

7. 无（毋）；说（悦）；早（蚤）；要（腰、邀）；燕

（宴）——先是临时借用（写别字），久而约定俗成，两字就成"通假"关系而被认可了。

8. 钱，浅，贱，栈，饯，笺，残——均有"小"的核心义素。这是"右文说"的运用：右边有共同的表音偏旁，其义大体相关联。

9. 壳，空，孔，阔，宽，窟窿，廓落——均有"大而空"的义素。这是对"音近义通"原理的一种运用。

（三）义训法

其操作法是：先用定义法交代该词的基本义项，再注释其引申义或特殊用法，并加以例证；附带注音。

1.《尔雅》："载，岁也。夏曰岁，商曰祀，周曰年。唐虞曰载。"——有了这种疏解式词解，我们不仅懂得了唐代纪年称"载"，也悟出其渊源流变，使人掌握相关知识。

2. 丰（指繁体豐）：（1）大也、多也、茂也、盛也，（2）又酒器，豆属（豆是古代的一种容器）；（3）又姓，郑公子丰之后裔。（4）敷空切（反切法注音）。——注明一个字的不同义项，并予注音，开后代字典、辞书对单字作注释的通例。

一般对文章中的词语作义训，则可就词义、词性、词彩、语法意义和修辞格等作注。注释不仅用于释义，还可通过疏证来辨析前人训释的正误或欠缺，进行补充与订正。

《汉书·项羽传》载项羽乌江自刎前，对汉将吕马童说："若非吾故人乎？吾为若德（你把我的脑袋拿去请赏吧）……马童面之。"——对这句话中的"面之"一词，颜师古引前人的话注释道，"张晏曰：（马童）以（项羽是其）故人，难亲斫之，故'背之'也。"意思是说，吕马童因项羽在临死前提到他是自己的"故交"，因而内疚，无颜当面砍杀项羽，便"背过脸去"。——有了这个注，我们才清楚了原文"面之"的实际含意恰恰是"背之"。如照字面义理解为"看着他的脸斫之"，反而不合情理了。

根据字义来说明上下文中的具体语义，是注疏中最基本、最有用的方法，注解时要注意区别字的不同义项和在本文中的具体文义。注释生词、难字、冷僻语，通常用定义法加以界定；用模拟法加以比况，用引证法证明己见，用点明法揭示隐藏的含义等。这是"义训"的扩充。

其中，特别要注意的是名物训诂，即对名词事物典章制度作注解。注释人名时，要注明其姓、氏、字、号、籍贯、官称，有时加排行、谥号、出身、出生年月等，甚至要注明其体貌特征、事功言行之类。

1.《周礼·秋官·司仪》："王燕（宴），则诸侯毛。"注：毛，谓"不问爵之高低，以年齿相先后。"——这里解释的是"毛"字的"语用义"，用的是"毛发之毛"的引申义。古称头发花白者为"二毛"，指四五十岁的人。

2.《汉书·高帝纪》："吾非敢自爱，恐能薄。"颜师古注："能，谓才也。能，本兽名，形似熊，足似鹿，为物坚中而强力。故人之有贤材者，皆谓之能。"——这里先解文义，又从字的本义说足如此一解的理由。今有"能力"一词。

3.《后汉书·王常传》："七年，使使者持玺书，即拜常为横野大将军，位次与诸将绝席。"李贤注："绝席，谓尊显之也。《汉官仪》曰，御史大夫、尚书令、司隶校尉，皆专席，号三独座。"——这里先解释文义，后举出例证申明其义："绝席"就是专席，特设专座，不与同僚相连，以示尊崇与优待。

4.《史记·王翦传》："秦使翦子王贲击荆，荆兵败。"《集解》：徐广曰，"秦讳楚，故云荆也"。意思是：秦始皇之父名为"子楚"，秦人避讳"楚"字，所以把楚国说成荆国。这就交代了"荆国"称谓的来历。

5.《汉书·霍去病传》："票骑将军涉钧耆，济居延，至于大月氏。"张晏曰："钧耆、居延，皆水名。浅曰涉，深曰济。"颜师古［注］："涉，谓人马涉渡也；济，谓以舟船。"——颜注是对前人注释的进一步说明。有时特称这类说明为"笺（证）""（注）疏"，起到证明、申述的效用，不仅是"同义翻译"而已。

6.《周礼·地官·小司徒》："凡国之大事，致民。"（凡国家大事，就把百姓召集起来）郑玄［注］："大事，谓戎事也。"贾公彦［疏］，"知大事谓戎事者，见《左氏·成公·传》云：'国之大事，在祭与戎'，此言'致民'，明非祭祀（祭祀不必召集百姓），是戎事可知。"

7.《周礼·地官·载师》："凡宅，不毛者有里布。"宋人之《周礼句解》称："不毛者，不种桑麻也。布，泉也。"全句意思是：凡是宅基地周围不种桑麻者，其罚金金额相当于一"里"（25家）所上交的"泉"（钱币租）。

如此看来，为古文作注，岂容轻忽！它需要丰富的积学底蕴才能胜任。

七、唐人疏解的操作

汉人为"经文"做的章句注释，到了唐代，也变成"古文"了，语音有变，词义有变，语法也会变，典章制度又大不同，于是就要重新做疏通讲解，这就有了唐人的"注疏之学"。疏，义疏，疏证，有的称为笺、笺证，这是唐人对汉代训诂注释的进一步发展、深化、当代化。

训释词义，应避免望文生义，因熟出错。如："走马观花"之"走"，是"跑"的意思；《诗·泉水》"驾言出游，以写我忧"的"写"字，依《毛传》应释为"除也"，不是书写之写。古文句子简洁，有时省略句子成分，注释或翻译时应适当补足，但不必多补，更不应乱补。只补上下文中已有而此处被省略的成分，不能补原文没有的词语。《左传·桓公二年》"民不堪命"，杜林《注》："（宋之）民皆不堪（殇公）争战之命"，语意就完足了。但若作成语用，则不必增添这么多成分。

另外，文言中有些特殊语法现象，如词性活用、宾语前置之类，注释疏解时应酌加说明，以助理解。

1.《论语·学而》"子夏曰：贤贤易色"句，只需指出前一"贤"字为意动词；"色"为名词，语意就清楚了。

2.《孟子·万章》："孔子之谓集大成。'集大成'也者，金声而玉振之也。"朱熹《集注》："金，钟属。声，宣也，如声罪致讨之声。玉，磬也。振，收也。"朱氏把"声"释为"声讨之声"，"振"释为"收音"，那么，"金声玉振"的字面义就是"以钟声起音、以磬声收音"了，即以钟起调

（造出声势）而以磬收音（结束演奏）的意思。全句意为：孔夫子是对儒家学说做总结并宣传它的人。

3.《诗·伐木》："坎坎鼓我，蹲蹲舞我。"郑玄［笺］："为我击鼓坎坎然，为我兴舞蹲蹲然。"——意思是"（他）坎坎地击鼓呀为着我，（他）蹲蹲地起舞呀为着我"。简而言之，是"（他）为我击鼓、为我起舞"，绝不是"（他）替我击鼓、替我起舞"，也不是"（他）使我击鼓、使我起舞"。古汉语的这种"为动式"比"被动式""意动式""使动式"更难把握。

4.《左传·昭公十九年》："彼何罪？谚所谓'室于怒、市于色'者，楚之谓也！"杜预《集解》："言（楚）灵王怒吴子而执其弟，犹人忿于室家而作色于市人。"这么说来，原文的意思就是：（楚灵王因恼恨吴王的缘故而囚禁了吴王之弟）"那个弟弟有什么罪过？好比俗话说的'在家里的恼恨却跑到社会（街市）上去发泄'，讲的就是楚人吧！"这一来，句意就容易理解了。

5.《江淹·别赋》："使人意夺神骇，心折骨惊。"文选李善《注》："亦互文也。"这意思是说："意被夺神也被夺，神惊骇意也惊骇；心已折骨也折了，骨受惊心也受惊。"这样理解，文义更浑厚、更充实了。

6.《春秋·庄公十年》："秋九月，荆败蔡师于莘。"《公羊传》解释道："荆者何？州名也。州不若国，国不若氏，氏不若人，人不若名，名不若字，字不若子。"——这里，《公羊传》解释了《春秋》经文在记述各诸侯国之史实时，有七个等级的行文体例，即所谓"春秋笔法"。记某国某事时，称相关诸侯的爵号（如"齐侯""郑伯""楚子"之类）为最尊重，称该国君主的字号则稍示尊重，称该诸侯之名、之姓氏则次一等；而称"某人"（如楚人、郑人之类）"某国"就毫无敬重之意了；如称其国所在之"州名"（九州地域之名）则是贬斥的了。作者对楚王发兵打败了蔡国这件事很反感，所以称荆州州名而不称楚国国号，因其不代表国家意志。明白了这层道理，就知道《春秋》的记载史实，看似客观冷静，实则蕴含着贬褒。这说明读古书时应注意行文体例。而注明行文体例，对理解原文的思想感情，是很有帮助的。

疏，义疏，疏证。其作用是：1. 进一步申述原注的含义；2. 从原注引申推导出新义，使原文文意更完足易解；3. 对前人旧注有歧义者加以辩证疏通；4. 原则上"疏不破注"，但旧注确实错了，则应拨正，并申述新解的理由、依据；5.疏通特殊句式、特定用语等。举例如下。

1. 涉。《诗经》有"涉淇"一词。《注》："浅则涉，深则济。"《疏》：涉，水浅处人马步行，涉水而过；深水则用舟船济渡。成语有"跋山涉水""同舟共济"。

2. 老。《孟子》："老吾老以及人之老，幼吾幼以及人之幼"。《注》：老，敬也。《疏》："老"字原无"敬"义，但在"老吾老、幼吾幼"句中，有"尊老爱幼"义，故释"老"为"敬"。

3. 达。《诗·生民》："诞弥厥月，先生如达。"《毛传》："达，生也。"孔颖达《正义》："言其生如达羊之生，但《传》文略尔，非训达为生也。"——《诗经·生民》中说：（周人的先祖后稷）待到期满该分娩的那个月（很顺利地）就生出来了，如同小羊羔落地（一样容易）。民间说小羊易产，所以用来做比喻。《毛传》注得太简略，并不是说这个"达"字就是"生"的意思。《正义》对《毛传》做了进一步的疏通释义。

4. 梁。《诗·谷风》"毋逝我梁"。《毛传》："梁，鱼梁。"这里指鱼梁之梁，非桥梁之梁，更非屋梁之梁。但为什么这样说？本《注》太简略，不足以释疑。孔颖达便举证说：《诗·有狐》有"在彼其梁"句，《诗·候人》有"维鹈在梁"句，《诗·鸳鸯》有"鸳鸯在梁"句，《毛传》分别释为"石绝水曰梁""水中之梁""石绝水之梁"等，说法大同小异，均释"梁"为"鱼梁"。孔颖达申述道：这些"梁""皆鸟兽所在，非人所往还之处"，那么就都不可能指桥梁或屋梁了。《正义》多方征引，证成了原注。这是注疏的又一方法，它贯彻了"疏不破注"的原则。

5. 圯：桥。《汉书·张良传》有"良尝闲从容步游下邳圯上"一句，对这个"圯上"，后汉的服虔解释说："圯，音颐。楚人谓桥曰圯。"应劭解释说："圯水之上也。"文颖解释说："沂水上桥也。"唐人颜师古《注》辩正道："下邳之水，非圯水也，又非沂水。服说是矣。"——显然，应、文二人不明地理位置，强为索解，受到颜师古的驳正。颜赞同服虔的注释。

八、中国早有雕版印画技艺

人们知道，我国塑造技术相当发达，六千年前就塑出了与真人等高的彩色女神像（在辽宁牛河梁的红山文化区里）；上古的镌铸技艺也很高超，商周就有了青铜器的"铸版""镂版"技术。说到木刻石雕，那么，周代建筑的梁柱椽楹上，汉代的画像砖与碑碣上，都能雕刻虫鸟、山水、人物与纹饰。六朝隋唐时期佛教大盛，信徒们大造佛寺浮屠，一手创造了云冈、龙门、敦煌、麦积岩等雕塑群像；就其"雕技"来说，无论是圆雕、浮雕、深雕、浅雕、线雕，其技艺都是世界一流的。那么，从这样的劳动者、这样的艺术家手中发展出"雕版印书"的技术来，就是很自然的事了。

雕的技艺解决了，雕版印书的关键就是"印"了。"印"当然要有墨，而优质的"墨"早就生产出来了，三国东吴的皇象还造出了"墨锭"，掺了胶的，极其好使。于是只要解决"印"的技术就行了。而我国先秦时就有了玺印，"印"的概念早就有了，而且隋唐以前，更解决了大量印制宗教宣传品的印技问题。据《隋书·经籍志》记载：隋代皇家秘府藏书中，有拓本书《秦会稽刻石》1卷，《熹平石经残文》拓本34卷，《三体石经》拓本17卷。这说明至迟六朝时期，我国已有了成熟的"拓印"技术。而一般的雕印佛像，都附有文字，故"印像"的同时也就在"印字"。这说明人们其实早已有了"印书"的意愿，将石碑"拓印"技术应用于雕版的"刷印"，那是很自然的事。

再说，中国的丝织印染技术也极其发达，唐代已用上了"套染法"，多次套印使丝织品多姿多彩，又用镂空的木版或纸版在丝绸上印花，效果很生动。这种印技对于单色印书来说，已是足够超前的了。

六朝隋唐佛教大盛，信徒大造佛寺浮屠，以塑造佛像、供养绣像为功德。而造像也好，绣像也好，都需要有底稿、有图本，尤其是巨大雕像塑像，更离不开"蓝图"。全国大小佛寺的佛像从东到西、从古到今，除风格有异、工艺有变之外，释迦牟尼、观音、普贤们的身态姿势，基本的"构架"均大同小异。原来他们是有统一的"蓝图"与"稿本"的，是按同一类画像底稿施工的，这"画谱"自然就是"印刷之书"了。那么，一手创造了云冈、龙门、敦煌的雕塑群像的古代中国人，发明"木版雕印之画稿与佛书"也是很自然的了。

笔者认为，"印刷术"这个"词形"应该倒换一下，写成"刷印术"才对。从工艺上讲，无论是"拓印"还是"染印"，又无论是"雕印"还是"排印"，都是先"刷"色（墨）、后"印"花（字）的。所以说，古人的雕版印刷技术，是从佛像雕塑技术、丝绸印花技术演变过来的。

严格地说，中国正是先有了发达的金石雕刻与碑石拓印技术之后，才有了隋唐之际的"雕版印画（佛像）"，到中唐时，又发展出"雕版印书"的技术来，这是一个漫长的历史进程。

九、中国雕版印书始于唐代

史载高僧玄奘曾在唐高宗时在长安"雕百万枚普贤菩萨像"广泛赠送，事在公元658—663年间。这种宗教宣传品，有人怀疑它是雕刻品，不是雕印品。但1953年成都市郊唐墓中发现的梵文咒语《陀罗尼经咒》印本，题明是由唐高宗时"成都县龙池坊卞家刻印"的，事在公元650—670年之间，与玄奘的雕品大致同时。这份"经咒"中间是个大佛像，四周环刻着古梵文，并绕以众多的小佛像。这是当时的"外文读物"，是国内至今现存最早的雕版印刷物。说七世纪中叶，我国有了"雕版印刷术"，这就毋庸置疑了。

雕版印书

1906年曾在新疆吐鲁番发现木刻本《妙法莲花经》，刊刻于公元695年至699年之间，是武则天统治时期。这是世界公认的、现存发现得最早且有确切年代记载的卷子本印刷品。1966年韩国在其庆州道佛国寺的释迦塔内，也发现了一本《无拓净光大陀罗尼经》，于公元704—751年间刊于洛阳。它应是唐中宗—玄宗时期的产品。中唐时期，元稹为白居易的《白氏长庆集》作序，序文中提道：每当白居易之诗一出，立刻就被人"缮写模勒炫卖于市井，或持之以交酒茗者，处处皆是"。这里说的"模勒"，即刻印。把别人的作品刻了去卖，得钱以换酒、换茶，而且"处处皆是"，可见一时风气。此文写于长庆四年（824年），这说明至迟在白居易生活的八九世纪，中国已经有了俗家雕版印刷物，它距今也有1200年了。

另，《旧唐书·文宗本纪》载：唐末，太和九年（835年）唐文宗曾下令"诸道府不得私置历日版"。事情的缘起是：太和九年十二月，冯宿被任命为东川节度使，驻节梁州（今陕西南郑），统辖今陕西汉中与川东及重庆一带。他上任路上，发现"剑南、两川及淮南道皆以版印历日鬻于市。每岁司天台未奏颁下《新历》，其印历已满天下。"请求下令禁止。（参见《册府元龟》卷一百六十）按历代王朝的惯例，每年的历书，都须由国家天文台（司天台）负责测算，确定"正朔"与"节令"以及是否要"置闰"等，制订出新历，郑重地呈报皇帝，经皇上批准，由朝廷正式颁布，这才予以推行，这叫"定正朔"。连边远属国都要"奉正朔"，是不能私自定历的，违反者视为对皇权的严重侵犯，将受到严厉惩罚。而冯宿居然发现川渝陕豫鄂皖苏一带民间，早已提前私自"印历"，而且公开贩卖牟利了；等到国家依例颁发新历时，"印历已满天下"，可见人们的冒犯皇权到了什么地步！这使唐家君臣们痛感朝廷权威丢尽了，唐文宗便下令"禁绝"民间私刻私印，但也只能是做做表面文章而已。这正说明"印历"是厚利之所在，时人所共好，事理之必然，已经无法阻挡了。由此不难断定：晚唐时期的木刻印刷技术已经发展成熟，并已在民间广泛普及了。这么看来，不妨说是"唐代四川民间早已发明了雕版印书术，淮汉之间的雕印品最先普及"。

至于而今保存最完整的印品，是一本公元868年雕印的卷轴本的《金刚经》，落款为"唐懿宗咸通九年四月十五日王玠为二亲敬造，普施"。此物是清光绪二十六年在敦煌鸣沙山石窟中发现的。其扉页是一幅"释迦牟尼说法图"，线条遒劲，刀法圆熟，书内经文的字体浑朴，墨色鲜明，表明印刷技术已高度成熟。此物今藏英国大不列颠博物馆。因其卷首扉页与卷末落款清晰明确，国内外均有大量介绍。1986年9月，国家图书馆的李致中先生赴英考察，他亲自查看了卷内文字之后说：此卷"刀法剔透稳健，行气严整。整个看上去，已是一幅很成熟的雕版印刷品。"这已是国际公认的结论。据此可知，我国率先登台的成熟雕印本是宗教印刷品，出现于公元九世纪。

当时民间刻印怎样的一些读物呢？史载：黄巾起义时，唐僖宗避居到四川，有中书舍人柳玭者，于中和三年（883年）到成都街头闲逛观书，发现"其书多阴阳、杂记、占梦、相宅、九宫、五纬之流，又有字书、小学。率雕版印纸，浸染不可尽晓。"（参见《旧五代史》卷四十三）看来，当年民间的印刷物，都是日用的通俗读物，跟而今地摊儿上所售的书刊类型也差不多。至于"浸染不可尽晓"，则可能是纸质不好、印技较差、保管不善、时日长久等诸多原因造成的——地摊上难有精品，这很自然；至若印本的普及则毫无疑义。此事有文献可考。唐末司空图著《一鸣集》，书中收录了他的一篇文章，题为《为东都敬爱寺讲律僧惠确化募雕刻律疏》。在这篇文章的标题下，还用一行小字注明："印本，共800纸"。这是说，这篇文章当初是为化募（集资）而专门印行的，印数是800份。出版物注明印数，不也是当今印刷品的一项要求么？从上述《金刚经》等印品可以看出，唐代雕印版本的面貌是：用卷轴装，最前面扉页印着以线条勾画的"绣像"；正文分版（页）印制，画有边栏和行格，书末还附注着刻印者、刻印数等相关事项。

雕版印刷走出国门后，首传朝鲜，再传日本。唐咸通六年（865年）日本僧人宗睿携回的书目《新书写清来法门等目录》中，有《唐韵》《玉篇》各一部，被称为"西川印子"，可见唐人印版纸书已经出国了。现日本保存完好的最早的雕版印刷品是《成唯识论述记》，共10卷，刻于北宋哲宗年间（公元1088年）。元世祖至元二十九年（1292年）马可·波罗将雕版带入欧洲，从此西方有了印刷品。现存欧洲最早的印刷品是1423年印制的木版画《圣·克利斯多夫》，比前述唐刻释迦像迟了555年。

十、五代的监本书

五代十国时（907—960年），雕版印刷从民间走向政府，由民间日用扩展到经典著作；印刷业则官营与私营并举，形成了第一个出版高峰。

国家正式用雕版印刷儒家经书等官定文献，据考始于五代后唐时期（924—936年）的冯道。正如北宋沈括所说："自冯瀛王（道）始印五经，以后典籍，皆为版本。"北宋朱翌也说："唐末益州始有墨版，后唐方镂九经，悉收人间所收经、史，以镂版为正。"（参见朱氏《猗觉寮杂记》）冯道是五代时期的"不倒翁"，连任数代宰相（中书门下）。他向后唐皇帝建言说："常见吴蜀之人，鬻印版文字，色类绝多，终不及经典。如经典校印，雕摹流行，颇益于文教矣。"这说明五代时从四川到江苏，社会上雕版印书已成规模，而且凡与民生相关者，什么书都在印，"色类绝多"，偏偏"不及经典"。这是因为唐朝廷有规定：凡经史书籍，必须由政府勘定颁发，不许民间私抄私印。这样做，名义上是为了防止文字讹错，实际上是一种文化垄断。唐代科举考试，设"明经""明法"等四科，明经科考试即考"三礼""三传"与《论语》《孝经》和《尔雅》等"九经"，参加科举考试的士子们，当然要采用官定的本子，民间私印自然没有销路。冯道看出了雕版印刷的发行优势，就建议朝廷组织人力刻印经书。后唐明宗李嗣源采纳了他的这个建议，于长兴三年（932年）命令冯道主持其事，组织国子监的"博士、儒徒"，以唐代《开成石经》为底本，分头对照，按石经文字的句读抄录精校，然后雇请擅长雕版的匠人雕镂印版，出书以广颁天下。此后世人所用经书，一依此种刻本为准，"不得更使杂本交错"。（参见《五代会要》卷八）在冯道的主持下，这班人马坚持工作，皇帝换了九个，朝代从后唐、后晋变到后汉、后周，前后历经二十三年，到后汉乾祐二年（949年），已刻成了《易经》《尚书》《诗经》《仪礼》《周礼》《公羊》《谷梁》等经书，后周柴世宗显德二年（955年）又刻成了《经典释文》《尔雅》《五经文字》《九经字样》等书。至此，整个工程告竣，被后世统称为"五代监本"。这是儒家经典出版史上的一件大事。它开启了国家雕版印书的新时代，宣告了纯手抄书时代的终结。从此，国家刻印经传之风大畅，而且儒、佛经书竟成了国家出版业的主导。此后，士大夫之家人手一套经典，既免去了抄录之苦，又享有了拥经之乐，还能指靠它作敲门砖以进入官场，自然是十分得意的事。只不过雕本出得多了，讹错夺误也就多了，这叫事有必然。

五代朝廷设立国子监主持印书，从此一直沿袭下去。宋设国子监、崇文院、秘书省主持国家出版事宜。元代有艺文监、兴文署、书院等，后来的明代也设有国子监、经厂、书院等，清代设有内府、武英殿及各地书局等单位，主管着官家的编书、印书、卖书。这些机关主要印制儒家经书与科举考试辅导教材，并编印些大型类书、工具书。后世国子监等国家机构所出之本，统称为"监本""官刻本"。

五代时，作家的私人印书也已兴起。比如著名作家和凝，即那位写了《疑狱集》，从而开启我国狱案文章先河的大作家和凝，"平生喜为文章，长于短歌艳曲，尤好声誉。有集百卷，自篆于版，模印数百册，分惠于人"（参见《五代史·和凝传》）。这里的所谓"自篆""摹版"，即自己动手，将诗文抄录在纸上，再反蒙到准备好的木板上，由刻字匠依反向字样雕刻成模版，然后将文章印刷出来。他一次就印了数百册，分送于人，这肯定能为他赢得好声誉，也会带动一批文人起而效仿，从而形成时代风气。

五代以降，监本之外，还有所谓"坊刻本"，由民间书坊、书铺为赢利而刻印。这样的书坊，首推五代毋昭裔设于成都的私家印书铺。宋元著名书铺遍及蜀中、江浙与闽中，这些地方成为出版中心，崛起了一批大型书铺，且都是规模产业，规模经营，促成了一次文化建设的高潮，其佼佼者有成都卞家书籍铺、临安陈氏书籍铺、建安余氏书铺、建阳麻沙书坊等。

五代抄书依然兴盛。后唐时有位高頔，是开封雍丘人，进士。平生力学强记，活到八十四岁，亲手抄录的书达千余卷。另据《焦氏笔乘》载：前蜀宰相徐锴，字楚金，自抄经藏，藏书数千卷，卷卷自校勘。他有种很怪又很雅的行为：就是在上朝的路上，也抓紧"于白藤担子（按：今川人称之为"滑竿"）内写书，书法精谨"。乾隆十一年（1746年），潼川（三台）琴泉寺塔被雷击毁，有人从废墟中发现一本全帙《妙法莲华经》，书上有"武成三年（910年）"字样，就出自徐锴的手抄，人夸"笔法娟秀，真墨宝也"。

五代时形成的"官刻、坊刻、私（家）刻、僧刻"体制，一直影响到宋元明清，而四川、淮南、江浙、福建则是宋元时期的印刷中心。

十一、"不倒翁"原本就不该倒

  冯道是五代时的"不倒翁"，瀛州景城（今河北交河）人，历事五代时之后唐、后晋、后汉、后周的四朝十君，连任数代宰相。他向后唐皇帝建言："常见吴蜀之人，鬻印版文字，色类绝多，终不及经典。如经典校印，雕摹流行，颇益于文教矣。"他看出了雕版印刷的优势，建议朝廷刻印经书。长兴三年（932年），后唐明宗李嗣源采纳了这个建议，命令以唐代《开成石经》为底本雕镂印版，广颁天下。（参见《五代会要》卷8）在冯道的主持下，这班人马坚持工作，皇帝换了九个，朝代从后唐、后晋到后汉、后周，历经二十三年，于柴世宗显德二年（955年）工程告竣。所印之书被后世统称为"五代监本"。

  "不倒翁"冯道在中国文化史上，是第一个把民间印刷术引进国家文化事业的倡导者、践行者、最有实绩者，他一人领导四个小朝廷的国子监印出系列经典，开中国国家印刷业的先路，此后应试不应试的历代文人，没有一个不沾其惠的，却又没有一个不骂他为"没有气节"的"不倒翁"——此无它：从"天子"一家一姓之私利去论"是非"，而不是从社会发展、历史进步、文化升级的实践成就、实际利益去论是非罢了。这种人全不肯想一想，冯道在那样艰难动荡的政局下，坚守文化阵地、坚持文化事业有多么艰难！难道他真的"尽忠于"后梁或后唐、后晋、后汉的某个短命王朝而"倒下"了，那就对了吗？其实，要求全国臣民服从于庸君傀儡或昏愦悖逆者，为之"守节""尽忠"，那才是不仁不义的，连墨子当年都不认可这种"伦理"。

不错，五代的皇帝的确是在频繁地更换，但那只是换了"头"，并没有换"脑"：其时集权体制没有变，政权结构没有变，社会经济制度没有变，土地所有制没有变，人民生活方式没有变，各级政府的运行机制也没有变，政府的权能风格也没有变……一句话，只是换了朝代名的标签儿，实质内容统统没换。

早该跳出王朝伦理的小圈子去论是非了，冯道本来就不该倒下。

十二、骈散文章的价值重估

唐代文坛一直是骈散双辉、以骈为主的。但近世以来，人们偏爱所谓"古文"，把骈文边缘化了，这出于一种偏狭的文学见解，并不符合历史实际。盛唐之盛，在文坛上，不仅表现为唐诗之兴盛，更表现为骈文骈赋之兴盛，尤其是骈体政论文之大气磅礴，震古炼今，实效空前卓著。然而，近世以来，在不少文史著述中，总是说"古文"是议政论道的，是关心民生的，而"骈文"则是花花草草，骈四俪六，只讲形式美。其实，如果不是从概念、从教条出发，而是从实际出发，认真地考察一下全部唐文，看它对时政的实际指导功效，切实地考察一下全部唐文对社会民生的关切程度，考察其在此后政界文坛上得到的尊重与持久的影响力，那么，唐代骈体大家从魏征、颜师古到张说、陆贽等人的骈体政论，就远比古文旗手韩愈及其弟子的古文之作用强大而深远；而长期以来，这个事实却被"无故"颠倒了。

陆贽（谥宣公）生活的安史乱后的中唐时代，国家板荡，国步艰难，他作为一位出色的政治家，用自己的全部心血稳住了大唐局面，他所作奏议百数十篇，把对国家的诚挚深厚感情和对时势的精到周密的分析融为一体，直接就当前政事提出匡时救困之计，其操作性、可行性很强，既不似一般骈文的虚饰其表以惊眩耳目，也不似古文家那样虚张孔孟、奢谈仁义却不切实际。其《奉天请罢琼林大盈二库状》直接批评并纠正了德宗皇帝在安史大乱之后、国家艰危之际，竟私欲膨胀、大敛钱财的可鄙行径，消弭了一场迫在眉睫的军人哗变；《论两河及淮西利害状》分析了藩镇割据的危急形势，见解十分精辟；《论裴延年奸蠹疏》无情地揭发正在得势、气焰熏天的奸党的贪黩丑行，直刺当局，无所回护；《均节赋税恤百姓六条》对国家行之已久的"两税法"与财政方针提出了可行而又应行的改革意见，表现出他的深知民困。他写的这些章奏都是骈体文，却是词无藻饰，句不虚发，在指导政治、振起人心方面，产生了强力效果。这样的政论在韩愈那里一个字也没有，有的只是高头讲章，虚张声势而已，没一篇对现实政治起过实在的矫正作用。

陆贽"援散入骈"，以散文精神改造骈文，语言平易，用典切近，意境清新，取得了突出成就。陆宣公所作奏议百数十篇，"讥陈时病，皆本仁义"，剖析事理，无不精当。遣词用语，无不尽意，有说服力、感染力。其文对偶整齐，音韵谐调，婉约流畅，富于气势，兼有骈散二家之长，为当代骈体之文的最高典范。

陆贽等人的骈体章奏，与唐代相终始，影响所及，直至明清。他的为人与骈文广受推重，韩愈本人及苏轼、司马光、朱熹直至曾国藩都很推崇陆，学他的政论风格。《资治通鉴》收入陆氏奏章多达三十九篇，无人能比！《四库总目提要》说其文"于古今来政治得失之故，无不深切著明，有足为万世龟鉴者，故历代宝重之"。崇奉"古文"的曾国藩在《鸣原堂论文》中也说：陆文"无一句不对偶，无一字不谐平仄；而义理之精，足以比隆濂洛；气势之盛，亦堪方驾韩苏。退之本为陆公所取士，子瞻奏议，终生效法陆公；而陆公之剖析事理，精当不移，则非韩苏所及。"实践是检验真理的标准，事实证明，骈文在陆宣公手下所发挥的济世功能，远比韩愈的"古文"强百倍。而韩愈发起的"古文运动"以起衰救弊自命，其实根本无救于大唐的衰亡；这个运动本身，在中晚唐也只是时兴于一时，不久即沉寂下去，何尝有救于时势？

十三、"载道古文"何尝救世

让"文章"承担政治责任，承担国家兴亡的重责，这理论原本是西汉政治家、思想家、社会活动家们炮制出来的政治性口号，不是文学家、文艺理论家们从文学自身的特质出发提出来的文学要求。

自韩愈提出"载道"的古文口号之后，历代都有人把它吹嘘为救世的良方，而把污水泼向"美文"。笔者认为，美文固然不是救世之药，然也并非祸世之物，这有唐宋两代的美文作证；而"载道古文"则从来没有救过世，中晚唐如此，宋元明清也是如此。几曾见过唐代古文救了唐朝？韩愈在世时他的载道文章时兴了一阵子，顶了什么用？他死后，古文何在？（当然，柳宗元是例外，因为他并不要求"古文"去"载道"，所以他的文章有生气。他与韩并称之，是别人给"派"的"对"，不是他本人的文学成就使然。）几曾见过宋代古文救了宋朝？宋代真写"古文"的，一是石介、尹洙辈，二是"二程"等道学辈，他们反对"玩文丧志"，他们自家的"文"却从来不能救世。至若欧阳修、苏轼，文章千古，而二人之文本来不求"载道"，其脍炙人口、永传不衰的佳作，恰恰是"文体之赋"，而不是"古体之文"，其"美文"的因素远比"古文"的因素要多得多。

至于明清古文家讲的"古文"，只是想把人的思维方式、表达方式、言语符号永远圈定在既定的模式之中，从而限定其行为指向，使人只知周汉，不识唐宋，更无论乎元明以降的社会现实。今人写文学史若还在什么"派"中打转转，跳不出明清儒者高悬的分"派"指针，就未免太没出息了。

今天看来，明清提"古文八大家"者有三错：一曰虚，二曰妄，三曰凶残。

一虚。历史上根本不存在这么一个集体或流派。唐代古文家，"八大家"一说于唐只取韩柳显然是错的：韩柳之前有元结辈，之后有刘禹锡辈，成就与影响都不小！而韩柳文风大别，根本不是一"派"！韩愈古文的灵魂是"载道"，行文用"散句"，以此标准来论定"宋文"，则真合这个框子的只有石介、尹洙辈，加上"二程"辈，根本不该拉上欧苏来为其壮胆！欧阳修压根儿就反对这类古文！且于宋取此"六人"，门派色彩特别浓：三苏是一家子，欧王曾三人是老乡，他们走得近是事实，但其成就未见得除欧苏外超过了唐宋文坛那么多作家！两宋数百年文坛也绝不止苏洵、苏辙、曾巩、王安石等几人。

二妄。认为"古文"可以救世，可以挽回人心，可以净化政治空气，而美文则罪恶滔天，这全是虚妄之言。韩愈本人就根本未能救唐的危机于万一，又何论追随他的效颦学步者！而对韩的文学成就加以吹嘘，纯粹是明清倡此道者们头脑膨胀的产物。明清尊韩的作者们，谁有"救世"之功呢？

三凶残。明清古文家无一不以"载道"为口号，这口号是干什么用的？是用来召聚同党、纠集队伍、自壮声势、钳制舆论、控制思想以压制对手的。翻开文学史，我们只看到一个个"古文"家拉着政治虎皮去党同伐异、讨伐"离经叛道"者；相反，却从来没见过哪个写"美文"的人，挥舞着某种"道"的旗帜去讨伐别人、诛灭别人的。历史上不乏当道、当权的"正统"派、"卫道士"一次次迫害知识分子、搞文化专制的事，没见过美文家借政治杀人的。隋唐一次次掀起的反骈文风潮中，其旗手都是高呼着杀人的口号的，而且也真的为"文风"问题杀了人！几曾见过骈文作手有此类恶行！

其凶残性还表现在：它在"考据、义理、辞章"那一套清规戒律下，剥夺了人们的"当代话语权"，让书面语言远离生活、远离现实、远离民众、远离现行政治法律，"文必秦汉"的结果是让明清五百年"古文"不再是时代生活的镜子，你从这些古文中找不到时代信息、时代呼声、时代脉动。总之，它"屠杀了当代"！以至到五四时期，这屠杀者便被屠杀了，而且累及一切文言！

回溯唐代书品文品，就必须拨正对唐代骈文与古文的评价。

第五章 宋辽金元的印本书
与版本目录之学

宋代取得了惊人的经济文教与科技文化成就，在造纸术、印刷术、金石学、目录学、版本学、文章学方面，都取得了高峰性的创获，其成果超越汉唐。但由于《宋史》乃元人所作，他们沉醉在自己的不世武功中，不能不会也不愿看到亡宋的突出文化成就，无力作出适当的评价，故光明面成就面写得少，而对软弱面、灰色面则渲染过多，以至后人不能准确品味宋文化的辉煌。其突出表现就如对"四大发明"也仅是隐约提及而语焉不详，言不及实，况论其他；而"四大发明"正是在宋代才成为社会产业的。

本章以求实笔墨陈述两宋的书品文化创获，兼及辽金元各自的书品面貌。

一、宋代惊人的书品文化成就

宋人对书品的制作有四大根本性创获：一是雕版印刷业大发展、大普及，以版印代替手抄，使成百上千的书本复制在极短的时间内完成，实现了手工条件下书的生产力的最大限度的解放，在福建、四川、江浙等处形成了造纸业、印刷业的大规模、高规格产业基地，成为当时先进生产力的代表性产业门类。二是完善了书本印制的全流程的工艺化，使录入、排版、校勘、印刷、出版、流通、收藏的每一个环节都有工艺指标可以依循，有典型版本可以效仿，为后世古籍书品留下了难以超越的样本。宋代雕版印书的工艺，达到了炉火纯青的境界，其成就使今人也为之惊异，迄今"宋版书"依然是版本学者与收藏家的最爱。三是以册页装代替卷轴装、蝴蝶装，由此确立了中国古书的基本形态，促进了版面设计思想的成熟和版本学、目录学的空前完善。四是宋代经书、佛典、道藏大量出版，大型类书、工具书一部一部地编排，知识分子几乎人人出专集、出笔记，私人藏书竟达数万、十数万的规模。两宋文教的发展，呈现出空前气势，充分展示出这个时期的文化品位。由此，宋人推进了书品文化消费的社会化，使文化信息的传播以空前的速度实现着，促进了文章写作的平民化、通俗化，提高了整个社会的文化素养和文明水准。顺便说一下，宋代造纸业、印刷业的发达，还保障了有价证券交子、关子、会子的大批量、不间断迅速印制，投向社会，促进了宋代的金融流通，那是举世无双的历史超前成就。在印品中，印钞比印书有更高的技术含量，更具指标意义！

　　一句话，宋代造纸术、印刷术的推广应用，并成为社会性的规模产业，这是时代性的跨越。宋代印刷业的走向世界，又具有人类文化史上的推动意义，是中华民族对世界文明的一项重大贡献。

二、活字排版的发明

活字，由于材质的不同，分为泥活字（陶活字）、木活字、锡活字、铅活字、铜活字、合金字、瓷活字等许多品种。活字技术的发明，使书籍的高质量成批复制成为可能，这是手抄书的制作术所无法望其项背的。

活字排版起始于中国。北宋科学史家沈括的《梦溪笔谈》（卷十八）中提道："庆历中（1041—1048年），有布衣毕昇又为活版，其法用胶泥刻字，薄如钱唇。每字为一印，火烧令坚。先置一铁板，其上以松脂蜡和纸灰冒之。欲印，则以一铁范置铁扳上，乃密布字印，满铁范为一版，持就火炀之。药稍融，则以一平板按其面，则字平如砥。若止印三二本，未为简易；若印数十百千本，则极为神速。"沈括作了关于泥活字的最早记录，操作方法也写得十分清晰。后来又有人做了改进：在平铺了一层薄泥的泥盘内植字，再入窑烧成整块的"泥版"（叫作"澄泥版"）来印刷，大大提高了功效。

活字印刷的基本工序流程是：造字、排版、修版、装版、印刷，这与当代铅印书籍的流程大体一致。可以说：毕昇奠定了世界工业化印书业的基础，尽管当时仍是手工操作。机器动力问题是西方人解决的，而毕昇泥活字的发明，则比德国人谷登堡发明合金活字早了400年。泥活字之外，毕昇也做了木活字的试验，当时未能成功。与此相先后，西夏人却创成了一套西夏文，刻成了木活字，印成了《华严经》。今存其残卷，是世界上现存最早的活字印刷品。

说来也怪，活字印刷术似乎天然地就是为"拼音文字"发明的，成千上万个外文活字中，也只有几十个不同的字母；只要造出几十个不同字母来，就可以拼写文章了；不像汉字要成千上万个不同"活字"才能成文成书。

三、两宋的图书出版

宋代官私印刷均很发达。官印有三种：

1. 皇帝特命专门印制的"御制本"书。主要是经、史、类书、丛书，如977年编成之《太平广记》500卷，983年撰成之《太平御览》1000卷，986年成书之《文苑英华》1000卷，1005年编成之《册府元龟》1000卷等。另，王钦若主编的《道藏》有4300多卷，李诚奉命主编的《营造法式》也编成了，宋徽宗时由官家刊出。

2. 中央机构刻印。从宋初起，国子监等机构就负责刻印书籍，组织儒臣校勘，这类印本称为"宋监本"。主要是"十二经"单疏本，"前四史"、《五代史》《资治通鉴》等史书，《广韵》《唐律疏议》《灵枢》《齐民要术》《四时纂要》《脉经》等各门类都陆续出版了一批经典之作，学科覆盖面很广。

3. 南宋诸道、监、帅、司机构和州、军及边县戎帅都设有"公使库"，国家应时颁发给定量的"库钞"。他们便使用库钞为底金，开雕书籍出卖。这种书在社会上谓之为"库本"，以别于"监本"。台州、泉州、抚州的公使库所出"库本"，一直流传至今。南宋郡府都刊刻书籍，不刻者反而被目为特例，受人排摈。可见宋代社会的重文世风。

其时，州的公使司、转运司、提刑按察司、茶盐司等"四司"也无不刻印书籍，名利双收。有一种绍兴本的《太平圣惠方》，书末的牌记中有"福建路转运：今将国子监《太平圣惠方》一部，修改开版，于本司公使库印行"字样。《朱子文集》中也记有一则案例，是关于台州公使库开雕《扬子法言》《荀子》印版而引起的一桩讼事——可见宋政府已在受理"版权案件"了。

同时，私印的书有三种：

1. 文士自印其自著的文集。宋代文人自刻文集的很多。所谓自刻，当然包括不以赢利为目的的、亲友生徒或追慕者的捐资刻印，还有地方军政要员与士绅私人投资刻印的书。其中以相台岳氏、刹川姚氏、瞿源蔡氏所刻为最著名，称之为"家刻本"。

2. 宋代各地郡学、县学、书院、寺庵也都刻书，为教学或为传教而刻印。注意，有一些达官富豪捐资刻书，却打上"漕台""郡斋""郡庠"的名目，其实并不能算在"公刻"之列。寺庙出的当然是佛经道藏之类了，其时福州东禅寺、开元寺、潮州思溪圆觉禅院每家所刻都在五六千卷之间，平江府碛砂延圣院所刻"大藏经"达6301卷之多。

3. 书商书铺为出售而刻印书籍，此称"坊本"或"书棚本"。当年汴京迁杭的"荣六郎刻书铺"名气极大，而杭州的"临安府棚北大街睦亲坊南陈道人书籍铺"，在陈起、陈思两代人的经营下，遍刻唐宋诗词，所刻极精，名噪一时。另有"太庙前尹家书籍铺"也很有名气。他们出的书，都打出"牌记"，很有质量意识、广告意识和名牌意识，销路极畅。其市场适应能力最强。

为适应科举考试之需，书铺还专门组织力量，高薪聘请名家，批点圈阅当年所考文卷，号为"程墨"，以指点作文要诀，很受士子欢迎。民间通俗读物、民众喜闻乐见的传奇小说与话本，也是商铺出版的大宗，讲究应时应节，对口对路，而且图文并茂，开启了"全相评话"的版印新路。宋人所出社会应用的医药卜算农桑之"杂书"也不少。

宋代所刻书公私收藏很多，元明时还大量存在，但明末劫难，所剩寥寥，今已成珍稀品种了。

四、宋代的出版基地

宋代的出版基地，比较集中而成就突出的是三处：一是浙江，二是四川，三是福建。

1. 临安（浙江杭州）。南宋的首都，凡国子监审定的书，都在这里印刷，所以成为第一等印刷中心，并辐射到金华、绍兴、吴兴、衢州、建德、台州等地，形成所谓"杭州本""温州本""台州本""绍兴本"等。这里的官私书铺林立，校雠刻版质量也高，在全国有很好的声誉。其字体方整，刀法圆润，很有特色，当时即被名家奉为"宋版之冠"。

2. 四川。四川刻书起步最早，五代时由毋昭裔父子三代开风气，徐楚金继之，打下了很好的基础。有这些醉心刻书、热心印书的大员在倡行，川中印刷业持久兴盛，其业绩曾得到宋太宗、宋真宗的赞赏。宋代蜀中刻书主要在成都，后转至眉山。所谓"眉山七史"便是其代表作。书用颜体录入，字大、纸白是其特征，世称"蜀本"。细分为"成都本""眉山本"两种。后来元军南下，疯狂毁版，川中印书业因此大伤元气，此后便无法再与江南印业争锋了。

3. 福建。宋人叶适有"建本遍天下"之说。"建本"即"闽本"，出于福建建安、建阳两地，以建安余氏所出最为著名。从北宋时起，这里就有余仁种的万卷堂在刻书，一直出到元代、明代。另有余恭礼、余唐卿、余彦国等均从事刻印。又有余志安的勤友堂、双桂堂等，其出书量很大，但质量较次。另，建安虞氏也精于出书。又有所谓"麻沙本"，则出于建阳的麻沙镇、崇化镇两地。这里盛产榕树，材质松软，易于雕版。此种刻本讹误较多，纸质也差，不为学界所重；但社会上很是普及，名气并不小。

宋代活字版书今已很难见到。前江苏第一图书馆藏有珍本《璧水群英待问会元》九十卷。卷末有四行字，注明"丽泽堂活版印行""章凤刻""姑苏胡升缮写""赵昂印"等内容，很有后世"版权页"的功用。

五、辽金元时期的北方出版业

金人南下后，北宋开封的刻书业遭到惨重破坏，一部分南迁到江浙去了，一部分流落于北方。北方的印家逐渐聚合起来，形成了四个刻书中心：中都（今北京），南京（开封），赵州的宁晋（今河北宁晋），河东的平水（即平阳，在今山西临汾）。南京、中都以官刻为主，宁晋与平水则以商刻为主。当时总称"北方版本"，与南方的浙本、闽本、蜀本有同样价值，其中尤以平水本最为突出。辽、金时期在平水出的书世称"平水本"，数量较少，后代也视为珍本。

到了元代，中央政府在大都设编修所，在平阳设经籍所，继续负责出书。元代中央机关刻的书，最有名的是"兴文署"所刻《胡三省音注资治通鉴》。朝廷又有艺文监，所属之艺林库掌管考校，其广成局掌管刻书。此外，元太医院也刻过书。印制儒学经典与百家之书，所出版本刻印均佳。元刻本有一个特殊的地方，即往往在书前钤上"宋版"字样，所用横细竖粗的字体称之为"宋体字"，其实那是地道的"元刊""元字"。真正宋代刻本，字体方劲，多承欧阳率更笔意。元代地方政府有所谓"九路刻九史"之说，地方政府也重视刻书。时各路的学府（书院）刻书极为精良，如杭州西湖书院所刻马端临《文献通考》，行款疏朗，字体优美，刻工精致，是元代的代表作，比宋刻为优。

元代杭州、建安仍是刻书业发达地区。福建坊刻比宋代兴盛，建安集中了高氏日新堂、郑氏宗文书堂、刘氏南澜书堂等书铺，所出皆精好，持续到明代。其时著名书铺还有余氏务本堂、叶氏广勤堂等。元末在福建建阳有刘锦的刻书铺，堂号为三桂堂。元代家刻本以丁思进所刻《元丰类稿》为最精良，版式宽大，结构严谨，字有赵孟頫体风味。

六、王祯的木活字

元代出了位农学家王祯，他对活字排版术有新的改进。王祯为人机巧灵活，善于制作。他所著的《农书》，其内容远不止于农事问题，还涉及当时的主要手工业，包括机械制作。该书的卷末写着他本人著书刻印出版过程："（余）前任宣州旌德县（今安徽旌德）县尹时，方撰《农书》，因字数甚多，难于刊印。故用已意，命匠创活字，二年而工毕。试印本县志书（按：即出版《旌德县志》），约计六万余字，不一月而百部齐成，一如刊版。始知其可用。"可以想见，当这位王祯用木活字第一次印成《旌德县志》的百部新书之时，他捧着这"一如刊版"的宝贝，该是多么的欣喜雀跃！其同篇文章中还提到"锡活字"的缺点是"难于使墨，不能久行"。看来这位能人是试过多种活字的，唯独木活字在他手下成功了！

木活字

王祯木活字的制作方法是：先在薄纸上写字，再反粘在准备好的木板上，依笔画雕刻。刻成后的字是反置的，将其一个个锯开，打磨平整，植于木框内。字行之间用竹片间隔开，然后上墨付印。印成的版面，就有天然界行和栏格线了。大批木活字诞生之后，又衍生出"拣字难"的新问题。王祯运其巧思，制成了可以转动的拣字圆盘，把木活字按韵部排列于盘中。工人坐在字盘之前，只要转动字盘就可以随手取字，十分简便。自从木活字广泛流行后，就又有了铅活字、铜活字、合金字、瓷活字等，在宋元明时期都得到了应用；而以铜活字用得较多。

我国的印刷术很快传入朝鲜，1234年朝鲜创用铜活字，

1376年传入木活字，1436年开始用铅活字，1729年用上了铁活字。朝鲜是接受中国造纸术、印刷术、木活字最早最快最成功又往往有所创新的国度。木活字于13世纪中叶传入越南。时宋舶可以直航波斯湾，于是中国人的智能结晶——印刷术也就传向中亚、传向西方了。活字西传后，启发了德人谷登堡对铅锑锡合金字的制作，他于1447年创制了世界第一台木制印刷机，开启了出版业中机械印制的新时代；而中国在公元1500年之后，由于没有新的技术突破，书的生产反而逐步落后于后起的西方了。

七、宋元版本收藏的体制化与禁书

宋人与汉唐人不一样，其藏书特点，一是量大，二是"版本"意识强，三是利用自家的所藏做学问，编制书目，编纂类书，充实笔记文内容。这时的藏书名家成百上千地涌现，藏书以万计十万计已很常见，可谓进入了"规模藏书"阶段。对同一种书，还要尽力收进不同版本，进行比勘研究，这才是宋人的兴趣所在。这样，既保障了大型类书、丛书、工具书的编纂及文人笔记的层见叠出，又促进了文章学、版本学、目录学的构建与发展。

宋代藏书家辈出。陆游在《南唐书》中评价说：宋初，徐锴徐铉兄弟最热心藏书，"江南藏书之盛，为天下冠，锴力居多。"另有一位姚铉，藏书极富，且多异本。他曾组织书吏抄写图书，将唐人文章分门别类地编成《文粹》100卷。史学家司马光，买田二十亩，辟为独乐园，建读书堂于其中，藏书万余卷。他能写成《资治通鉴》等巨著，与他的藏书之多和学养之深是分不开的。南宋郑樵，福建莆田人，是政书《通志》的作者。他汇聚古今历史资料，创立了"二十略"的体制，学术价值极高。《通志》是著名的系列古籍"九通"中的重点之作。

南宋出了一批版本目录学家，他们首先是藏书家，其中首推晁公武。晁公武，山东巨野人。他家从七世祖起，世世藏书。晁公武历览家藏，博学深思，年纪轻轻就写出了《易经》《尚书》《诗经》《春秋经》的"诂训传"。金人南侵时，他举家迁往四川，做了四川转运使井度的幕僚。他协助井度搜书、写书、编书、刻书、校书，得到井度的赏识。井度本身就是一位博通经史的刻书家兼藏书家，曾主持刻印了南北朝的"七史"，即《宋书》《齐书》《梁书》《陈书》及《魏书》《北齐书》与《北周书》，使濒于绝版的七史得以广泛流布。井度拥有图书五十余箧，临终将这批书托付给了晁公武。晁公武得到这批书，藏书达24500余卷之多。他利用这批藏书，写了一本《郡斋读书志》，创提要式目录学体例，是"私人目录专著"的早期典范，古今目录学的要籍。全书分为4部45类，每"部"前有总论，每"类"先有小序，下列书目。书目之下又列有解题，介绍作者情况，阐释学术渊源，考镜版本源流。体例颇为完善。后世有价值的目录学专著，连《四库全书总目提要》在内，都仿照了他的这一"书目著录体例"。

又一位藏书家是无锡人尤袤，此人平生爱读书，自谓"吾所抄书，今若干卷，将汇而目之。饥读之以当肉，寒读之以当裘，孤寂而读之以当友朋，幽忧而读之以当金石琴瑟也。"他长期任国史院编修、侍读，官至礼部尚书。家藏之外，又有条件读到国家秘藏的书籍，这使他学问大增，成了与陆游、范成大、杨万里齐名的"南宋四家"。他筑遂初堂以藏书，陆游写诗形容遂初堂是"异书名刻堆满屋，欠身欲起遭书围"。其所收藏的书多抄本、善本、史书、法书。他自己天天抄书，还发动全家抄书，"家人女稚无不识字"，所以抄本极多。他注意收藏不同版本的史书，如《前汉书》一种，他就收了川本、吉州本、越州本、湖州本；《旧唐书》一种，他又收了旧杭本、川大字本、川小字本之类。他把自家收藏的这些书，编成了《遂初堂书目》，所录图书三千余种，除经史诸子外，还有稗官小说、释典道藏，不仅详列书目，而且细辨不同版本。在同一本书的书目下，登录好几种版本，提出了石经本、秘阁本、旧监本、京本（浙本）、江西本、吉州本等版本学的基础性概念，这显然是宋代印刷业高度发达的反映，也是宋人藏书体制完善化的表征。这样的书目流传至今，为今人研究宋代版本提供了重要依据。它是"版本文化"正式启动的宣言。

与尤袤同时的还有浙江安吉人陈振孙。陈振孙少年时痛感无书可读，处处留心搜求版本。后到福建莆田任职，十年之间，他下功夫寻访古书、珍本，转录了闽中四大藏书家郑、方、林、吴等刻印、收藏的旧书，有的还是官方禁刻的私刻秘本，如周必大的《周益公集》，因"触犯时忌"，社会上很难找到，他也抄补齐全了。他作的《直斋书录解题》56卷（今传22卷），项目周详，便于检用，是我国藏书史、目录学史上的里程碑式的著作，至今仍为古籍版本学者的必备工具书。其中的"解题"，既交代书的作者，包括籍贯、名号、官位等；又交代书的题旨、学术渊源、主张得失、版本流别等。这样系统的"要件登录"，是他对目录学的重大贡献。经他"解题"的书达51180余卷，比当时国家秘府所藏图书还多出许多——国家《中兴馆阁书目》所著录的秘府藏书，不过44486卷。清代《四库提要》评价说：凡古书已失传的，凭此书就能知其大概；凡古书之传于今者，凭此书可以考辨其真伪，核定其异同。这个评价是很高的，也是很中肯的。

金代的藏书大家首推元好问。山西秀容人，他入仕后，在翰林院当编修，立志要修《金实录》《金源君臣言行录》两部书，就下功夫积累资料，写下了一百多万字的笔记，搜求来的史料更是堆满了几屋子。他索性命名其屋为"野史亭"。当年，蒙古军南下灭金，攻破潼关。元好问为避兵祸，挑选出他最喜爱的一批书随行，辗转黄河南北，结果在途中被焚烧一空。家中的大量藏书也毁于兵荒马乱、水淹火焚之中，这使他万分痛心。

元初，政府于至正六年（1346年）曾下诏求遗书，有献书者予一官，派名臣危素到江南选书。时平江（今苏州）有位陆友仁，就酷爱藏书。其父以卖布为生，他身居闹市，而志在攻读。他很注重社会文化史料的搜集整理。他家藏书极"杂"，经史传记，权谋术数，氾胜之书，远古传说，佛道符录，百家众技，色色皆备，所以能写别人所不写的书，《砚史》《墨史》《印史》《砚北杂志》等书就是他写的。这与一般知识分子动辄就"为四书五经作羽翼"就大不相同了。

元末有位大学者、大书法家，浙江吴兴人，叫赵孟頫，谥号文敏，后人就称他"文敏公"。他家藏有宋版前后《汉书》与《昭明文选》，"纸用澄心堂纸，墨用奚氏墨"，是当时一流的名牌货。其书镂刻精良，洁白如玉，四旁宽广，字大如钱，有欧柳笔意，墨色精纯。他得意地说："宋版书所见多矣，然未有逾前《汉书》者。"连明代见到它的人，都赞其"纸墨精好，神采焕发"。大作家王世贞评价赵氏所藏的《汉书》说："余平生所购《周易》……《唐书》之类，过三千余卷，皆宋本精绝。最后班范二书，尤为诸本之冠。前有赵吴兴（文敏）像，余失一庄而得之。"王世贞不惜卖掉一座庄园来买下这本《汉书》，夸赞其装帧之美、版式之美、纸墨之美、用字之美。赵的收藏风格，对明清的大藏书家们有深刻影响。此后，藏书者对版式、纸质、墨色、题跋就尤为关注了。

现在讲一下宋元的禁书。宋徽宗于1103年、1123年、1124年多次下令毁禁司马光、苏轼、黄庭坚等120名"元祐奸党"的著作，大刮中国历史上以毁版禁书为手段镇压不同政见者的歪风。徽宗说："苏黄二人得罪大宋朝廷，与朕不共戴天。他们的片文只字，都必须禁毁勿存，有敢违抗者以大不恭论处。"于是天下所有苏黄之著的印版全被劈毁。后来宋高宗时秦桧专政，又一次禁书，特别是大禁"野史"。凡属他认为"有违国政"的书，除毁版之外，还牵连镇压与印书相关的各色人物，如《论语讲解》的抄者、刻者、传者、读者、序者、题跋者，全都遭了殃。

元代也禁书。元宪宗蒙哥不重道教，曾下令革除"伪道经"。除《道德经》之外，所有"道藏"一律毁除，尤其是《老子化胡经》之类。最典型的是元世祖的"六禁天文图谶阴阳伪书"一事：元世祖崇尚程朱理学，1266年他下令全国于一百天内将所有《太乙雷公式》《推背图》《七曜历》等上交封存，有私印私学天文者一律判罪。后又于1272年、1273年、1281年、1284年、1286年陆续下令将《四教经》《五公符》《血盆经》《显明历》等列入毁禁之列。

八、版本学与金石学的创立

（一）"版本"概念的提出

中国传统写本多作单面书写，一面即为一页，即一整个"版面"，然后对折装订。在这种条件下，版本观念便引发出来了。沈括在《梦溪笔谈》中说："版印书籍，唐人尚未盛为之，自冯瀛王（按：指冯道）始印五经，以后典籍皆为版本。"这是"版本"一词的首见应用，其意为"版印的书本"。随着版印技术的发展，不同时期、不同地点、不同技术风格，甚至不同的增删并改、流通存储，连书名都可能不同了，这就使一种书的书面版式有了许多不同的直观形象，即有了不同的"版本"。差别的存在，激发了人们关注版本质量与版本工艺的兴趣。于是，版本的含义就日渐丰富起来，对书面版式的研究也就提上了日程。

一种书的不同版本，是建立在页面款式即"版式"区别的基础上的。构成版式的版心、边栏、行格，连同其附设的特殊标识的设置，决定了页面的书写方式、图文编排格局。上古帛书和隋唐写本，已有带色的界行了，唐人写本已顾及版面的美观了。宋人在唐人写本的基础上，形成了一套相对稳定的规范版式。随着出版物的日益繁多，人们对版本问题的关注也就日益拓展，于是版本学便建立起来。

（二）版本学的建立

版本学是建立在书目著录的基础上的。南宋晁公武的《郡斋读书志》、陈振孙的《直斋书录解题》和尤袤的《遂初堂书目》是版本学兴起的兆端。其登录的书目信息很完整，如《遂初堂书目》，就在书目下细辨其不同版本，用了石经本、秘阁本、旧监本、京本（浙本）、江西本、吉州本之类的概念。后来，岳珂刻印其《九经三传沿革例》，对"九经三传"之不同版本的流变系统作了探讨。从此，"版本学"的研究对象便逐步扩及稿本、校本、写本、拓本、抄本、批校本、详注本，又扩及铅印本、石印本、影印本、活字本；而向前追溯，则可研究帛书、简书、金石拓片的"版面"。于是以历代图书文籍为对象、以校刊学、目录学为支柱来探讨版本的形成规律、特色及其鉴别方法的学问，成为一个体系化的专门学科，就叫作"版本学"。晁、尤、陈三家对版本目录学的贡献是突出的，起了开路奠基示范作用。

世人皆说宋版书好，但宋人叶梦得在其《石林燕语》（卷8）中，对宋版书提出明确的批评："唐以前凡书籍皆写本，未有模印之法，人以藏书为贵。不多有，而藏者精于雠对，故往往皆有善本。学者以传录之艰，故其诵读亦精详。五代时，冯道始奏官镂六经版印行。国朝淳化中，复以《史记》、前后《汉书》付有司摹印。自是书籍刊镂者益多，士大夫不复以藏书为意。学者易于得书，其诵读亦因灭裂。然版本初不校正，不无讹误。世既一以版本为正，而藏书日亡。其讹谬者遂不可正，甚可惜也。"他的这一段话告诉我们：随着印刷术的出现，便出现版本质量的问题。版本、校雠、收藏、阅读已成为学者们关注的课题。这一切，对于古籍版本学的研究与创立，也都是直接的推动。

（三）金石学的创立

宋代，金石文字与金石拓本的研究是一个大放异彩的领域，欧阳修首先闯入了这个领域，赵明诚李清照夫妇继之，为金石学——中国的考古学——奠定了基础。欧阳修晚年自号"六一居士"，以"《集古录》一千卷，书一万卷，琴一张，棋一局，酒一壶，鹤一双"为傲，而《集古录》居于首位。该书辑录了所见自周穆王至五代时的金石文字，是金石学的发轫之作。赵明诚，北宋末年人，死于宋金对峙的灾难之中。他和女词人李清照一起，住在青州，尽其所有地从事刊刻书籍。每得一书，夫妇俩便共同校刊、整理、签题；所藏书籍，"纸札精致，字画完整"，是一时藏书家之冠。他们又倾心搜集把玩古代钟鼎碑碣文字，有心囊括周汉以来所有金石文字，对所得到的金石鼎彝珍品，更万分喜悦，共同把玩摩挲，仔细著录，形成第一部金石学奠基专著《金石录》，计三十卷之多。可惜此书在金兵南下时散失了，其竭尽家资搜寻的金石器皿也损毁殆尽。

金石者，金指青铜钟鼎，石指碑碣。所谓金石文字起初就指钟鼎碑刻的文字，周汉晋唐的钟鼎与碑刻为其大宗。《金石录》《考古图》等书，就专以这样的金石文字为著录研究的对象。宋人发现：将金石文字拓印下来而形成的拓本，很便于阅读，可以在不见实物的条件下进行研究，这对汇集考证历史文字演变、补充订正史料有意想不到的作用。宋徽宗是大力推进碑刻拓印的人物。在此基础上形成的"金石学"，作为我国土生土长的"考古学"而受到学者持久的青睐。发展到晚清，其研究范围已拓展到甲骨、简牍、印章、封泥、瓦当的文字与图案研究了。从此，人们系统地研究历代金石制品的出土情况、制作时的历史文化背景、文字内容及其提供的第一手史料，这对考古学有很大贡献。深入一步，又对所刻文字及图像的体例、形制、书法、行款等做研究，对其美学因素的沿革发展做考查，发展出相关于经史考订、文章义例、镌刻艺术的专门学术。

九、纸本：古籍版本的成型

文本的功能是储存信息，但要使文本成为书本、读本、课本，使其知识信息为社会所享有，为读者所接受，就需要经过文本的复制和批量生产，长期以来，人们用简帛来解决这个问题，虽然优于金石甲骨，也优于国外的羊羔皮、树皮、泥板、草叶之类，但始终不理想，而纸的应用，则最好地满足了这个要求。纸，不似金石简牍那么笨重，不似绢帛缣素那么华贵，是又轻便又廉价的文字载体。特别是它可以是薄而软的，也可以是硬而厚的，还可以染成多种色彩，吸墨性能也好，这就适应了机械印刷加工的需要，是机械印刷的最佳配置，因而为书本形态（开本、书型）的多样性提供了可能，成为书的使用寿命、传播空间、收藏方式的决定性因素。人们在印书时，可以选择相应的纸张，采用不同的书型。一般说来，消耗性通俗读物、区域性宣传品、职业性广告书、低价的"大路货"多用草纸；需耐久的正宗读物，使用竹纸、皮纸就很好；而特殊的艺术名著、国家印行的大型工具书、精选而拟珍藏的大型类书之类的精品读物，则要选用特制的纸。纸的材质不同，是版本不同的最直观的材质因素。

草纸序列。这是以稻草、秸秆为原料造成的纸。质地粗糙，通常用于包装零碎物件，也有用于印刷民间通俗读物的。如元书纸，以稻草作原料，色黄质粗；梗棒纸，质地厚脆粗糙，纸背多见草屑梗棒，故名。元末社会印书就有用这种纸的。

麻纸序列。这是以苎麻、大麻为原料造成的纸。迁安纸，产于河北迁安，又称茅头纸。色灰白，质松厚，有棉性，民国初年曾用于印通俗读物如《三字经》等。川连纸，产于四川，色白，或微黄，有韧性，但厚薄不甚均匀，川人多用于印刷地方志。山西棉纸，产于山西，色灰白，质粗，用于本省地方史志。河南棉纸，颜色白而微黄，质地较粗糙，绵软有韧性，用于地方史志。

竹纸序列。竹纸，以竹叶、竹竿为主要原材料制成的纸，盛产于闽浙赣一带，以毛边纸为大宗，色浅黄，有帘纹，宜于写印书籍。明人毛晋喜刻古书，所用纸每年从江西特制，厚而白者称毛边纸，其色稍暗而薄者称毛太纸，所印版本称"毛本"。连史纸，也以竹料制成，质地洁白细致，经久不变，乾隆以后印书多用此种纸。开化纸，产于浙江开化，亦称桃花纸、开花纸，用稻草与竹子制成，质地柔软坚韧，洁白细腻。清代内府刻本爱用此纸。清代"北四阁"所藏《四库全书》，用的开化纸质地较厚，特称为开化榜纸。太史连纸，清"南三阁"所藏《四库全书》用此纸，纸质细匀软韧，色嫩黄，不如开化纸之洁白。山贝纸，产于广东，黄色，清末官书局"广雅书局"就用它来印书。机制连史纸，清末《四部备要》用的是此纸。

皮纸序列。桑皮纸，用楮（构）树、桑树、青檀、藤的皮叶为主要原材料做成的纸。其中宣纸、玉版宣纸是以檀树皮为原材料制成的，坚韧洁白。料半纸是宣纸中的一种，产于安徽宣城，颜色洁白，质地薄细，绵软柔韧，用来绘画印书，美观耐久。清末以来比较考究的书籍，就有用此种纸印刷的。

特制系列。还有一些加入不同辅料，用特殊工艺制成的纸品。如：库笺纸，有厚薄黄白数种，韧性强。明清内府用其厚者作包裹纸用，染成磁青者作书皮用，特称之为"库磁青皮"。罗纹纸，洁白、柔韧，细薄，有横纹如丝织罗纹，宋以来均有制造。为官私读物所乐用，如武英殿本的《唐宋诗文醇》即是。藏经纸，是晋人制黄白籍、唐人写经、宋代印道藏、明清皇家专用的一种质地优良的纸。另有红纸、万年红纸，其红色是用药染成的，经久不退。用作扉页衬纸，还可以防潮。又有雪涛纸、十竹斋纸、荣宝斋纸等，都是极有特色的书画用纸，名家用来配上上好的徽墨、湖笔、端砚及朱砂、印泥，作书作画，即为珍品。

交代一下：历代纸的生产工艺不同，原料成分配比不一，纸张分类命名也就各有所取，互有差异，这里只是说个大概。

十、版式：功能性与审美性的统一

在雕版印刷中，从文字录入到书本的成型，中间要经过一个"制版"的过程。出版者的版本思想、版面设计，就是通过制版来实现的。无论是雕刻版、活字版、石印版，还是铅印版、铜印版、影印版、珂罗版等，都有这个制版过程。雕版古籍是我国古籍版本的主体，我们就以雕版的版式为例来加以说明。就雕版而言，制版者先要在纸上将文本誊写清楚，形成清样，再粘到准备好的木板上去摹刻，使"木板"变成"雕版"；再刷上墨，才能印出书页来。可以说，版面体现着它的设计者、雕刻者的爱好、辛勤与成就。

版式是指书本的页面布局式样。版式有五大要素：版心、版栏、行格、高广与牌记等。将书页由中缝对折，版心就设计在中缝线上，对版面起着醒目的标识作用和界隔作用。版心与其两侧页面共为一个版面，称为"一页"，四边以边栏框出。栏有高广，其尺寸由"开本"大小决定；栏内划分出行格，用于安排图文。为了使行文、批注、图版与版面配置相适应，有时一个版面又横截成两栏、三栏。版栏外上边的空白处称为天头，又称书眉；下边的空白处称为地脚。通常天头要宽些，地脚较窄些。宽是为了给读者留下舒展的视觉空白，使读者有赏心悦目之感、思绪驰骋之乐，也是为了给读者预留批注评品的地盘，以方便使用；地脚窄一点，给人重心在下之感，显得稳重些。版面中有时设有矩形小方框，用于题写书坊名之类，便是"牌记"了。

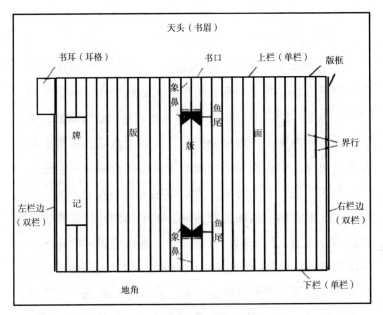

版式图示

（一）版心

版心设计在版面的中缝（中折线），是版面美化的用心之处。版心可以以中横线为轴，作对称设计，构成象鼻；象鼻又由书口与鱼尾组成。书口按位置的不同，分别称为上口、下口。书口中空者为白口，有竖细线者为黑口，或称小黑口（细黑口）。口中的线条宽者为大黑口（宽黑口），全黑者为粗黑口（巨黑口）。由口中直线的色彩来区分，则有朱口、蓝口之别；刻有文字或其他标识者为花口。宋版多为白口，元版多为大黑口，明版以黑口为贵。花口中若题写了文字，便称之为口题，如书名、篇章名（通常安排在上口）以及刻工、卷次、页码、字数之类（通常安排在下口）。

（二）鱼尾

这是指构成象鼻的鱼尾形图志，即在一条细横线下加一个鱼尾形图样，与书口配合使用。据赵慎珍在《榆巢杂识》中说，鱼尾"始于唐太宗"，可见当初它是用于写本的。鱼尾也分为黑白两种，一般呈全黑色，叫作黑鱼尾，中空不着色者为白鱼尾，中空而填以圈或点者叫作花鱼尾；版心只有一个的为单鱼尾，上下各一者为双鱼尾（分别称上鱼尾、下鱼尾）。上下方向一致的为顺鱼尾，较少用到；反向相对的为双鱼尾，多为人们所用；若是三个，则居中者称中鱼尾，三鱼尾很少见。鱼尾的设置有三大作用：（1）间隔版面，使左右分明，阅览时能调节视觉节奏，特别是初期纸书用经折装或蝴蝶装时。（2）装订时，它是页面对折的基准线，保证页面的整齐。（3）检索内容。宋代印本一般不在版心标书名；元代以降，上下鱼尾之间多刻有书名，有的还加上卷次、页码、刻工姓名之类，便于识别、检索。另外，请注意：古书版栏内部也有用鱼尾形符号的，用来标示正文的章题、标题，近似于现代书名号的作用，那是另一种性质的"鱼尾"。

（三）版栏

栏又写作"阑"，是书籍正文的版面界框线，由上栏、下栏、右栏、左栏构成。栏的框线是单线（一条粗线）的称为单栏或单边，用双线（外粗内细）的称为双栏或双边，或称左右双边、左右双栏、左右双夹线等；四周双边又称四周双栏。有时版面被横截成两栏（二截版）、三栏（三截版）。边线多用直线，也有用曲线或花纹构成者，有用蓝色、红色等彩线绘制者，视情况分别称为花栏、博古栏、竹节栏、乌丝栏、朱丝栏等。汉代帛书《老子》，就是用编织着朱丝栏的素绢来抄写的，隋唐写本也都有乌丝栏或朱丝栏。可见丝栏和鱼尾一样，都是雕版以前就早已有之的页面美化方式了。

（四）行格与行款设计

书籍抄录或排印的行列款式是版面设计的重要由容，由行格大小、行线疏密和字体的大小、文字换行、空格等规定形式构成。行格：古书直行竖排，从右至左，习惯上以每半页为准，划分为若干行（通常为10行），以明线或暗线标出。著录时将每半页排列的行数与每行的字数记下，如"每半页若干行、行若干字"之类，这叫作"行格"。古有"一目十行"之说，古书半页大体即安排十行左右，字迹大而醒目。阅读能力强者，一眼就能看清半页，这也不算过于夸张。行线：正文行与行之间的界线，在活字排版时则用竹片来隔开字行，有明线，有暗线（无色）；明线多用墨线，也有用靛青色、朱红色者。过去的文人在单页纸上画好边栏与行格，就做成了"笺纸"，用来写诗、录文、作画、题笺、互通音讯，很受欢迎，被视为高情雅志的表现。笺纸写的多了，订在一起，就成了稿本。

（五）高广

栏框有长度、宽度，前人著录时特称之为"高广"，如"栏高x尺x寸，广x尺x寸"之类，此尺是指明清营造尺，欠精确，今多不通用，而改以厘米计算，这就比较科学了，合乎国家规定；而日常工作中，即以大版、中版、小版称之，也可。版本著录时必须写明高广，这是区分版式、版次的重要依据，搞版本鉴别时很有用。

（六）牌记

牌记、耳格等标识性小品，是设计者的灵感产物，是人们识别版本的有效资料。牌记又称为牌、木记等，设于封面或目录之后，也有插于卷末、书末的，用长方框的框线围合起来，或者设计成葫芦形、钟鼎形、炉鬲形、亚字形的，中间题写文字，通常是写刻版者、刻版处、刻版时之类，文字可长可短，偶尔也有不加外框的。牌记多见于元明以来的民间坊刻本中。著录牌记，也是版本记录的要求。宋代杭州有位陈起，爱好刻书，其所刻唐人诗集一直流传至今。其书雕印精良，半页十行，每行十八个字。书后他常附以牌记："临安府·棚北大街·睦亲坊南·陈宅书籍铺刊行"。其书明人"皕宋楼"有收藏，清政府据以编辑《全唐诗》，身价很高。《皕宋楼藏书志》中说陈起所刻之书"虽一鳞片羽，人已神龙威凤视之矣。"对它有极高的评价。陈起还雕印过当代诗人的诗作，题为《江湖集》。因此招来权贵之忌，被流放而不知所终。

有一则牌记值得注意。清人叶德辉《书林清话》记有一事：他家收藏了一本五松阁仿宋本《东都事略》（王禹偁作，130卷），目录后面有长方形牌记一则，内容是"眉山程舍人宅刊行。已申上司，不许复版。"看来，这位程舍人是有版权意识的，而且宋政府也受理过版权纷争案子，否则他就不会申报上司，请求保护，不许别人翻刻复印了。这样的牌记，很有文化史价值。朱熹也曾经经办过版权纠纷的案子。

牌记类标识小品，还有所谓耳格与耳题。耳格是画在版框外沿的附设小长方框，用来题写篇名、小题之类，以便读者翻检。耳格中题写的文字就特称为耳题。根据耳格所在的位置，有左耳、右耳之称，其耳题则有左栏外题、右栏外题、后栏外题等名目。著录它可供区分版本之用。

（七）插图

插图是为正文服务的，可以增进理解，激发阅读兴趣。我国古代向来有"版图"之说，又有"左图右史"之说，很重视图文的配置。这里说的"图"，包括图示、图表、图录、图谱、图画之类。《汉书·艺文志》中就载有《孔子徒人图法》一书；《山海经图志》原本就是以文配图的，后来图被丢失了，只留下文字解说，解说中用的上下左右之类方位词，被误解为实地的方位，这就反而让人读不懂了，把人弄眩乎了，还得配上图来读。自雕版印刷以来，配图更为普遍。现存最早的版印图页是唐中期的《妙法莲华经》，绘有精美的佛像。宋代有《绘图列女传》，元人有《绘像搜神前后集》，明清有《绣像三国演义》之类，所在皆是。而为古诗文配图的则以明人萧云从的《离骚全图》最为著名，乾隆时还让人补画了一些。

（八）圈发与句逗

古人在阅读过程中，形成了某些习惯性标识符号，但没有形成规定，圈发就是其中之一。如：一字多音，特别是名词作动词用时，声调随之发生变化，就在该字字角作一个小圈以资识别，这叫作"圈发"。岳珂说："音有平上去入之殊，则随音圈发。"依左下、左上、右上、右下的次序圈出平、上、去、入四声。如"解衣衣我，推食食我"，在后一个"衣"字和"食"字的右下角加圈，表示是词性活用，动词，要读成入声字。另，古人将一个完整的句子称为"句"，把长句中的停顿叫作"逗"，合称"句逗"，或写作"句读""句度""句投"。据岳珂说，五代监本（蜀本），皆无句逗；建本则仿馆阁校书式，在句旁加圈点，使人"开卷了然，于学者为便"。至于分章分节，通常是以另起一行来表示；倘若章节连排，需分开段落时，则在本段末一个字下加一个"乙"字形的小勾，叫作"乙之"；有时为了标识本人读书的进度，自己在书行下作个钩形记号，也叫"乙之"。汉武帝早就这么做了，武威汉简也是这么句逗的，宋代馆阁校书规定要用句度。奇怪的是，古人明明懂得加句逗有利阅读的好处，可是在漫长的出版岁月里，竟然未能形成一套标点符号。

另外，古人模刻时，不仅要考虑用什么字体，还考虑字迹的大小，编排的疏密；遇有缺字，则用空方框（□）或墨丁（■）示之。遇到分章分节时，则留下间隔或者另起一行。行文中遇见皇帝的称号或圣贤的姓名时，除应避讳外（下文另讲），有时还得空两格或者干脆格外提行写。明清人的出版物特别重视这一点。当时的表章，在行文中间，遇有应尊称的人的称呼（注意：不只是姓名字号）或上级机关的名称时，都要空格写，或提行顶格写；遇到对皇上的敬称，还要提行破格写，即将上边栏凸出一两格来写，这叫"出格"，以示特殊的尊重。民国初年的公文，遇到上级机关名称依然要空格写，便是其遗风。

总之，版式和版式效果是由版式设计决定的，同时也受到制版方法、印刷工艺等要素的制约。历代有不少由皇帝亲自决定、直接干预并委派专员主持的"御制"印刷任务，制作这种本子总要选最好的纸材、最佳的版式、最能干的雕工、最精细的审校，因此本子的版面质量是有保证的。又，历朝中央都设有主管文教的机构，如国子监之类，由它负责整理审校国家典籍，及时出版重要典籍文书，所出的书籍有的叫作"监本"，有的叫作"殿本"，都体现着国家的出版意志和出版水平，其对版式自然十分重视。另外，著名书铺的坊刻本、著名藏书家的家刻本，也都有其独特的设计，因而有着特殊的审美价值。

十一、字体：文本录入的灵魂

传统古籍的版本研究，特别注重书体的个性风格。中国古代文字的录入，经过了契刀契刻、聿笔书写、毛笔手书、木板雕刻、活字排版直至影抄、影印、照排等不同阶段，文字的字形结构、用笔方法、书写风格，也就随着时代与录写者的变化而变化。就汉字结体来讲，历史上有契文、大篆、小篆、秦隶、汉隶、章草、魏碑、行书、楷书、狂草等不同书体；汉字的结体原本就富有画意，很适于表现书者的个性风格。就楷、隶的书法艺术风格而言，历史上有过秦的李斯体，汉末的蔡邕体、邯郸淳体，晋的王羲之体、王献之体，北朝的张猛龙碑体，唐的颜真卿体、柳公权体、欧阳询体，宋的瘦金体、苏东坡体、米芾体，元的赵孟頫体，明的董其昌体之类。以印刷用的雕版或活字版的字模而论，则有手写体、印刷体；印刷体又有宋体（匠体）、仿宋体、新宋体之分，难以枚举，各有特色。大致而论，书籍制作的字体选择，经过了三次大的全局性变更：1. 契刻漆书，字形古朴；2. 手抄录入，书法个性化；3. 排版印刷，书体工艺化。选择版本时看字形，基本要求是版面文字清晰准确，结体美观，行款规范，运笔（刀）自如。现略加说明。

（一）刻录文字的结体美

远古时期，传达信息的刻画符号，是用契刀契刻在陶器、玉器上的契符与陶纹，后来转化成契文；夏商之际将文字契刻于甲骨上，于是有了"甲骨文"。甲骨文结体松散，文字部件的安排和笔画走势有较大的随意性，还谈不上有什么"结体美"。但甲骨文是"以刀契骨"的产物，笔触由深而细的短直线联成，显得挺劲而有立体感。契文奠定了汉文运笔造型的大致间架。

商周在青铜器上镌铸的文字，人称籀文，即大篆，因多见于青铜钟鼎盘盂之上，故其文又称之为"金文""钟鼎文"。钟鼎文结体严整，讲究对称美，运笔匀细而圆转，与青铜器本身的造型融为一个艺术整体，富有装饰性美感。它是预先刻录在木模或泥范上的。从这个意义上说，它其实仍属"契文"的范围。春秋晚期漆书发明之后，用硬笔蘸漆来书写，头粗尾细，形成蝌蚪状，特称为蝌蚪文。同时又有鸟文、虫书、龙爪书、蚊脚书、垂露书等名目，是当时篆书中的"花体""变体"。汉人扬雄有所谓"雕虫篆刻，壮夫不为"的话，这里的"虫"就是指"虫书"而言。篆刻笔触或圆转劲节，或方整肃穆，在不同场合，各有妙用。至今印章文字仍多用篆刻，特定场合如碑额题字、殿堂楹联也用得到它，颇有古色古香的韵味。先秦两汉人只要识字，就得学雕刻，否则念不成书。秦汉间的砖雕文、瓦当文，往往用小篆书法。后来的六朝碑碣篆额，也喜用篆字，它富有装饰美，易于作图案化处理。但大篆那圆而细的线条，在书写时实在费时费力，于是出现了小篆，把笔画拉直了写，方便多了。

秦始皇用十年时间武装统一了中国，又用十年时间开灵渠，筑驰道，修长城，兴建离宫别馆，统一行政，统一法令，统一度量衡，统一文字；然后他就死了，死在外出巡视的路上，死时才不过五十一岁。为适应社会发展，因国务繁忙的需要，他对费时费力的大篆进行了改革，下令改大篆为小篆，又改小篆为秦隶，稳定了字形结构，合并字形部件，简化了笔顺，确定横平竖直的运笔走势，这就完成了汉字的全面的规范化方块式整合。我们从李斯的《泰山刻石》可知，原先结体并不规整统一的甲骨金文，此时真正变成了平稳端方的"方块字"了。而且每个字的长宽之比，都正好呈"黄金分割"。

魏晋六朝时从汉隶中发展出了魏碑体和行书、正楷（正体、真书）等，出现了一大批风格迥异、书法卓绝的大书法家。王羲之"变章草为真书，推隶书入正楷"，形成了精妙的楷书，充分展现出汉字的美学潜质。其子王献之，以其流利舒展的正楷，结束了汉隶古拙的时代。自从楷书问世之后，即成为汉字的主流书体。另外，晋人从汲县古冢中出土了一批先秦的古文字，人们特称其字为"破冢书"，这也是一件有兴味的事。晋政府有碑碣之禁，社会上不能随意立碑，篆刻书体变化不大；而北魏却大畅其风，于是出现了"魏碑体"。魏碑字结体倾仄，于不平衡中求平衡，富有动感，突破了碑额篆字讲究装饰美的故套，开辟了个性化发展的路子，是美学意识进一步觉醒的表现。汉代以降，专门以抄书为业的书手遍地都是，他们组成了写本书籍的"复制"大军。高明的誊书人是能形成个性化的字体风格的。

　　唐代写本十分普及，仅入于《全唐诗》的唐代诗人就达2300名左右。当年，他们一有了诗文创作，就得笔录下来，加以修改，再拿出来向社会发表。大概是纸张生产有限的缘故吧，唐人很喜欢在建筑物墙壁柱石上题诗发表，弄得墨迹处处。名诗人所到之处都要"题诗在上头"，借以博取声誉。同时，政府养着一批书手，专门抄写儒、佛、道经典和其他重要文史著作，这就使唐代书法又达到了一个新的水平，涌现出著名的虞（世南）体、欧阳（询）体、颜（真卿）体、柳（公权）体等。唐及唐以后的抄本，往往是以他们的书体录入的。所谓各有家法，追求书法之美的个性化，成为时尚。

　　其后，宋代有"书法四大家"苏黄米蔡等，明人董其昌有"宋四家书派皆宗（颜）鲁公"之说。其中苏东坡开书法尚意的一路，写字讲究整版的"谋篇布白"，把字间空白视为整篇艺术处理的有机部分，版面意识特别强。宋徽宗创瘦金体。他善作工笔画，长于运用圆的线条，以此入书，形成瘦劲书风。宋太宗爱书法，时拓印技术又很成熟，他就主持拓印了《淳化阁帖》。此帖一出，风行全国，此后人们学习书法，都直接临帖而不用去摹碑了。这又是书法史上的一件开风气的事。清代帖学趋于高峰，公私拓印成风。乾嘉之后，碑学复兴，商甲骨、周鼎彝、秦刻石、汉瓦当、魏碑、晋碣、六朝墓志，均成为他们倾心效法的榜样。宋人书法崇尚颜体，但在刻书时，毕竟要讲究疏密有度，墨迹清爽，辨识清楚，于是更倾向于用欧体、柳体来雕印。这样形成的宋版书十分珍贵。

元代赵松雪，名孟頫，吴兴人。赵孟頫集晋唐书法之大成，于大楷小楷、行草篆隶无不精，风格遒美俊逸。他就是杂用欧颜而自出心裁的，所以明代刻品多以"吴兴体"为贵。他对明清诸体并茂的书坛影响很深。明初"四杰"高启、杨基、张羽、徐贲皆宗法赵氏。明清书家众多，往往以秀媚为尚，成就似无超出王羲之、赵孟頫者。郑板桥之字，别具风格，但不便于刻写字模，因而明清写刻的古籍就以清秀楷书为主了。发展到后来，被人称为"台阁体"，嫌其"软媚"，爱阳刚之气者并不喜欢它，但利于刻印。雕版版面的文字，既决定于"清样"所用的字体，也取决于镌刻者的"刀法"，娟秀的楷书，易于为写者、刻者所接受，印刷效果也好，不易形成"墨猪"，所以能通行于明清出版界。

（二）印本书体的工艺美

活字排版印刷时，活字是预制的，通用于多种不同性质的印刷品。凡预制件首重的是工艺上的规范化、通用性，这才有效率，才显工艺水平，它并不追求每件印刷品的个性风格。在印刷业飞速发展的过程中，文本录入的字体工艺化是一个必然趋势，这就导致了"匠体"的出现。在宋代，刻书业中出现一种"刻版"的字体，它从楷书变化而来，结体方正平直，笔画不分肥瘦粗细，摹刻者即使不识字也能刻出来。此体沿用到元朝，被推广开来，元人就称它为"宋字"，或"宋匠体"。元末，有人吸收赵孟頫体的笔意，将它发展为笔形较圆润的"元匠体"，方便了"刻板印字"，当然谈不上个性美。正因其"刻板"，也就不受书法家的欢迎，说是"肤廓字样"，嫌它只有形体，毫无精神。这种字体用到明朝，又发展成横轻竖重的字形，有人称其为"明匠体"。明匠体即后来所说的"老宋字"，其实它形成于明代隆庆、万历年间，是一种更为工艺化的"印刷体"。它的特点是横平竖直，横细竖粗，字形方正，便于雕版。后来它又分化为扁宋体、长宋体两种。基于它是从宋体发展而来的，人们又称之为"仿宋体"。前人将这类印版用的字体统称为"匠体"，意指其没有个性风采，不具艺术魅力。

清代，又出了一种"馆阁体"，流行于朝廷馆阁和科举试场，成为一种标准书体。其字形整齐，合法中度，大小一律，墨色乌亮，人以"乌、方、光"称之，显然是受了工艺化的影响。称之为馆阁体或台阁体，有贬其无特色、缺个性之意；而它却以其醒目的阅读效果受到欢迎，成为16世纪以来汉文印刷品的通用字体。康熙十二年（1673年）敕廷臣补修《文献通考》，诏令"此后刻书，凡方体均称宋字，楷书均称软字"。以此为界标，楷书仍通行于手写本中，印刷体的"宋字"则通行于刊本刻本中了。至于近人所用的"仿宋体"，则是1911年后，由钱塘人丁辅之、丁善之集宋刻字改进而来，笔画均衡匀称，字形清朗明晰，不似明代仿宋的粗拙；分为长体、方体、扁体三种，为人们所广泛接受。此后的印刷品就以宋字或仿宋字为主了，楷书不再占据重要位置。

过去人们用"匠体"一词来贬称印刷体，有排斥之意；到头来却大行于世。看来，当印刷术已经走上机械化工艺道路时，在最大可能地合乎阅读要求的前提下，能讲究效率，适于阅读，满足一定的审美需要，它就是好的、美的了。印刷体具有工艺美，易于生产，受到欢迎，应该予以肯定。不能以写本时代的书法要求来硬套印本时代的工艺要求。版本家们对书法的重视，应该与书法家们对书法的重视拉开距离，把守好自身的专业特性。

十二、校勘：版本价值的保证

校勘，又写作校刊、校雠。勘，是勘查、勘核、检验的意思，强调工作的严谨性。那么"校勘"就是"校正勘验"的意思了。"刊"，是刊削、刊除的意思，原指从竹简上削去错字的动作，世有"不刊之论"一语，即指无可改易的言论。那么，"校刊"即指"校对纠错"的意思。"雠"的本义是二人像仇人般相对，死盯着对方的失误。出版界搞专业校对时，要求两人对读，从对读中发现问题，所以叫作"校雠"。这几个词形的核心意思是一致的，语意上又多少有所侧重。视行文需要，可以各取其便。

（一）校勘释义

校勘，有两层基本含义。一是当今出版界的业务用语"校对"之义，指书稿付印前的一道工序，限于查对清样件与作品原稿之间的异同，改正清样件中的错误。它与"审改"相对称，通常不负原稿本身的对错之责。当然，有时也向两头延伸：1. 出版前，对原稿有疑问时，查清原委，借以校正原稿的"硬伤"；2. 在书已出版之后，再查对有没有字句上的讹误，解决印刷的质量问题。二是"古籍版本"中所说的"校勘"（校对、校雠），更多地是指同一部书或同一段文字之间，用两种或多种不同版本的文字来互相查勘、校对，找出其间差异处，辨别其优劣，纠正其错误，说明其所以然的原因，往往还要求写出校雠的结果、理据，标明所用的符号、标志、凡例之类。这需要有更高的专业修养和思辨能力才能胜任。我们这里就是在第二重意义上来讨论校勘或校雠的。中华书局整理《二十四史》时，用的就是这种方法。这样的校勘，往往决定本子的优劣，直接指导并影响读者对版本的选择。淘汰劣质本子，筛选、保护并推荐优质本子，是它的出发点，其目标是做出当代最完善的本子。因此，校勘的基本要求是态度严谨、工序严谨、工作严谨，先决条件是所选工作底本确有代表性。

宋人沈括在《梦溪笔谈》中说："校书如扫尘，一面扫，一面生，故有一书每三、四校犹脱谬。"为防脱谬，古人特别谨于校雠。沈括书中的"辨证"章就纠正了不少古来经史文章的误读误排。北宋有位宋敏求，家藏三万卷，每书必亲自精校三五遍，其勤谨如此。他家居汴京春明坊，一时士大夫爱观书者便就近而居，致使当地房价高出附近一倍。善于校书能有如此社会效应，也就难得了。宋代词人贺铸，家藏万卷书，手自校雠，无一误字漏字，陆游写词赞他"貌奇丑，喜校书，朱黄不离手"。陆游本人将其藏书之屋题为"书巢"，有诗云："十年灯前手自校，行间颠倒黄与朱。"他本人也是一位校勘行家。在这种严谨态度下，宋人校刊非常精审，留下了极好的声誉。另，人们认为明刊质量差，那是就一般"大路货"特别是宦官所刊之书而言，其实是不能一概而论的。明代松江人陈继儒就很精于校刊，有云："余得古书，校过付抄，抄后复校；校过付刻，刻后复校；校过即印，印后复校……然鲁鱼帝虎，百有二三。夫眼眼相对尚然，况以耳传耳，其是非毁誉，宁有真乎！"说得透彻极了。校勘，实在是吃力难讨好的事情，又是每一个读书人都要认真去做的事情。

校勘，是版面的第二生命，不能不谨慎从事，真情对待。鲁迅在论及校勘时曾说过，"清朝的考据家有人说过：明人好刻书而古书亡，因为他们妄行校改；我以为这之后，则清人修《四库全书》而古书亡，因为他们变乱旧式，删改原文；今人标点古书而古书亡，因为他们乱点一通，佛头着粪。这是古书的水火兵虫以外的'三大厄'。"（《病后杂谈》）鲁迅是把"精点精校"视为版本的命脉的。

（二）校勘溯源

孔子删《诗》《书》，用刀用笔，自然有刊削、删削之事；司马迁写《史记》，利用了许多先秦史料，他说凡文辞事理"不雅顺"者一律摒弃不用，当然有对比校勘、汰劣取优的一番活动在。但作为一项独立的文字加工工作，校勘之事似乎起于西汉成帝之时："命光禄大夫刘向校经传、诸子、诗赋，步兵校尉任宏校兵书，太史令尹咸校数术，侍医李柱国校方技。"（班固《汉书·艺文志·序》）按各自的专业特长，各负其责，分头校勘相关典籍，汉成帝是位优秀的校刊组织者。刘向等人所做的校勘工作，是正史上明确记载的、由政府组织的第一次文献校勘，它标志着有组织的校勘活动正式开展。

在工作中，刘向曾用皇家秘府收藏的《古文易经》拿来和通行的施、孟、梁丘、费各家所传的《易经》本子相对勘，用秘府所藏的《古文尚书》本子来与欧阳、大小夏侯们所推崇的"经文"相比照，发现了其间的篇目差异，又发现了各家不同的异文、衍文、夺文、误文、倒文、错简等，一一予以辨证，指明不同版本的优劣程度及其差异缘故，确定"底本""正本"。刘向还从若干古本旧书中发现并辑录出一本当时已经失传的《乐记》来，这是他在校勘中的又一项特殊收获。他的工作，为后世的校勘指出了路数。

十三、校勘的原则

归纳前人校勘工作的原则，不外乎存真不径改、辩理不妄改、纠谬不涂改几项。

（一）存真，存作者原著之真

这里有两则现成的例子。社会上通行的《老子》第37章中有这样一段话："道常无为而无不为，侯王若能守之，万物将自化。"据此，人们认为老子主张的"道"是"无为而无不为"的，是"通过无为来实现其无不为"的，或者"以其'无为'的姿态来推行其'无不为'的实际"，或者"在'无为'的掩盖下施行'无不为'的权术"。不论怎么说，"无为"在这里只是个幌子，"无不为"才是其真意。鲁迅即据这种理解骂老子在搞"滑头哲学"，是在教统治者玩弄权术。然而，这段话显然与老子强烈反对的"以智治国"论相违背，而且与老子"尚无"的哲学观也是相背离的。这又该如何理解呢？是老子本人陷于逻辑悖论之中了吗？两千多年来，攻击者与辩护者在这个问题上不知花了多少笔墨，打了多少官司，始终无法解决。而当20世纪长沙马王堆汉墓中的"《老子》甲、乙本"出土后，人们才发现，这个问题原本很简单：甲本是先秦人抄的书，乙本是汉初人抄的书，两本相距几百年，同时为墓主人生前所收藏，并用来殉葬。两个本子有多处行文差异，但偏偏这句话在两个本子中却完全一致，均只有"道恒无名"四个字（西汉人为了避文帝之讳，故意将"恒"字写成了"常"），全句便是"道常无名，侯王若能守之，万物将自化"。语句很清顺，很明白，跟全书开篇第一句的"道可道，非常道；名无名，非常名"的意旨也绝对一致，与书中其他地方的论述也全无背离，根本不存在矛盾之处。那么，问题是怎样造成的呢？原来，《韩非子》书中有《解老》一篇，韩非总是借用《老子》的文句，加以阐释，用来证成他自己的法、术、势相统一的法家理论。《老子》中有一句"上德无为而无以为"（见《老子》38章）的话，韩非将其悄悄地改写成了"上德无为而无不为"，将"无以为"偷换成了"无不为"，这就为他本人的权术思想制造了一条"理论依据"。后人误以为这便是《老子》的原文，回过头来把上文的"道恒无名"一句添改成"道常无为而无不为"，又将"无以为"变成"无不为"，一字之差，相距万里。瞧，不同本子的不同文句，竟然造出如此巨大的"误解"来。似乎至今还有人用"无为而无不为"来解释老子思想，真是可怪、可恶！

同样，人们说董仲舒反对讲物质利益，把"义"与"利"对立起来了，主张取仁义而弃功利。他们是以班固的《汉书·董仲舒传》中"夫仁人者，正其谊（义）不谋其利，明其道不计其功"一语为根据的。千百年来，（仁人）"不谋其利不计其功"的话被抽取出来，作为儒者宣扬的一个生活律条，离人们的正常生活态度越来越远。据此，人们说"不谋利"的董仲舒，要么是个迂夫子，要么是个伪君子，总而言之是不让人喜欢。但细查一下这句话的原出处，在董仲舒本人写的原文《春秋繁露·对胶西王论仁》篇中，却是这样表述的："君子喻于义不谋其利，明其道不急其功。"看！这里分明说的是"不谋其利""不急其功"。"喻于义"也好，"明其道"也好，都是要求人们在弄明白什么叫义、什么叫原则的基础上去行动；不要只想着谋划私利，也不要急功近利。这话说得何等明确，何等实在！作为一种道德追求、一种精神境界，他董仲舒要求人们不要"急功近利"，这一点也没有错，哪里有否定"功利"的意思？何况，在《春秋繁露·身之养重于利》中，他曾干脆地说："天之生人也，使人生义与利。利以养其体，义以养其心。心不得义不能乐，体不得利不能安。"这分明强调了义利并举的必要性。有趣的是，他还主张要培养百姓的"求利"之心，认为如果老百姓都不"求利"了，君王也就无从笼络其"心"了，就失去了实施"权威"的基础了。你看，他什么时候反对过"利"呢！看来，董仲舒实在是被人误解得太深、太久了。读书要读原著，选个好的本子来看，遇到问题多问一个为什么，还真的是非常重要。那些不能"存真"的本子，篡改了作者原著原意的本子，是要把人引入歧途的。

（二）辨理，不妄改

古往今来，书的版本不同，内容差异大，这种例子太多了。有的是因为转手太多，翻刻太多，难免出现差错，也有的是不负责任出的差错，当然也有自以为是而改错了的。也有改得好的，虽不同于原文，却得到了人们的普遍认可，也就流传下来了，"积非成是，久假成真"，原文反而被遗忘了。李白那首著名的《静夜思》，区区二十个字，就有不同版本。清人编的《全唐诗》作"床前明月光，疑是地上霜。举头望明月，低头思故乡"。这成了清代以来幼儿能背的一首"好诗"。然而，在明人编的《唐诗品汇》卷39中，此诗首句为"床前看月光"，而在宋本《李太白全集》中，这首诗的首句分明作"床前山月光"。咦，"明月"怎么成了"山月"了呢？原来，李白自幼生活在群山环抱之中，那"峨眉山月"给幼年的他带来了无限美好的希望、遐想和期求；人长大了，身在异乡，岁月蹉跎，"床前山月光"自然会勾起他心头无尽的思绪。山月，是李白心目中的故乡之月、童年之月呀！——然而，流传过程中，本句被改成了"明月光"。"明月"一词，在这首20个字的短诗中竟然出现两次，这本是古诗的一大忌讳，却被人们普遍接受了。这又是为什么？从审美接受的心理上讲，是因为它更能引起广泛的心理共鸣。并非所有的人都拥有"童年山月"，但几乎人人都拥有"童年明月"。一句诗能引起最广泛的情感律动、心理共鸣，不就是好诗吗？把"明月光"归于李白名下，再合适不过了。可见原著也不是绝对不能改，但不能妄改；改了，要注明你的理由，要让人们知道本来面目，去自求确解，决不允许强加于人。同样的例子还有不少，著名的如"每况愈下"之与"每下愈况"，"老骥伏枥"之与"骥老伏枥"，"鞠躬尽瘁"之与"鞠躬尽力"，"采菊东篱下，悠然见南山"之与"采菊东篱下，悠然望南山"。虽说后者有"古本""珍本"作依据，而前者已为大众所接受，这样的"错"，不改回去也罢。但知情者作个"校注"交代一下，让人知其本来面貌，让读者自己去判断，这就很好。

在理校问题上，朱熹的经验颇有启发性。在《书韩文考异前》一文中，他论及校定文字时，说自己是"悉考众本之同异而一以文势义理及他书之可验者决之"。一句话说了三层意思：一是悉考众本，不以一本定是非；二是文势义理，以思想体系、内在逻辑为准则；三是有他书可验，不自作聪明，强索新解。在这三个条件下，"苟是矣，则虽民间近出小本不敢违；有所未安，则虽官本、古本、石本不敢信。"（《朱文正公集》卷76）这个态度是严谨而科学的。

（三）纠谬，不涂改

宋代杭州有位陈起，筑"芸居楼"藏书，又在睦亲坊开书店卖书。他所刻印的书，雕印精良，二十几部唐人诗集，皆半页十行，行十八个字，排版清晰整齐，很受欢迎。王国维说，唐人诗集得以流传至今，"陈氏刊刻之功为多"。可是，他却有个严重缺点，即"生平印书，凡遇书之疑处，率以己意改令谐调"。他自己虽然爱读书、爱藏书、爱印书，但也没有理由随意去改动别人的文句呀！在评点批抹别人的作品时，越是在自以为是、定彼为非之时，越容易闹出笑话来，到头来既害自己也误别人。宋明时代的学者中，很有几个人喜欢批抹别人的文句，往往暴露出本人的无知。对发现的问题，尤其是明显的错字、异文异读、错简窜行、行文倒植、行款不宜之类，有人动手就改，反而引出了新的错误。古人点校书本时，负责的做法是以朱红入录，若有误，则以雌黄涂之，这是应遵循的校勘规定、校勘程序。在现有本子上用朱黄（即丹黄）作修缮，使人能看出改前的面貌。这样即使后来发现是自己判断失误，也还可以用墨笔再改回来。或者在对底本、校本重作认真对读之后，再去刊正、挖改确实弄错了的地方，进行必要的技术处理。在已出版的书籍中还可加印《勘误》《校记》之类，以作补救。因而世人也以"朱黄"指校勘。迄今校对人员仍以红色标错，原理就在这儿。另，校对者在发现原版本中有缺文而难以补足时，则应以方框表示所缺的文字，也有用墨丁（小黑方块，占一字格）表示的，不能径行添加。这都是我们阅读古籍时要注意的地方。

十四、校勘的操作步骤

校勘时，最好是选出多种工作本子，明确其中的一个作"底本"，选出若干作"对校本"。比如要出一本新版的《尚书》，事先要"摸底排队"，确定选用哪几家的本子为自己的工作本。两千多年来，《尚书》版本太多了，得选出历来评价比较高的、学术上有特长的本子作为工作本；再从中确定一个历来被认为校刻最精、错误最少、争议最小的本子为底本，以此为基准，将其他本子作为对校本、参校本，用来查对校正其间的差异。每见差异，必须做好记录，详记某版某页某行某字作何写法，校勘者的意见如何。凡底本不误，他本或他书误者，可不出校记；凡异文两解皆通者，应出校记；凡脱文讹错倒置者，必出校记，注明理由，有疑存疑，写清条目；一书校勘完毕，应写出校勘说明，交代校勘体例、版本来历、主要成果，作为"跋"刊于新版之末。今人整理古籍版本，还需遵用标点符号的有关规定，正确分行分章。

至于真伪、正误、优劣的辨别与校定，则有许多方法。前辈学者陈垣说有四种基本方法，见其所著《校勘学释例》。今以陈垣"四校法"为基础，将通用校勘法列叙于此。

（一）对校（死校）

用同书的不同版本来校读，校出其不同之处，客观而如实地录出，不掺入己见，不做是非判断。这样做的好处是，可让读者自行抉择。读一个版本，同时也就知道其他版本的情况。这又叫作"死校"：只校异同，列出异文，不论是非。传统古籍本子中，在正文之下，往往标出"一作××""一为××""又作××""或作××"的字样，那就是"死校"的标示法。通常所谓互校、互核、比刊（勘）、对刊、比校，指的都是这道工序。有时用同书的多种版本互相比校，从而发现矛盾，揭示差异，但各有道理，便让其共存，这办法名为通校。通校在古诗词的出版物中最常见。如：李白《捣衣篇》结句"明年若更征边塞，愿作阳台一段云"句，《唐诗品汇》卷26在"段"字下标出"亦作'片'"，即末句也作"愿作阳台一片云"，这也不错，无可弃取，由读者自断。同书《蜀道难》中有句"但见悲鸟号古木，雄飞呼雌绕林间"，《全唐诗》卷162作"但见悲鸟号古木，雄飞雌从绕林间"，又在"古"字下注"一作枯"，在"雌从"下标出"一作呼雌，一作从雌"。传抄既久，出现异文，本子不同，校不胜校，让读者择善而从，这个办法好。

（二）本校

以本书的前后文字互证，比较其异同，从而辨别其间的错误。在没有祖本或别的对校本的情况下，此法很有用。当然，应做记录与说明。

（三）他校

用别的书来校正本书。凡他书中有采自本书的内容，或本书中有采自他书的内容，或本书与他书共同涉及的第三种书的内容，如重要引文、史地资料名称、人名事典之类，都可以互相参酌，取其善者，从而校正本书之误或揭示他书之误，进一步论定本书的相关文字。在递相校勘的意义上，他校又叫作"传校"。

（四）理校（活校）

在无古本可据，或数本互异之时，须据理推测其正误，定其是非。运用此法进行校勘，须广泛掌握文史资料，慎重从事，尤忌径改。沈括《梦溪笔谈·襄王不梦高唐》条，便从细致辨析宋玉《高唐赋·序》上下文义的逻辑关系入手，指出原文中称襄王的"王"字与宋玉自称的"玉"字，有多处误植的错误，致使"宋玉"与"襄王"在文中出现角色错乱，不合逻辑，违碍情理。现查敦煌唐写本，果然如沈括所料。这是典型的"理校"好例。可是这样做必须十分小心，更要记清"校勘记"，以便读者抉择。

（五）考补、考订、考异、考校

用不同书本的相同内容做对比，或用同一书种的不同版本互参，对文本的不同文字或事理作考辨，从而找出其背后的理据，论定是非。其工作重点在于考辨，这需要足够的古文知识修养和思辨能力，通常难以做好。如：柳宗元《黔之驴》中，一开头就说"黔无驴"，成语偏有"黔驴之技"一词；宋玉分明说郢人只会唱"下里巴人"，偏偏有人说"阳春白雪"也是"郢人之歌"，因讹而讹，积非成是了……这都是要据理而校的。

十五、断句与题跋

（一）断句：阅读的拦路虎

阅读古籍还有一个正确断句的问题，这也是校勘任务，有时一句话断开不断开，一个字属上读还是属下读，意思往往会相差甚远。《老子》开篇："道可道，非常道；名可名，非常名。无，名万物之母；有，名万物之始"一段，也可以点成"道，可道，非常道。名，可名，非常名。无名，万物之母；有名，万物之始。"这里表达的哲理就不是一家了。再举个典型的例子：中华书局1980.09版的《宋人轶事类编》（卷三）中，录入了《宋稗类抄》一则，是标点错误的典型。

[原文] 宋祖以乙亥命曹翰取江州，后三百年乙亥，吕师
夔以江州降元，以丙子受江南李煌降。后三百年丙子，少帝
为元所掳，以己卯灭汉，混一天下。后三百年己卯，宋亡于
崖山。宋祖生于丁亥而建国于庚申，元太祖之降生与建国之
年亦同。

这样的标点，似乎好懂，其实极其混乱，它把相关的历
史事件之人物、时间、地点全弄颠倒了，把原文的整齐句式
也搅乱了。

[订正] 宋祖以乙亥命曹翰取江州，后三百年乙亥，吕师
夔以江州降元；以丙子受江南李煌降，后三百年丙子，少帝
为元所掳；以己卯灭汉，混一天下，后三百年己卯，宋亡于
崖山。宋祖生于丁亥而建国于庚申，元太祖之降生与建国之
年亦同。

对比一下，不难发现，原书的标点，至少有四类不同
性质的错误：1. 似乎读懂了，其实根本没有读懂原文。原文
是在讲一连串的历史巧合，如此标点，把巧合的意思全消
解了。2. 对宋太祖取江州、下江南、灭北汉、一统天下的几
件大事，以及宋末失江州、皇帝被俘、君臣投海等基本史实
似乎根本不知道，又不肯去查一查大事年表，以至主语谓语
全搅乱了。3. 对文言文整齐的句型、句式，缺乏起码的语感
认识，把原本很整齐的句子搅得鸡零狗碎了。4.这段文字简
略，主语蒙上省，干支纪年一一对称，并不艰涩，标点者连
明晰的历史年代也都搅蒙了。

标点断句是校勘的一项重要任务。一个本子，如果发生
这类断句错误，是很难让人认可的；而古文本就没有标点，

一般人阅读有困难，正确标点就更为重要了。

（二）题跋：版本价值的标签

题跋又有题字、题志、题款、题识、题签、题辞等词形，基本含义一致，使用场合有些差别。比如写在书前（正文之前）的为"题"，写在书后的为"跋"，写在书中就是"签"或"批"了。其实都是读者、审阅者或鉴赏者在书上写的文字，或赞赏，或感慨，或记轶事，或加考订；可以是文，可以是诗，不一而足，总以短小为佳，有时还配以印章。好的版本加上名人题赞，自然身价百倍。当然，有时也会发生"佛头上着粪"的尴尬。

名著《昭明文选》有一种印本好极了，元代赵孟頫加过题签，明代王世贞说是"此本缮刻极精，纸用澄心堂，墨用奚氏"；鉴赏家张凤翼见了，也题辞于上曰："纸墨精好，神采焕发，且有赵文敏手识，则知此书尝入松雪斋中。"这本书有多位名人的手泽在，它本身又是古本、珍本，这样，它就成了漫长历史文化的一个宝贵载体了，它的价值就不在于作为"书本"来供阅读，而是作为"文物"来供鉴赏了。书，一经名人赏赞，立刻身价百倍，这是一点也不虚夸的。

与题跋相辅而行的还有藏书印。藏书印多用篆字或其他变体字，造型不一，印文内容也多姿多彩，总以与古本版面相协调、能体现主人的特殊志趣爱好和胸襟风采、气质人品为佳。刻藏书印起于东晋，时仆射周顗即以名章为藏书印，梁代徐僧权的藏书印只是一个"徐"字，唐代太宗皇帝的印是一枚只含"贞观"二字的"联珠印"，唐玄宗有"开元"联珠印，李泌有"端居室印"，唐翰林院有"翰林之印"，弘文馆有"弘文之印"。从此，公私藏书加印，渐成风气。五代李煜有"建邺文房"印，北宋赵匡胤有"秘阁图书"印。

明人的藏书印很有风致。明代苏州人王鏊，字济之，他有好几种藏书印。其所藏《玉台新咏》一书，除盖上了他的"济之"名章外，还盖了"御题文学侍从"印，御书"渭北春天树，江东日暮云。何时一樽酒，重与细论文"二十字印；另一本书上则盖着"三槐堂"印。吴县（今苏州）唐寅的藏书印有"唐伯虎印""南京解元唐寅印""梦墨亭六如居士""学圃堂珍藏书籍印"之类。文徵明有"江左"二字长方印，有"停云"二字圆印，还有"玉兰堂"印、"翠竹斋"印、"梅溪精舍"印之类。明人印文也多种多样，有的风神娴雅，有的精灵古怪。有位项子长，其印文有"桃花村里人家""杏花春雨江南""兰石主人"等；明末王乃昭的藏书印镌着"乐饥""懒髯""槐隐"等，颇具明末小品家的气韵，至于郑板桥（燮）的"难得糊涂""青藤门下走狗"之类的印文，更是尽人皆知的了。浙江秀水有位项子京，每得一本珍籍，便在书上从头到尾盖满他的印，印文有"墨林山人""传家永宝""神游心赏""寄傲"等，被人讥笑，说他是"黥得美人体无完肤"。汲古阁主人毛晋，有一枚朱文大印，其印文竟是一则55个字的短文，"赵文敏书卷末云：吾家业儒，辛勤置书。以遗子孙，其志如何？后人不读，将至于鬻，颓其家声，不如禽犊！若归它屋，当念斯言；取非其有，毋宁舍旃。"也可谓用心深远了。孙文川的印文是一首五言长诗，计170个字。

清代藏书家吴骞的藏书印的印文是："寒无衣，饥无食，至于书，不可一日失。此昔人治厥之名言，是拜经楼藏之雅则。"还有一位史学家叫万贞一，其印文竟然是："吾存宁可食吾肉，吾亡宁可发吾椁；子子孙孙永勿鬻，熟此自可供饘粥。"真是视书籍如生命了。也有比较通脱的人，并不拘拘于书在谁手中，但必须是会读、会用的人："得之不易失之易，物无尽藏亦此理。但愿得者如我辈，即非我有亦可喜。"清末许益斋《榆园丛书》上的这方印文，透现着近代藏书风气的一种转换。记得纪晓岚也是这个态度，认为如果家藏落到别人手中了，别人说一句"此是纪老儿家物"，他也会很高兴的，并不是死抱着不放。是书，就应该让它发挥社会作用。

另外，印的形状也随人而异，长形、方形、圆形、葫芦形、宝鼎形、亚字形，种种不一。明人高濂有一枚"五岳真形"印，别具一格。总之，这是文人雅士们表达自己兴趣所在的一方小天地，在适当的地方盖上一印，能生色不少。现在谁手上如有此类书之一册，必为珍品。

十六、装帧：工艺美学的运用

书页制成后，就要装订成册，或用卷轴式，或用折叠式，或用册页式；或粘接，或线装，总求其装订结实，经久耐用。这还不够，还必须美观，让人喜爱，那就要进行装帧设计。其要有二，一是包装设计，即全书的装订方式、封面、扉页与外套的设计；二是装饰设计，附加相应的饰件，以提升书型的美感。这是实用美学的一个天地，须精心完成。与内文风格情调相一致的装帧设计，将为版本生色不少，不可轻率而为。

（一）从卷轴到册页

上古甲骨金石文本，庋藏时自然要作有序排列、串接、堆放，那可以唤作"堆叠装"。先秦竹简木牍先要编联，后须卷起，以便收藏，这就有了最早的"编联装"；后来有了帛书，帛书可以折叠收藏，通常是用卷起的办法来收藏，但必需加一个轴，以方便展读，这就有了"卷轴装"。自从有了纸书之后，卷轴装很快向册页装转换，册页装又先后出现了折叠式、龙鳞式、旋风式、蝴蝶式、线装式、包背式几种具体式样。一句话，卷轴装与册页装是传统古籍的基本装订方式。

1. 卷轴装（卷子）

这是唐和唐代以前的帛书、纸书的通行装帧式样。先将纸（或帛）粘成长幅，将长幅之末粘在以竹木棍或象牙、玉石等材料做成的轴上，自左至右卷起。这样，书末卷在中心，文章开头在最外层，一打开即可看见正文书题、文题了。卷头另置包首，通常以锦绫制成，以为防护；并加丝带，以便捆束。一般高1尺上下，长三五尺至二三丈不等。幅内分行直写，每行17至20字不等。隋人为了将不同类别的卷轴区分开来，就在轴上打主意，千方百计美化卷轴。隋炀帝将新诠次的书37000余卷"纳于东都修文殿，又写50副本，分为三品：上品红琉璃轴，中品绿琉璃轴，下品漆轴"。唐玄宗开元年间，仿照炀帝的办法，集贤院所藏经、史、子、集四部书的卷轴各有分别：

经库皆细白牙轴，黄带，红牙签；

史库皆细青牙轴，缥带，绿牙签；

子库皆细紫檀轴，紫带，碧玉签；

集库皆细绿牙轴，朱带，白牙签。

这是皇家书籍的装帧，通常大户人家用檀木作轴就很不错了，一般读书人则用木棍、细竹竿作轴。带子用于捆扎，签则系在带的末端，带扎好后将签插入即成。唐朝出过一些大书，如《北堂书抄》《群书治要》之类大型工具书，要用很多人来抄，再装订成轴，该是多么浩繁的工程。仅仅打开这样的书去查一个词条，今人恐怕也会感到不胜其烦的。而在当时，这已经是很先进的法子了，周围国家还专门派使者来华求书。卷轴装是唐和唐代以前汉魏六朝的帛书、纸书的通用装订方式，敦煌写本大多是这种卷轴装，当然也有折子。韩愈说"邺侯家多书，插架三万轴。"就是指此而言的。然而，纸是便于折叠而不变形的，因而卷轴装就有向经折装转换的条件。

2. 经折装（折子、折装、梵夹装）

此方法本是僧人用于佛经的装订，晚唐才扩及普通出版物的。唐代佛教发达，译经工程浩大，佛经都用梵夹装（经折装），以便唪读。它是由卷轴装发展而来的：二三丈长、一尺来宽的长幅纸面，加轴子卷起就是卷轴装；不加轴子，只是将长幅一页一页地正反折叠起来，首尾各粘上一块硬纸版以护住内页，这叫"硬封"，上下硬封形成两边相夹的样子，极似古印度佛经的"梵夹"样式，故称为"经折装"（梵夹装），它恰好适应了雕版印刷必需分页进行的工艺要求。这种折叠式的书，其每一版面既相对独立，打开后又联成一个长卷，前后页相互蝉联。读折子的感觉和读卷轴的感觉有点不一样：直式折叠，左右翻阅着看，称为开版册页；

横式折叠，上下翻阅着看，可以一行一行地边展读、边收卷；经折则需一页一页地翻揭。经折装有直式和横称为推封（推蓬）册页。如折叠装的上下硬封共用一张硬纸或一幅绫子做成，使首尾联成一体，名为"旋风装"，取其翻阅快速而不乱的意思。而依页翻揭着看的过程，自会启发人们依页次装订的思考。

3. 龙鳞装

雕版印刷品本来就是一页一页地印的，省去长幅粘连再加卷轴的工序，直接把印刷的单页依次鳞比地粘贴在一张事先准备好的素绢上，使文字的开头贴在最右最上的一页，逐页垫衬着粘贴，结尾贴在最左最后。阅读时可逐页揭开来读。人们给它起个美名叫"龙鳞装"。唐代中期，一度用这种办法来装订。它是最初的分页装订式，文字版面分开而纸幅又相互粘连，预示了卷轴装与经折装必向册页装过渡的理性趋势。

4. 蝴蝶装（蝶装）

这是宋元书籍的基本装订法：将书页从每面的版心中缝线向内对折，使版心在内，单边向外；——对折后将其码放整齐，再在中缝背脊上以胶粘连，并用硬纸包裹书背，不用纸订。这样，一本毛装的书就成形了，打开时就如蝴蝶展翅。若再将上下和左侧单边裁切整齐，这就是精装的成品书了。这样装订而成的书，打开时如蝴蝶展翅一般，故宋称之为"蝴蝶装"。宋代除佛经仍沿用经折装外，一般书籍都逐渐改用蝴蝶装了。今国家图书馆馆藏《欧阳文忠公集》即是宋代的蝶装书。这种装订法，比起卷轴装、经折装来更利于翻阅，更便于查检图文，页面边口若有污损，还可随时裁截贴补，不致影响版心，也不伤及其余版面。但这种装订式，使版心在内，遇到书页脱落时，却易伤及本页版心，致使损坏口题；另外，由于同页文字两两相对，阅读时，每揭一面（现在的两页）都要遇上一个空白页，这对读者来说，仍然不方便，故后来发展成包背装。

分册页的蝴蝶装出现之后，这办法得到了推广，但经折装仍然存在着，卷轴装也还在流行着，并没有被否定。至今佛经仍用"梵夹"，国画仍用"卷轴"。《梦溪笔谈》里记着一件趣事：宋初有位好摆弄古文的士子叫柳开，自以为是文章能手。这一天，他推着一辆独轮车去应试，车上装了一千轴卷子去见主考（可见宋人还有用卷轴装的），想从气势上压过众人，可同时有另一位举子叫张景的，却只上送交了一篇文章。结果主考官选的就是张景，把这个柳开气得要命。

5. 包背装（裹背）

一种始于元代而盛行于明代的书籍装订法，是蝴蝶式的改进型，册页装的新形式。人们将书页改由版心中缝线向外对折，书页的无字面就见不着了。书页叠放整齐后，版心就在外了。这样，左右边栏的外侧正好做"书脊"，同样用胶粘连，还可再加纸捻订脑，并用整页的厚纸裹住书脊以及书的封面和封底，这就形成了包背式，故名为包背装。从此，书脑就不再外露了，当时的人把这种装法唤作"倒装"，因为折叠法与蝴蝶式正好相反。明朝人装订《永乐大典》，装订辽金元的"三史"；还有明太祖的《御制诗集》等，全是用的朱丝栏写本，黄绫包背装。清《四库全书》也用此法装订。清代包背装书籍发展到极致时，出现了一种豪华巨帙：清代皇室家谱，名为《玉牒》，每册长90厘米左右，宽50厘米有余，厚50厘米以上，一律用宣纸、画朱丝栏，用正楷写成，最重者80公斤，要二人力举才能上架。成书200年来，屡经搬动，毫无绽裂破损痕迹。这是中外装订史上的奇迹。这种装订法，克服了蝴蝶装的缺陷，而版心对外，口题易于看到，更便于查找页码，翻检文章；但时日一久，书脊仍易开胶，故清朝又将其改为线装。

6. 线装

明清之际的人们把包背装改进为线装。以此法装订比以往的胶粘要结实而美观，而且易于改装，这是古籍的最典型、最高级的册页（叶）形式。线装书改胶粘为打孔穿线，因为要打眼，于是有四眼装、六眼装、八眼装之别，无非是指在书脊上打眼的多少；一般用细麻线订，也有用牛皮纸作绳代替麻线的；上档次的书则用丝线订，以白珠线双股平行穿纸、札紧，不必包背。这种册页装的书，是平放在书架上的，书根朝外，往往在书根上打上书名、卷次，利于查找。晚清出版的类书、丛书，大多采用这种线装法。我们今天见到的古籍版本，基本上就是这种线装书。而此前出的宋元旧本，在重新装帧时，也往往被改成了线装式，但原来蝴蝶装的痕迹还宛然可见。从美学上说，线装书是古籍中实用美学原理体现得最为充分的一种。

现在的平装本、精装本、普及本都用册页装，有时内页还用线订，通常则不再用线订而恢复了胶粘，也恢复了包背。这就可以在书脊上题写书名、卷次、作者名以及出版社的名称了，这更利于查检，它适应了直立插架的需要。这种改进型包背装，是当今世界通行的装订法。有人说这是与世界接轨，其实它只是元明装帧法的"回归"，只是有所改进而已。

另外还有一些特例，比如荷叶装，明江苏长洲人徐源澄兄弟家，就藏有一套荷叶装的旧抄本《避暑录话》。此法未见普及。

（二）古籍的包装与修缉

古籍装订后，书页成册了，书就成型了，该完工了；但人们还是不满足，还有一个美化与维护的问题，这就要靠"外包装"及其装饰件来解决了。这里从包装、装饰、维护三个方面来说。

1. 包装

最直接的办法是在书外加书衣，即加书皮、书套或书帙。书籍装帧的美化与豪华化，也就从这里着手。书皮，即在书的封面外再套一层外衣，起保护作用。古今藏书家爱用不同质料、不同色泽的纸张或绫罗作书衣。汲古阁的书衣用宣德纸做，染雅色，非常美观。《四库全书》用四色绢作成，以示经史子集的区分，很醒目。书皮之外，还有书套。过去卷轴装的书，往往将多轴（5~10卷）书装入一帙中，帙也是用绢素做成的，也有用缣、用布作的，偶尔有用极细的竹篾编织外皮、内衬绢里的；还有所谓"筒子皮"，作用也在于保护书。册页装的书，不适合用帙，就用扁平的硬套子来分装书本，谓之"套装"。只套四周不论两头的叫作四合套，六面封严的叫作六合套。套开口之处做成各种美化式样，有如意套、云头套……之分。随着书套的材质、形制的不同，人们给起了各种变称，什么书盒、书函、书匣、书囊之类。也有用夹板者。为了搬运、储藏的方便，则有用书簏、书箱、书橱、书柜、书架的，那就无须多说了。古人还有各种豪华包装，无非是在封面与书本上下功夫，用名贵的材料制作，再多加一些珠光宝气的饰件而已，那与阅读内文并没有多少关系，但可以提高书的"价位"。

2. 装饰

为使书本、书套、书匣美观而结实，使其显得豪华些、尊贵些，有人在书套、书匣上加上各种形式不同质料的包头、包角之类，多半是起些点缀和装饰作用。就册页装而言，每本书都是个六面体，顶端为书首，底端为书根，上面为封面，底面为封底，封底封面加书背总称为书封。开页处为书口，与书口相对的另一边为书脊（书背）。装订处为书脑。在装饰上，这六面各有要求。书首书口要保持洁净，插架时保证不沾灰尘；书根在装订完毕后，可打上书名和卷册编号，叫作书根题字，美观而适用。书脊两头加绫罗包角，可使书籍呈豪华气派。书衣要加贴书签，题写书名，用名家书法，以丝织品制成最佳。书封内里，另衬一页空白纸，作为护页；护页有用万年红纸做成的，既鲜艳美观，又能防潮。

3. 维护

古书是单面印刷，外向对折，如果纸质轻薄洁白，翻阅时易出现字迹对映现象，那就在折页内里衬一层雪白的薄绵纸，又美观，又实用。另外，当书页出现虫蛀、破损或日久变脆不宜翻阅时，则需用染纸填补，用白绵纸裱衬。倘若旧书经多次改装，天头地脚和书脑经多次裁截而变小时，则需在书页上加镶衬，即在旧书的天头地脚书脑部位镶衬上半寸宽的白纸，对折，插入连史纸衬页，重新装订。因原书的纸已经发黄，新镶之边如玉，故有"金镶玉"之美名，又称"袍套装""惜古衬"。这是修缉古籍的一项基本方法。

为防虫蛀，有潢染的工序，就是把纸张在黄檗汁中浸染一通，以防书虫。又有一种香草名芸香，藏书家将其置入书中，可使书香满室，也能防蠹。

除包装、装饰、维护外，重要的还是看日常的使用与保管是否适当，再好的书不加保惜也是白搭。宋人司马光爱书得法，他教训子弟说：他每年的三伏天，必选一个天气晴朗之日，将书本侧立于几上，曝晒书脑，所以年深月久而终不损坏。平时开卷阅读，必先洁净几案，垫上茵褥，端坐而念。偶尔步行中看，一定用平板托着，不敢空手卷执，以防手汗伤纸，不使手指触动书脑。每看完一页要翻动时，绝不用指爪撮起，而是用右手大指面衬其沿，用次指拈而揭之。他说这是"尊敬书卷"——其珍惜若此，所以他的书经年讽读之后，仍能整洁如新。

传统古籍版本是当代古籍收藏的主体，这主要是指线装纸质书，也兼指金石拓本和石经，以至简书、帛书，还可追溯到甲骨文字，有时连及印章字画。不过，说到底，纸质线装书是最具代表性的品种。今天的版本鉴赏与市场交换，主要也是就纸质线装书而言的。

十七、宋代的文章轨范

宋代从太祖起，就重视文治，重用文人，优待士子，科举考试更向社会开放。太祖说："昔者科名多为世家所取，朕亲临试，尽革其弊矣。"太宗说："朕欲博取俊彦于科场之中，非敢望拔十得五，止得一二，亦可为致治之具矣。"因而宋代特重科考。朝廷"名卿巨公，皆由此选……登上第者不数年，辄赫然显贵矣。士子莫不用心。"而当时的考试办法虽常有变更，而论文写作却是贯彻始终的。所谓"状元试三场，一生尽吃香"。三场即"先策、后论、次诗赋"。这里，"策"是政论文，直接就时务问题答辩发论；"论"指论事、论史、论人、论世、论学之文。考策论，首先就要看考生的经学基础，看试卷的"文理""文法"。人们自然就会重视论文写作了。而在宋人手下，文也议论，诗也议论，赋也议论，词也议论，连笔记、评话也少不了议论，几乎无文不论了。在这种情况下，千军万马齐竞争，就不得不"精熟《文选》理"，不能不揣摩作文法了。于是，搜集中举士子的试卷，出版印行，供士子们研习为文技巧，也就成了社会的热门需要。每次考试之后，都有书商搜集范卷，请名流硕儒进行圈点批抹，指出别人的文章好在何处，别人是怎样开头、怎样结尾、怎样过渡、怎样运思的，为后人指点门径。

对文章加圈点批抹，由来已久。《三国志·魏书·王朗传·附王肃传》引《魏略》注：董遇为《老子》注，又善《左氏传》，为作朱墨别异。有人从学，曰"读书百遍，而义自见"。人言无暇时，则曰"可用三余"。——可见朱墨圈点由来已久。至于宋代的圈点批抹，据杨彝说，"刻文旁批始于王士啸（房仲）"。他说，乙卯年以后，书商王士啸为适应士子们应试的急需，专门搜集刊刻供应试使用的范文文选，分为四种：诸生平时会课之文称作"社稿"；举子之作称为"行卷"；进士之作则为"房稿"；三场主司及士子的文选又特称为"程墨"。为着给应试者"指示作文途径"，王氏便请选家在正文上加圈点与旁批之类。此风一形成，便推进了传统文章学向更深更细的方向发展。久而久之，这类"指示门径"专著也就问世了。宋代活字排版术的普及与造纸业的兴盛，又保证了这种需求的快速满足。这便是宋代"文章学"特盛的动力所在，是圈点批抹兴起的直接动因。宋人《文则》（陈骙）、《容斋随笔》（洪迈）、《鹤林玉露》（罗大经）、《古文关键》（吕祖谦）、《文章轨范》（谢枋得）《文章精义》（李涂）之类著作，就是应时而生的一批文章学专著。至于文章学专论，则几乎每个作家都写过不少，比如欧阳修《六一诗话》中就有"文论"文，这里就不一一介绍了；下面仅就几本专著作些简要说明。

《文则》，宋人的第一本文章学专著，成书于1170年。书中以周秦经史诸子之文为样本，从写作原则、修辞炼字方法、文体风格要求等方面逐篇进行分析，时有独到见解。比如他反对"滥用古语撰述今事"，提倡写文章用"通语""浅语""常语"，就很有见地。他运用归纳研究法，把周秦文章中出现的比喻修辞，归纳为直喻、隐喻、博喻等十种，在方法论上就是一种进步，对我国修辞学的创立很有启发。

《文章轨范》收录汉晋唐宋文章69篇，以韩柳欧苏为主，各加圈点评语。分为"放胆文""小心文"两部分。要人们先学放胆文，放开手来写，做到放言高论，只见文之易，不见文之难就行。然后再学小心文，由粗入细，由俗进雅，由煞入简，写出好文章来。每篇作品，他都加圈加点加评语，意在指点作文要津。

《古文关键》作者采韩柳欧苏文六十余篇，每篇纲目关键或"文字吃紧处"多有评点。书前有总论曰"看古文要法"，所辑范文必附评解，先说该文的体格源流、立意谋篇，再随文圈评文章起首、过渡、承转、波澜、照应、关锁、结尾等关键之处，所评时有妙解，对学习写作很有启发。附带说一下，晚清李扶九的《古文笔法百篇》（岳麓书社1984年版），在规制上颇能承其绪、集其成，可以参看。

《文章精义》以周秦两汉及唐宋名家名著为文本，进行源流演变、风格特点、运笔方法的分析归纳，时有卓识。比如他说的"韩如海，柳如泉，欧如澜，苏如潮"，已成公认的确论。他要人们学文切莫学怪句，也是经验之谈。

《鹤林玉露》是一本读书杂记，其中论文的篇章不少，有些观点很有见地。如作者议为，韩柳欧苏散文成就都很大，但各有特长，互不相掩。然而，"韩柳犹用奇字、重字，欧苏唯用平常轻虚字。而妙丽古雅，自不可及。"守文在艺术上比唐文更为成熟，作者抓准了这个行文上的特点。

《朱子语类·论文》是语录体论文杂记。朱熹讲学，专讲儒家之道，专讲心性义理之说，他的论文，也就坚持"道文一贯"说，认为道是根本，文是枝叶，"惟其根本于道，所以发之于文者皆道也。"把被程颐兄弟割裂了的文道关系又重建了起来。他提倡写文章要"三分虚，七分实"，肯定了文学虚构。他倡导一种明白晓畅的文风，对宋文的社会化、平易化方向作了肯定。朱熹所注《四书集注》，社会影响很大。此人并不迂守陈说，其论文思想包含着合理内核。

唐宋人重视字法（词法、词性）研究。那时，谁能把经典中的词性活用现象圈点出来，便被公认为有学问的人了。他们把词性发生变动的"字（词）"称作"动字"，如名词作形容词用，名词、形容词作动词用，或动词的被动用法等；

而词性没有变化的"字（词）"则称作"静字"。在圈点经史文章时，凡"动字"就得加圈，以示应作特殊理解；词性未变的"静字"则不必加圈。能否正确圈点，是对阅读理解能力的测试，即所谓"学识如何观点书"。（见《唐语林》62页）元人刘鉴也说："诸经史当以朱笔圈之。静者（词性不变）不当圈也。"（《经史动静字音》）"静字"不圈"动字"圈，是当时圈点的一条经验。除了"动字""静字"的概念外，北宋人又有"实字""虚字"的概念，大体相当我们今天所说的虚词、实词。古人从"实字求义理，虚字审精神"，各有妙用。宋人张炎在论填词的窍门时说："若堆叠实字，读且不通"，何况咏唱呢？所以填词时"合用虚字呼唤"，不过要用得其所。（见《词源》）

宋人的圈点批抹，广泛运用于科举试卷和一般文章。他们把文章中的关键字句加圈加点，或用朱砂直接圈点在相关字句上，或用墨色圈点在相关字句右侧。对文章中有起伏、过渡、关锁、呼应作用的字词，对文章中的警策语、描写句，都要加圈加点加批——夹批、旁批、眉批种种，借以点明文字好在哪里，启发人们去学习和模仿。至于"抹"，即抹掉批点者认为不好的字句、多余的字句、错误的字句。这个做法用于批改生员习作尚可，但宋元时人却用之于文章评品，即使大家之作也难免于被"抹"去一些字句，这就显得十分粗暴了，然而它也是一时风气。

元人胡长儒在《语助序》中说："文岂易言！庄左马班殊，韩柳欧苏家数亦别。然资助于余声、接字，同一律令。作文者不于此乎参，其能句耶？"他认为做文章可不是件容易的事，历代文章大家虽然各有巧妙不同，但行文借助于

"虚词"则无一例外。因此，人们对文法字法的研究，对语气词、连接词之类虚词的应用，都应认真领会，否则就无法成句。

十八、宋代散文的艺术走向

有宋一代颇有建树：它完成了我国经济中心的东移，沿海大型工商业都会成串出现；丝绸、瓷器、制茶、制盐、造船业高度发达，保证了国内需要和外贸事业的发展；造纸、印刷一变汉唐时期由朝廷控制的有限生产为社会性规模产业，成为社会文明的标志性行业；科举考试大批录用文士，保证了国家机关的文化素质和行政效能，出现了前所未有的"名臣辈出，吏治循良"（赵翼之语）的局面。宋代没有出现全国规模的农民大起义与震动国家命脉的军阀割据、宦官专权等，保证了政局与民生的大体安宁。在这种社会氛围中，"学者辈出，学术繁荣"（郭预衡先生语），自是必然的。知识阶层参政、议政、干政的规模与深度都超过了隋唐，文章论议尤为活跃。宋代文章，别开新局。

宋代散文，有三类文章最为引人注目：一类，论政议事之文。宋代，朝廷思想文化政策相对宽松，允许甚而鼓励"言事"；国家重用文人，文人任事者多，遇事好发议论，加上科举考试有策论一项，其论辩、驳议、翻案文章就特别多。两宋民族矛盾持续而尖锐，任事将帅亦多能文；一般儒者也好论兵，因而评史、论政、议兵、议事之文成了宋人的写作大宗，名篇不绝。这类文章的作者，一般都怀着为国分忧、为民解困的热情和责任心，文章有感召力。《五代史·伶官传序》《朋党论》《六国论》《美芹十论》《本朝百年无事札子》《戊午上高宗封事》之类是其典范。二类，记叙抒情之文。有宋一代，不废四六；即使古文大家，凡有成就者，也均谙熟美文，都能以散运骈。在他们笔下，写景抒情文不必说，各种应用记叙文体，也无不可杂以议论，又无不可渗以抒情。这就极大地提高了古文的艺术韵味。其文风更近于唐人李白、柳宗元、白居易一脉，而区别于元结、韩愈、李翱一派。《待漏院厅壁记》《沧浪亭记》《石钟山记》《醉翁亭记》《墨池记》《游褒禅山记》《登西台痛哭记》之类，都是"记"而非"记"、文情并茂之作；而尤为脍炙人口的《岳阳楼记》《秋声赋》《赤壁赋》等篇又纯为抒情美文，而且全都出自古文大家之手，是他们精心制作之文。这是最能代表宋文成就、宋文特色的一种。第三类，交际应用之文。这类文章，往往不经意而为之，显得真切、灵活，不拘束，不刻板，叙事理，话人情，谈主张，发牢骚，可长可短，或庄或谐，同样有韵味。书序碑铭等传统文体，这时也变得平易近人了，其艺术功能得到了全面展示；至若笔记散文则更是大量涌现，忠实而多层次地展示了有宋一代的社会生活面貌，成就超越隋唐；从沈括、孟元老到洪迈、江少虞的笔记之文，从郑克、宋慈到刘克庄的狱案之文，别有成就，也忽视不得。

唐代文人开笔记写作之风，宋代笔记大量涌现。笔记文章是随手记录，作者本无意于为文，所以记下的东西反而真切自然。写笔记没有框框套套，兴之所之，信手拈来，虽或为一孔之见，一面之词，但汇集起来，便足以多层次、多侧面地了解一个时代的社会生活面貌和人们的精神状态。对于宋元明清来说，如果只读官家认可的"正史"与正统的"古文"，你会觉得与秦汉隋唐时代没有多大区别，人们的生存环境、生活方式、生活态度、生活内容，差不多还是那个样；人们的思想方法、思维方式、斗争手段、精神境界，也没有太大的变化。唯有看了大量的笔记散文之后，你才能真切具体地把握不同历史时期的时代特点，了解不同时期的人物身上所折射的时代风貌。宋人的《东京梦粱录》，元人的《辍耕录》，明人的《万历野获编》，清人的《东华录》，所储存的社会信息不知比正史多多少倍！

《三朝北盟会编·传信录·陈东事件》载：李纲罢职后，陈东等太学生千余人伏于朝门外上书请愿，"军民闻之，不期而集者数十万。填塞驰道、街巷，呼声震地"。要求一见李纲，得不到答复，"则杀伤内侍二十余人，皆脔割之，虽毛骨无存者。又诟骂宰执李邦彦、蔡（悬）、王孝迪、赵野等，驱击之，皆走散藏匿"。这种斗争方式、规模、后果，都有强烈的时代特征，是宋代城市生活大发展的背景下，知识阶层与市民阶层相结合形成的斗争方式。在正史里、正统古文中是看不到这类具体记录的。

《容斋三笔·北狄俘虏之苦》写金人掳掠帝子王孙与平民百姓为奴的情景：每人一月得稗子五斗，自己去舂；一年支领五把麻，自己去缉。不舂无食，不缉无衣。无衣，则"终岁裸体，虽时负火得暖气，然才出外取柴，归，再坐火边，皮肉即脱落，不日即死……任其生死，视如草芥"。这样的文字，展现了一幅多么惨烈的人间图画！"古文"中何尝见过？

《宋人事实类苑·清波杂记》载：放臣逐客一旦弃置远

外，其忧悲憔悴之叹，发于诗作，特为酸楚。滕子京被诬，谪守巴陵，重修岳阳楼，有人赞其落成，答以"落甚成！只待凭栏大恸数场。"由这则资料可知，范仲淹写《岳阳楼记》中大发先忧后乐之论，并非无的放矢，这当然有助于我们评价文章。

这类史料，可以帮助我们理解许多事，真切具体地认识历史面貌。

狱案文章，专指旧时代一切关于审理办案的、当时具有法律效力的文章，如状词、案情查验、狱审记录、判辞、结案申报之类。狱案是社会状况、政治生态的集中反映，是民生艰难、吏治清浊的真实记录。通过狱案所集存的社会信息，是任何统治集团所无法掩盖、否认或粉饰、曲解的。如果说文学是社会的镜子，是政治的晴雨表，那么，狱案文章则应是我们最需关顾的"镜子""晴雨表"！宋人为我们留下不少这类题材的文集。假如学习古代散文是为了进行审美欣赏，为了陶冶情操，这里便可以不论；倘若要由此认识社会、认识历史，并更深刻地理解从历史深处走来的今天，那末，狱案文章是不可不读的。

《明公书判清明集》收入宋人刘克庄、宋慈、真德秀、史弥坚等四十余位大僚名吏所经办的实际案例，共有473则判辞，分为7门103类。全书真切生动地反映了南宋底层社会生活的真实面貌：从宗室官僚吏役到豪绅恶棍娼妓，以至僧道牙侩无赖，一个个为非作恶，无所不用其极。户婚田产的斗殴死伤，案件触目惊心，伤天害理；衙役师爷的卖狱活动猖獗狡诈，黑幕重重；社会黑势力上下绞结为非作恶，假冒官爵，胁迫平民，私设牢房，包揽词讼……而这一批"明公"

所判之案百不及一，民众只得在水深火热中苟存性命。可以毫不夸张地说：关于宋代的所有史著、小说、散文、歌诗，它们所提供的社会底层生活信息，加在一起也没有这本书提供的多而真切可信——因为它是统治集团内忠诚能干的官员们所亲历亲办亲写的"实录"！这本书注重对案情细节的如实叙述，比同类著作的可读性强，而办案的操作指导性也强，是一本不可多得的"奇著"。

除上述三类外，宋文中能别树一帜的，还有从司马光到吕祖谦的载道之文，从张载、程颢到朱熹的性理讲学之文。宋代理学发达，讲学传道，规模空前；这就催生出大批学术文章，程颐、张载、朱熹代表着他们的成就。大致说来，这些文章不讲文采，往往枯淡无味；但也不能一概而论，朱熹的不少文章或语录，就很有可读性。宋代能文之士，大都兼有学术专长。其相关学术文章，也能蔚为大观，其中讨论文法笔法的文论文章，倒是应予注意的。

总的说来，两宋文坛，自有奇彩。宋代文章特色是更贴近生活，散文理论与散文创作都脱去了高雅神圣的外衣，跳出了宗派自高的阴影，向社会需要靠拢，综合吸纳前人的艺术成就，创造出新的精品。宋代散文无论是载道与明理，述义或抒怀，还是体物与记事，写貌和传神，都达到了新的艺术高度，总成就超过了唐朝。另外，宋代雅文与俗文同时发展，在散文范围内，语录、小柬、笔记创作盛况空前，这就促进了散文语言的平易化、通俗化，增强了书面语言的表现力。平易清醇，是宋文区别于唐文的一大特色。

第六章　明清的册页书与考据评注之学

　　正如元人无法充分估价宋的成就一样，清人同样不能正视明代的文化成就；而闹革命的后人也不会充分评价"前清"的光明面。其实，如果没有明清书品的存在，没有《永乐大典》《四库全书》所带动的对中华文化的珍视和集成，又如何能培育我中华民族的精神伟力，从而抵制欧风美雨对全球的殖民军事掠夺、殖民文化侵袭而保持住自身的文明存在？又如何能避免其他古国文明被彻底铲除的可悲命运？本章通过对明清两代修书、藏书、用书、救书的历史回顾，从特定视角展示我民族的韧性战斗精神。中国人自有深厚的文化潜力，足以迎敌任何考验，足以不败地永久立于世界文明民族之林的最前列。

一、明政府的藏书处

　　明代皇室藏书规模和数量胜过了前代。朱元璋继承历代帝王开国之初就搜求前朝及民间遗书的传统，大力收集四方典籍。明代皇宫藏书处众多，有大本堂、东阁、华盖殿、弘文馆等处。大本堂除藏书外，还收藏有元明两朝的案牍文件。朝廷中枢机关东阁、华盖殿所收藏的图书，则专供内阁学士们使用。明廷修书以《永乐大典》的编纂为代表，达到新的水平。

元至正二十六年（1366年）六月，朱元璋攻克了建康（今南京），即命有司访求古今书籍，藏书秘府，以资阅览。洪武元年，在南京奉天门旁建成"文渊阁"，作为国家藏书处，收藏了"三朝实录"和经书等典籍，供皇帝与朝廷大臣读书、议政，大臣们也在此研读经书。翰林院的大小官员，均可以进入此阁阅览；庶吉士们则在此进修学业。洪武元年（1368年），大将军徐达攻入元大都（今北京），封府库图籍，守宫门，禁士卒侵暴。尽收元朝奎章阁、崇文阁秘书图籍及太常法服、祭器、仪象、版籍，运到南京。南京皇室藏书由此数量大增，而且多有宋元秘本佳刻。元人的收藏本来就有一大批是从杭州夺来的南宋珍藏，所以极有价值。当年十月，明太祖下诏，收秘书监图籍，购求民间遗书。十一月，"建大本堂，取古今图籍充其中。延四方名儒教太子诸王，分番夜直，选才俊之士充伴读。帝时时赐宴赋诗，商榷古今，评论文字无虚日。"大本堂是为太子及诸王读书而设的皇宫藏书处，翰林陶凯、学士宋濂等人专门在此为太子讲书。洪武三年（1370年），太祖仿唐宋元制，设弘文馆，收藏、校理典籍，教授生徒。洪武九年（1376年）废置。洪武二十三年（1390年）下诏购遗书，福建布政司进《南唐书》《金史》等书。

明成祖朱棣夺得帝位后，于永乐元年在北京设立了国子监，生员众多，包括外国留学生在内，曾达9972人之数。这里藏书极多，其中有不少是元代从南宋都城运来的宋代珍本。藏书的复本量也相当大，足供生员们借阅，很有点后世大学图书馆的功能。永乐四年，明成祖又一次下诏礼部尚书，在全国范围内征集图书。他嘱咐说："惟其所欲与之，勿与较值。"只要能收到书，不论价钱。后又扩大"文献大成"的修书规模，经六年功夫编成了《永乐大典》，即收藏于文渊阁。北京城修建完工后，他又下令，把这套《永乐大典》，连同修书时从各地搜集的古书，以及从阁中原有藏书中选出的一部分珍本好书，一起装运到北京，在皇城内专门兴建了一座藏书楼，仍名"文渊阁"，用来存藏这批珍贵图书。其所藏书约二万余部，近一百万卷，其中十分之三是刻本，十分之七是抄本。正德年间，又将左顺门藏书移置文渊阁，对此阁进行了一次修缮缉补，"秘阁书籍，皆宋元所遗，无不精美；装用倒折，四周外向，虫鼠不能损。"这是明代藏书最完善的时候。朝廷设翰林院掌理天下图书文籍，设詹事府，下设左春坊、右春坊，职掌修撰典籍，编纂文翰。后来在嘉靖至隆庆年间，命程道南等主持缮录了副本一部，藏于皇史宬（一说回藏于南京文渊阁）。明末，此处并华盖殿等建筑均先后遭遇火灾，于是宋元明三代的珍藏焚烧殆尽。

二、明代的修书

明代修书最大的工程就是《永乐大典》的编纂。永乐四年（1406年），明成祖命大学者解缙在文渊阁主持编写《文献大成》，后改名为《永乐大典》。全书依韵目编列单字，单字条下辑入与此字相关的文史资料，合乎成祖的要求："凡书契以来，经史子集百家之书，至于天文、地理、阴阳、医卜、僧道、技艺之言，备辑为一书，毋厌浩繁。"仅目录就有60卷，收录历代图书8000种，22877卷，书成，藏于从南京迁来的文渊阁中。明末，正本毁于李自成进京之时。八国联军进京时，皇史宬的副本被毁，未毁者几乎全被劫去欧美。1960年中华书局根据历年征集到的残剩书卷影印出版，计730卷。现已将现存残卷"整旧如旧"，珍藏于国家图书馆内。

明嘉靖之后，出书业进入新的发展阶段。纸张品种增多，雕印技术更精，出版物不受"正统"的局限，涉及范围很广。明内府刻书由司礼监太监主持，设汉经厂、番经厂、道经厂等，分刻儒佛道之经典，所出书世称"经厂本"，版宽、纸白、墨亮，材质是上等的。但因出自宦官之手，内文的校勘质量太差，不为藏家所重，也影响了后人对"明刻"的总体评价。明代藩府的刻本最好，总量也大。如周藩刻的《普济方》，康藩刻的《文选》，秦藩刻《史记集解索引正义》，郑藩刻《乐律全书》，均为后人所珍视。明代各地方政府重视刊刻地方志，也形成一代新风。又，各地还有所谓"府学本""州学本""县学本"等，是官办学校和一些私办书院刻印的读本，出版总量也不小。

明代，江浙刻书业最发达，以南京、苏州、杭州为中心。商家特爱摹刻宋本，出了胡文焕、毛晋等著名出版家。书坊出书呈现一派新貌。如《新刻全相增补搜神记》《新刻全相海峰先生居官公案》《南调西厢记》《新女贞观音会玉簪记》等，图文并茂，极受社会欢迎。《明解增和千家诗注》是现存最早的彩色插图本。永乐之后，北京成为印刷中心，岳家书坊所刻《全相参增奇妙注释西厢记》很有影响。明人喜爱乱题书名，于此亦可见其一斑。

三、明代个人收藏的专门化

明代造纸业、印刷业较前更发达，图书市场空前繁荣，藏书家之多之富更创历史新高，且又有新的特色。总体上说，这时的藏书门类更齐全，知识覆盖面更宽，更追求古本、珍本、异本，因而与国家收藏的互补性更为突出；而就藏书者个人来说，藏书家往往是社会精英，而且是时代风气的转换人物，不少人是文坛领袖、出版巨擘。他们的藏书，专业性也就分外明显，有些人特意收藏某一门类的书。这就形成了"藏书个性化、专门化"的时风，到明清之际的钱谦益门下，发展到极致。这可用下列实例来说明。

闻名中外的明代"天一阁"藏书楼，是浙江宁波人范钦设计建造的。此阁至今完好，阁中所藏之书，全为国之瑰宝。范钦收藏了七万余卷书，主要为宋元的刊本、稿本、抄本和明刻本，不少是海内孤本。如宋代建阳刻本《十七史百将传》，元代建安书堂活字本《元诗前后集》，明代铜活字本《古今合璧书类》等。他还特收各省、府、州、县地方志435种，以及明朝历次科举考试的刻本《登科录》等，其文化史价值不言而喻。范钦之侄范大澈，酷爱抄书，常年雇书手二三十人抄书不绝。他尤爱搜存唐宋以来名人字画和外国人书画名作，又寻得秦汉以来的印章四五千枚，自制了一本《印谱》，扩大了收藏内涵。范氏的收藏个性很突出。

浙江秀水人项元汴，创"天籁阁"藏书，"海内珍异，十九多归之"，"三吴珍秘，归之如流"。后来毁于兵乱。江苏太仓人王世贞，著作之多，为明代之冠。他曾用一处庄园换来宋版《汉书》。浙江兰溪人胡应麟毁家藏书，有"二酉山房"藏书42384卷，有"小酉馆"藏书30000卷，另有"藏经阁"专收典籍，"尔雅楼"专藏宋版书。江苏吴县（今苏州）的钱谷，一生搜集说部类书、诗篇文集、断碑遗碣。江苏常熟赵琦美，有"脉望馆"藏书数万卷。经他亲手抄校的《古今杂剧》66册，合242种元明杂剧，为中国戏剧史之宝藏。又有《营造法式》一部，初缺十余卷，他遍访藏书家，不遇；偶尔从书贾处得到残卷三册，又借来国家秘阁藏本之余抄补。然尚缺数卷，他又百计访寻，前后历二十余年，始成完帙。他为明代文化事业做出了重要贡献。另，山东章丘人李开先，藏书之富，甲于齐东，名满天下。他特别注意搜集的是词曲旧籍。就此，明人藏书的特点也就可知了。毛晋，江苏常熟人，他有"汲古阁"以藏书、印书。他是个藏书家，又是一位著名的印书家，是历代私家刻书最多者。他特爱雕印以前无人印过的书，所出《十三经》《十七史》《六十种曲》《津逮秘书》等均为天下善本。他主持创设了"汲古阁影宋抄"技法，所印之书，与宋版原书不差分毫，可以乱真。当宋版失传后，独赖此版之存而使后人得窥其面貌，当然为世人所重。

顺便说一下，明代大贪官严嵩也知藏书之乐。东窗事发后，抄没其家时，发现仅宋版书籍就有6853部，其手抄的宋元之书计有2613本，经史子集各种书5852套，连佛道经诀也有914套之多。

四、明代的文章走向

明代（1368—1644年）近三百年历史上，文章发展经历了一个曲折的过程，大致说来，可分为三大阶段，各有两个波峰。第一阶段为明初"二祖二宗"时期，以"馆阁之文"为大宗。第二阶段是明代中叶，是力主"复古"的前后七子与唐宋派相继登台的时期。第三阶段为明代晚期，是异端文学和明人小品的全盛期。明代中后期涌现出一批文学奇人，唐寅、杨升庵、李贽、徐文长、徐光启、李之藻、徐霞客、汤显祖、袁宏道等，是其代表。

先说第一阶段。十四世纪中晚期，元明之际的宋濂、刘基、高启、方孝孺，带着旧王朝的烽烟血泪迎来新王朝的百废俱兴，掀动明代文章创作第一波。他们的前期创作能反映社会现实，后期创作则为新王朝设计未来。宋濂的《秦士录》与《阅江楼记》恰好代表了明朝建立前后的不同文风。到十五世纪上半叶的成祖—英宗时代，是明代经济发展、政权巩固、外交活跃的时期，此时世风相对清平。这时以杨士奇、杨荣为代表的台阁重臣们，操笔润毫，雍容典丽，成"台阁体"之文，是为第二波。但明代自建立之初起，朝廷就迭兴大狱，以文字惹祸者不绝于时，这就禁锢了文章的生命力、战斗力。随着宦官政治、特务统治的形成，文士们更不敢反映社会现实了。明代第一阶段的文章创作面临着历史的否定。

其后的一个世纪是明代文章发展的第二阶段。由成化、弘治（1465—1505年）年间到正德、嘉靖前后（1506—1566

年），政荒民乱，阶级矛盾激化，社会危机加深，刘瑾、严嵩长期弄权，朝政在无序动荡中勉强支撑着。统治集团妄图靠宦官专政来控制政坛，用八股时艺来钳制文思。而宋元理学已不足以统摄人心，于是又倡行以"灭心中贼"为目标的"心学"。文章界则由前后"七子"掀起了创作的第三波。他们在"文必秦汉，诗必盛唐"的口号下，鼓荡"复古"思潮，向往先秦两汉的思想自由、文章宏肆；他们反对迷信程朱理学，反对死守道统、轻文贱艺的思潮，摧毁了"台阁"的花架子，突破了"道学"的老框子，写出了一批取材广、有文采、时而发论尖新的好作品，比如何景明的《上杨邃庵书》《上许冢宰书》，宗子相的《报刘一丈书》。但无论前七子的李梦阳、何景明，还是后七子的李攀龙、王世贞、宗子相，思想上、文学上都缺乏创新力，实际成就未能满足其自我期待；而一味复古模拟，又把创作引进了死胡同，充分显示了"古文"写作的时代困惑。

第四波，由"唐宋派"掀起于十六世纪中后期，嘉靖一万历之间。这一派以唐顺之、王慎中、茅坤、归有光等人为中坚，是明代文坛迄今最具创作实力的一批。茅坤《唐宋八大家文抄序》首先推出"唐宋八大家"之称，明确了正统文章发展的方向、道路；王慎中、唐顺之亲自参加过平倭斗争，反映的生活面较宽广；归有光成就最大，或写家人母子的亲情，或写吏治民风的世情，其文平衍素朴，意远韵长。他们反对前后"七子"而倡言"八大家"，对纠正机械模拟之风有利，然其最推崇的却是"思出于道德"的曾巩，要求为文"本之六籍""专力于道"，这就把文章创作重新拉上"载道""明道"的固有轨道。过时的指导思想，限制了他们原本可以取得的成就。

发生在第三阶段的文章第五波是"晚明小品"的创作，兴盛于万历—天启年间。公安派、竟陵派是其主力军。这时，反宦官的斗争也达到白热化的程度。值得注意的是，明代文坛的文学奇人——异端作家也空前活跃起来了。这是明代启蒙思潮最活跃的时期。徐渭、李贽是其杰出代表。时人为文，否定一切古文定式，"所谓文章的规律，所谓文学的道德，他们都一脚踢翻了。前人觉得'有聊'的，他们觉得'有聊'；前人觉得值不得歌咏描写的，他们觉得值得歌咏描写了。前人都做那些忠君爱国的大文章，他们专喜做那游山玩水看花钓鱼探梅品茗的小品文了。在他们这种文章里，确实活现地表现了作者的个性，作者的风情，作者的气量，文章也显得简练可爱，平淡有味了。"（刘大杰《明人小品选·序》）

有《陶庵梦忆》式的追惟既往，一面是匡时救世的慷慨呼号，张岱、张溥代表了有明一代最后的声音。这些"亡国之音"，今天看来，也比台阁体更有价值，更具可读性。

五、明代的禁书

明太祖朱元璋早年当过和尚，又是参加农民军起家的，对"光、僧、贼"之类字眼有神经质的敏感，并疑及"光、生、则"这类音同音近的字眼，不许臣民道及。他大兴"文字狱"，凡行文用上这些字眼，就会被他曲解而杀头。他会把臣下进的"贺表"中歌功颂德的文字"光天之下，为世作则"的话，曲解为骂他是"光头（和尚）"而"作贼"，他会把"体乾法坤，藻饰太平"的吹捧话读成讥笑他的"发髡"（光头）、诅咒他将"早失太平"。他会把"帝扉"读成"帝非"，把"式君父"读成"失君父""弒君父"，于是相关操笔人、献表人都一个个人头落地了，他们的其他诗文著述也连带着被列入严禁之列。有一次，他出宫微行，发现一群市民围着墙上的一幅漫画嬉笑。他走近一看，原来画着一位大脚女子怀抱一只大西瓜，他心知这是讽刺他的马皇后为"淮西大脚婆娘"，就派兵把一整条街巷都包围了搜查，却搜不出画画的人，他就把一条街的人都杀了。

明成祖永乐帝是非法篡权上台的，他残酷镇压政治反对派，像名儒方孝孺就被"诛十族"，连没有血缘关系的朋友、门生也都牵连诛杀；一大批文人的著作皆被他下令毁版。永乐九年，他又干脆下诏各地：所有"亵渎"帝王圣贤的词曲杂剧一律不许收藏。后来英宗禁毁《剪灯新话》，思宗禁毁《水浒传》等，都是从太祖、成祖那儿学来的。在这种高压的文化政策下，明代藏书家依然取得了重大成就，这不能不令人钦佩。

六、清代的官书出版与四库收藏

（一）清代的官书

清代官书出版与收藏，出现了"集大成"的特征。清初就设国史馆、弘文院负责编修国史，收藏书籍。康熙时编成了大型工具书《康熙字典》，又编了《渊鉴类函》450卷、《骈字类编》240卷、《佩文韵府》430卷和《子史精华》106卷，还出了《全唐诗》《大清会典》等。雍正时又编成《数理精蕴》《授时通考》，撰成了《古今图书集成》10000卷，呈现出一种总结数千年文化成果的气派，对自然科学与生产技能也表现出空前的兴趣。乾隆时在武英殿设修书处，由亲王大臣总其事，专门刻印"御制""御批""钦定"的书籍，如《十三经注疏》《二十四史》《大清一统志》《九通》《八旗通考》等。这里出的书世称"殿本"，由于出自文臣学士之手，校勘甚精。当年乾隆下令，出错一个字，罚俸一年，所以人人精益求精，扭转了明代官刻品的不良风气，质量直逼宋版。他更命于敏中、纪晓岚等学者大僚，组织人力，聚300余名学者，用20年功夫修成了《四库全书》，计36000册，缮写7部，分藏7处；又撷其精华而成《四库荟要》12000册，分缮2部，藏于内府。还辑录《永乐大典》385种，交武英殿以聚珍版刊行。同时，又命各省广修地方志，使地方文籍得到一次全面整编。

清代中后期，地方官办印书业大兴。阮元任两广总督，主持开办了"学海堂"开版印书，印有《十三经注疏》等大书。张之洞继任后，续创了广雅书院、粤华书局、粤秀书局，后来又收编了上海的五家书院，创设成著名的广雅书局。广雅书局大力印书，印过《皇清经解》《全唐文》《广雅丛书》《聚珍版丛书》等，现仍有版片15万余存储于广东省图书馆内。曾国藩也是一位藏书家兼出版家，在他的倡议下，在老家湘乡创建了藏书楼，清政府还专门赠书给此楼。同治年间，他本人在安庆设立了"治山书局"，影响所及，清廷又在南京、苏州、扬州、杭州、武昌、南昌、长沙、济南等地创设了一批官书局，大力出书。他们招聚学人，以空前规模印刷古籍和当代学人的著作。这些书局对丛书、类书的编辑出版尤其热心，出书种类之多之富，为历代之最。济南的山东官书局，刻印过《十三经读本》；杭州的浙江官书局刻印过"九通""二十二子"等；南京的金陵书局刻印过"前四史"。武汉的湖北官书局（崇文书局）、长沙的湖南官书局、南昌的江西书局、保定的直隶书局，均名扬中外。扬州有个官办书局叫广陵刻书社，至今已有300多年，出了大批古书，现有存版二十万块。新中国成立后改名为"广陵古籍刻印社"，继续经营。

另外，清代坊刻本也有新气象。坊间刻书，注重私塾教本的刻印，以利尽快收回成本。教本之书要加封面，用黄绿粉色纸作书皮，这是坊刻的一个特征。封面上通常印有某某书棚、书铺、书堂、书店、书肆字样，质量参差不齐。

在我国，家刻本比官刻本历史久远。清代家刻本不错，是由学者或大僚个人出资雕版排印的，不以盈利为目的，特重学术建树。著名的有顾炎武的《日知录》与《音学五书》，黄宗羲的《明儒学案》，阎若璩的《潜邱札记》，朱彝尊的《经义考》与《日下旧闻考》等，都是家刻中的佼佼者。这类家刻本，扉页上一般标有室名、堂号或个人姓名。如宋代有廖莹中的"世彩堂本""黄善夫本"，元代的"丁思敬本"，明代的"汲古阁本""闵（齐及）刻本""凌（蒙初）刻本"等；清代以"胡克家本"、纳兰性德的"通志堂本"为最著，他们继承了这个传统。

（二）四库的收藏

清代朝廷收书藏书，地方政府也收书藏书，这里以《四库全书》的收藏为例，略示清政府对藏书的重视。当年，乾隆在修成《四库全书》之后，下令缮写了七部，分藏于全国七个地方，他认为江南为文人荟萃之区，特设三处，其考虑应该说是相当周全的。

1. 文渊阁：建于1774年，是第一部《四库全书》收藏处，在紫禁城东南角文华殿后。计藏6144函，36078册。此阁原是明太祖宫内藏书讲读处，明成祖将其迁至北京，藏有《永乐大典》。明末，书藏毁于李闯王攻入紫禁城时。

2. 文源阁：1775年建于圆明园内，毁于英法联军。

3. 文津阁：1775仿天一阁建于承德避暑山庄，藏36403册。藏书1915年运回北京，藏国家图书馆。

4. 文溯阁：1782年设于沈阳故宫之西，现为辽宁省图书馆。所藏36192册，今移藏甘肃省图书馆。以上为"北四阁"，下为"南三阁"。

5. 文宗阁：1779年设于镇江金山寺，受损于1841鸦片战争，被毁于1853太平军克城之时。

6. 文汇阁：乾隆四十五年（1780年）设于扬州大观堂，毁于太平军攻城时（1854年）。

7. 文澜阁：1784年设于杭州孤山圣因寺，以玉兰堂改建。1860太平军焚寺，阁圮，书佚，得丁丙兄弟抢救，存80000余册。1880年奉命重建，今存37268册，归浙江省图书馆珍藏。

《四库全书》的收藏

七、清代的藏书名家

承有明之后，清人更重视学术根基。因处于传统文化集大成的时代，藏书更显得气魄大，体制精，收藏全。清代巨型古籍的编纂，就是在公藏尤其是私藏的支撑下完成的。很难设想，如果没有江南私家所献的藏书，清政府如何能编出《四库全书》来。另外，由于藏书大家很多，各自的个性也从藏书活动中淋漓尽致地表现出来，佳话轶事颇多，尤其是晚清，中西文化对冲交集，藏书家热爱传统文化的事迹更为动人，然限于篇幅，今仅举其最著者略叙一二。

清初有顾炎武、钱谦益、钱曾三大藏书家。顾家世世代代业儒，藏书颇丰。明亡之后，炎武历游华北，遍访民俗，所到之处，以书自随，著《日知录》《明夷待访录》，倡经世致用之学，是转移风会的人物。其《亭林文集·抄书自序》云："有明一代，官家藏书，集中北京；私家藏贮，则在东南。倭寇之扰，遍及江浙。书籍之损失大矣！"说得很沉痛。明清之际江苏常熟人钱谦益，早年得刘子威、钱功父、杨玉川、赵汝师四家所有积藏，又斥巨资购书，于是藏书可敌内阁秘府。晚年筑绛云楼，尽庋藏珍本古本。后不幸被大火焚尽。钱谦益的藏书有一个特点：所收必宋元古版，不收近人所刻及抄本。收得后即秘藏密护，绝不示人。所以大火之后，化为灰烬，许多单行本、善本、珍本不复存于世间，极其可惜。他自己把这次火患比为梁元帝的焚毁图书、李自成的焚毁文渊阁。钱曾，江苏常熟人，其父钱裔肃，明代即为大江南北著名藏书家。除原有家藏外，他又得族祖钱谦益所藏之烬余，并与吴伟业、毛晋等相往还，所以藏书极富，有4100余种。他分类登录，编著了《也是园藏书目》《述古堂藏书目》《读书敏求记》等。《读书敏求记》专记宋刊元刻或旧抄，书目下注明卷次完缺、古今异同、对作家作品之评论等，其考订的精审，为世所重，在目录学上也是一个推进。

清前期的藏书家中，有位布衣奇人万斯同，浙江鄞县（今宁波市鄞州区）人，康熙十八年（1679年）开明史馆，他以布衣身份参与编修。他不领俸禄，自己随身带着十九万卷书到北京，《明史稿》500余卷尽由其手订，但他不肯署衔名。后来老死于北京，因身边没有亲人，弟子钱名世料理完丧事后，尽取其书而去。徐乾学，江苏昆山人，康熙时官至刑部尚书。明清之际的丧乱之中，藏书家多不能保守其书。徐的门生故吏遍天下，便发动众人趁机为之收书，一时间数百年尘封未触之书皆网罗而致，于是南北大家所藏之珍籍尽归其所有，筑传是楼以贮之。《苏州府志》称其"藏书甲天下"。他对儿子说："我想传下些东西给你们。传什么呢？传土地房产，未必能辈辈富有；传珍宝鼎彝，未必能代代珍藏；传歌舞台榭，未必能世世享有；那么，我就传这些东西吧。"——于是名其藏书楼为"传是楼"。纪昀，字晓岚，河北献县人。博览群书，旁通百家。乾隆三十六年（1771年）起，任《四库全书》总纂，为每部书撰写提要，人称大手笔。又奉命撰《四库全书简明目录》，评论精审。其藏书很多，曾说："我的藏书，身后可听任其散落人间。他日，人见之曰'此晓岚旧物'——亦佳话尔，何遗憾之有？"可谓通达。

清中后期的藏书家也不少，有位阮元，江苏扬州人，在扬州自家院内建有私人藏书楼，藏书极富。他任浙江巡抚时，曾召集士人讨论公共藏书事。他说：司马迁写成《史记》后，存于京师，有副本藏之名山；白居易将所作分藏于东林香山诸寺，宋人孙洙从佛龛中得到了《古文苑》……都因为"远僻之地可长久也"。听了他的发动，众人便议定在灵隐寺大悲阁后打造木橱，"凡愿以其所著所刊、所写所藏之书藏于灵隐寺者，皆褒之"，因而很有规模。后来他又在镇江焦山倡建了一座藏书阁，一如灵隐。他发动社会藏书，这是开风气的。可惜这种"公藏"，未能形成有效的社会管理机制，后继乏力。

陆心源，浙江吴兴人，创建"皕宋楼"专门收藏宋元版本的古籍，又有十万卷楼分藏明清刊本与精抄本，守先阁藏当代前辈之作。庚子之难，其子捐巨资以纾难，加之商务失利，经济不支。日本人以银十万两将所藏之宋元善本尽行捆载而去，收藏于日本岩崎氏"静嘉堂文库"。时人很受刺激，汾阳的王仪通作诗悼之，曰："三岛于今有酉山，海涛东去待西还。愁闻白发谈天宝，望赎文姬返汉关。"

八、清代的禁书

在清代实行文字狱等杀人禁书的措施下，中国文人"因文获罪""以文贾祸"，酿成了中国历史十分惨烈的又一轮劫难。清初第一大文字狱案是庄廷鑨《明史》案。庄是浙江湖州人，明亡后，他召集学人编《明史》，拒绝用清的年号，对清兵入关前后的情况多贬斥之辞。康熙元年被告发，次年结案，庄被戮尸，家族被灭门。凡参与撰写、校阅、印制、买卖、序跋的人及地方官吏均被处死，家族或充军、流放，为婢、为奴，其时被祸者700余家，被杀者一千余人。康熙五十年，又用同样的血腥手段办了戴名世的《南山》案：戴本人被寸磔，被《南山集》引用了素材的方孝标等则锉尸扬灰，斩其子孙。为之作序、刊刻、藏版、贩卖的人也都横遭巨祸，涉及三百余人。雍正帝时的"吕留良案"也是这么办的，戮尸、杀人、流放、抄没，什么手段都用上了。从乾隆到光绪，仍不停地下令禁毁"淫词小说"之书，连《水浒传》《西厢记》《说岳全传》《英烈传》《辽海丹忠录》《明纪弹词》之类，也一概作为"妖书妖言"予以毁禁。

乾隆在编辑《四库全书》的名义下大力毁书，更是历代统治者禁书活动中最巧妙也最阴毒的一手。乾隆三十八年（1773年）下令开四库馆，着手编一套大型丛书。为此，他下令在全国搜书，要各地献书，同时在各地遍帖晓喻，严令藏书家呈交有"违碍"的书籍。各省、府、州、县衙门均专设立"收书局",由官府负责查访、甄别,所发现的禁书一律解送北京。四库馆臣也需从各地的"采进本"中甄别禁书。所有禁书交乾隆亲自审阅后,在武英殿前投炉销毁。他把《明实录》《宝训》等书明列于毁禁书目内,把李贽、顾炎武等含民主思想、有民族意识的人的书全数毁去,把历代含有"胡、虏、夷、鞑靼"等字样的各体文章都"抽毁"掉。乾隆四十三年十一月,更正式颁布《查办违碍书籍条款》及相关补充规定,有2400多种古书被全毁,403种被抽毁;即使收入《四库》的书,不少也被删节篡改得面目全非了。由秦始皇开启的以书治罪、以文治罪这一条,随着时代的演变而花样翻新,愈演愈烈了,秦始皇一直挨骂,乾隆却因《四库全书》的修成而避开了挨骂的遭遇。

九、清前期文坛的嬗变

十六七世纪后,刚刚走出原始大森林而入主中原的满族人,面对高度发达并已走向僵化的中原文明,他们真心实意地进行文化认同,有效地改造了自己。在传统文化的集大成方面,他们十分用力,确也取得了可观的成果;而在扼杀民主性精华方面,他们更是大刀阔斧,尤其是拼命遏止宋明时期知识分子强烈的议政、参政、干政势头,所取得的"成绩"颇令统治集团沉醉。就此时的文坛而言,大致可分为三种力量:一是从姚鼐到曾国藩的"正统古文"派,他们是"道统—文统"说的嫡派裔孙,游离于世界大势之外,沿着古旧的轨道运行,忠诚地为清王朝的现实政治服务。二是以顾炎武、龚自珍为代表的人物，他们站在古文派的外围，能放开眼界看现实，心知社会危机的严重性，希望在既有文化基础上作"实事求是"的努力，力图寻找国家民族的发展之路。他们是头脑清醒者，为文往往有新方法、新表达。三是在实际政务活动中，对域外大势有较多接触、较多了解的政界文化人，以慕天颜、林则徐为代表，他们不以能文称，但所作文章充实着新内容、新观点、新的思想方法，促成了近代维新变革思潮的兴起。至若"骈文派"之类的作家，则只是上述三支力量中的游移分子，并不构成文坛有影响的力量。

清朝建立之初，尽管在长城内外、大河南北没有遇到有效抵抗，但一进抵淮河以南、长江一带，就遇到了顽强而惨烈的反抗，民族战争之火燃遍了半个中国：处处有明末农民起义军余部和地方义勇的有力抗击，有南明政权组织军民进行的长期抵抗，还有郑成功父子依恃福建台湾及南洋水域所开展的旷日持久的反清军事斗争，这都给清统治者以沉重的打击；甚至连清人南下时所依恃的汉奸吴三桂及耿精忠、尚可喜等，竟然也打出"复明"的旗号在南方发动了"三藩之乱"……这一切，使清朝统治者的"恐汉忧郁症"愈发严重，对江南人民及南洋侨民怀着深沉而久远的恐惧，并一直制约着它的施政方略。顺康雍乾时期的"禁海"与"闭关"，矛头首先是指向东南沿海广大人民以至去南洋谋生的侨民的。康乾时期一再掀起的文字狱狂潮，连同其大规模地整理古旧文化的安排，也都着眼于泯灭汉人的反满民族意识。于是宋、明代已经兴起的知识群体参政、议政、干政之风，明人开展的集会、结社、建党，示威、游行、罢市、罢学等活动，一概彻底禁绝。因此，清朝政治界、思想界、文化界、创作界的守旧与僵化是空前的。这时，处于统治地位的学术思潮则远续汉唐，在故纸堆中忙着考据、总结、纠偏、补漏，文人们沉溺于"集大成"。其实，这只是传统知识的量的堆积与重新梳理、排比，在研究方法论上没有实质性的突破，因而"温故"不能"知新"，反而起了禁锢作用。

当中国人在传统文化的钳制下照样生存着的时候，世界历史已经进入十七、十八世纪，欧风美雨已经席卷全球。到十九世纪初，欧美资产阶级已经把世界瓜分完毕，中国成为他们海外殖民的最后对象。明清之际，西方早期殖民势力葡萄牙、西班牙、荷兰、意大利、比利时等国，一面以海盗方式肆虐于中国外围的"东洋""南洋""西洋"及东南海疆，对东方泱泱大国肆行滋扰，葡萄牙人更窃踞了澳门，建立起进击大陆的桥头堡。一面又以传教士为先头部队，对大陆进行文化渗透、市场调查和据点布建，直接把魔爪伸进广大腹地攫取脂膏。但他们始终未能真正敲开中国的大门。西方商品在中国难以形成市场，因为技术含量高的工业产品如钟表之类被视为"淫巧奇技"，只能作为珍稀"贡品"被皇家收藏入库；一般生产生活用消费品如洋布、洋纱之类又为自给自足的中国小农社会所排斥，无法实现规模销售。因而西欧各国一直存在着巨大贸易逆差。英人的白银流向了中国，殖民势力怎能容忍这种状况存在下去？要知道，这时他们已经把"新大陆""黑非洲"和南亚、南洋鲸吞完毕，怎能让中国置身于他们的"殖民秩序"之外继续做"中央帝国"的古梦呢！英国殖民势力便通过东印度公司大肆对华倾销鸦片，企图以毒品贸易来扭转其外贸逆势。这种毒品贸易理所当然地受到中国人民的广泛抵制，受到清政府中有识之士的强烈反对。于是英政府便动用坚船利炮，来袭击清帝国的大门，保护和拓展其殖民利益，这就发生了1840年开始的"鸦片战争"。此后，在"西夷东犯"的一个多世纪中，中国人民尤其是东部沿海人民、南洋侨民，进行了艰苦卓绝的斗争，也为构建中外正常交往的桥梁付出了沉重的代价。这一切，本应得到文章界的广泛反映，但僵死的前清"古文""骈文""时文"界居然沉寂得一无回声！只有一些不以能文为事而主管过国家财政或江浙闽广事宜的臣僚们，如工科给事中丁泰、江苏巡抚慕天颜，随军出征并经营台湾、在闽广前沿任过职的蓝鼎元等人，对外界有所了解，其所上奏疏与私门杂议，对沿海民生有真切的反映，力主开禁通商。清初，慕天颜的《请开海禁疏》（1676年）、蓝鼎元的《论南洋事宜疏》最能代表这方面的成就。蓝鼎元的《鹿洲集》、陈炯伦的《海国闻见录》等书，则反映出这批人"胸存海外"的思维方向。他们把大陆民生与南洋、西洋的海外经营联系起来一体考虑，把国家安危与东南海疆的开发与经营联系起来深入思考，虽不以能文见称，其文章却有新的视界、新的题材、新的主张，视野远比"古文"派开阔，有真知卓识，确能经世致用。他们既有为国求利的动机，也有为民请命的成分；可惜缺乏思想理论深度，未能撼动传统思潮。

十、经世之文的新面貌

政论，历来是文章创作的大宗。

清初，有一批头脑较为清醒者，不愿意与统治集团合作，但对国家民族的命运怀抱着强烈的责任感，如以黄宗羲（1610—1695年）、顾炎武（1613—1682年）、王夫之（1619—1692年）为代表的一批，他们是孔孟民本思想的发展者和力行者，对社会危机、民族危机怀着深重的忧虑，力倡经世致用。他们的社会理想是孔孟之道与中国当前的现实政治相结合的演绎，有更多的民主性精华，但缺乏与世界大势的横向联系。如《原君》《天下郡国利病书》《明夷待访录》《读通鉴论》所展示的那样，对现行政治制度及政策措施的弊害揭露彻底，鞭挞有力；但解决的方案则仍逃不出孔老申韩的思想框架。

另一批清廷臣僚，在实际政务中涉及"外洋"事务，能睁开眼睛看世界，对欧风美雨有所感知，写了一批观点新锐而又切合时用的章奏。他们的观念已经在更新，所提建议包含着新的时代内容，有开风气的作用；但一时尚未形成社会舆论，收效也就有限。唯其如此，其政治敏感就弥足珍贵了。兹列述于此。

黄宗羲，梨洲先生，浙江余姚人。早年与阉党做斗争，清兵南下，他在家乡组织"世忠营"抗清，奔走于钱塘江南北。郑成功败退海上，他便回归乡里著述讲学，有《明夷待访录》《南雷文定》传世。他博通古今，为文主张经世致用。他的"经世"，不取"古文"家所宣扬的"道"，而取孔孟思想中仁民爱物之精华。他的"致用"，出发于制度改革、社会改革。他有"易代之悲"，对于新旧政权的祸民本质有深切体认，发为论议，尤具锋刃，最能击中要害。他有《原君》一篇，剖析君主专制之弊害，入木三分。他大声疾呼："为天下之大害者，君而已矣！"其文曰："今也以君为主，天下为客，凡天下之无地而得安宁者，为君也。是以其未得之也，屠毒天下之肝脑，离散天下之子女，以博我一人之产业，曾不惨然。曰：'我固为子孙创业也。'其既得之也，敲剥天下之骨髓，离散天下之子女，以奉我一人之淫乐，视为当然。曰：'此我产业之花息也。'然则为天下之大害者，君而已矣！"宗羲这段话，不是简单地重复鲍敬言、罗隐、邓牧等的"无君论"言词。他并不一般地反对有政府或政权，其辛苦撰著"明夷待访"之《录》，明摆着是渴求"公天下"的民主政治的。这是晚明时代知识群体已有的思想期待，他用最明确的语言说了出来。

顾炎武，亭林先生，江苏昆山人。早年参加复社，清兵南下，他在江南家乡从事抗清活动。明亡，他以诗书自随，足迹遍南北，"九州历其七，五岳登其四"，所到之处，考古证今，详记山川形势、方物民情，"思有裨于后代"。《天下郡国利病书》由此而成。他开创了亲自观察、实地调查的全新学风。这是一般知识分子所难以做到的，很有时代特色。他的《郡县论》和《生员论》一样，别具新解。他亲身经历了明亡的惨烈之痛，洞悉封建专制的黑暗，期待着"新圣人"出来进行制度性改革，而不仅是换个朝廷而已。他申言实行了两千年的郡县制已经到了非变不可也不得不变的历史关头："知封建之所以变而为郡县，则知郡县之弊而将复变。然则将复变郡县而为封建乎？曰：不能。有圣人起，寓封建之意于郡县之中，而天下治矣。"

还有一位王夫之，即湖南衡州人船山先生。他抗清失败后，终生誓不剃发，避居深山，讲学授徒。其著述的重心，在如何富国治民，《读通鉴论》《恶梦》《诗广传》等，均联系历代治忽之历史事实，反复讨论法治、人治问题。他是主张用人治而不废法治的。他认为周的封建制与秦的郡县制"两俱有害"："选举之不慎而守令残民，世德之不终而诸侯乱纪。"关于惩贪，他有一段妙论：

> 严下吏之贪而不问上官，法益峻，贪益甚，政益乱，民益死，国乃以亡。群有司众矣，人望以廉，必不可得者也。中人可以自全，不肖有所惮而不敢，皆视上官而已。上官之虐取也，不即施于百姓，必假手下吏以为之渔猎，下吏因之以儳其箕敛。然其所得于上奉之余者亦仅矣。而百姓之怨黩诅咒，唯知有下吏，而不知贼害之所自生。下吏即与上官为鹰犬，复代上官受缧绁，法之不均，情之不忍矣！（同书《五代》）

慕天颜，甘肃人，江苏巡抚。清初，为取缔沿海人民的反清斗争，割断郑成功与大陆的联系，康熙年间，一再下令"禁海"，从山东到闽广的海岸线上，甚至搞起了滨海五十里无人区，"片板不得下海，粒米不得越洋"。这就从根本上摧毁了宋元明以来向称发达的造船业、航海业、外贸业，摧残了东南各省的渔业、农业、手工业，尤其是截断了以海为生的沿海居民的生计，截断了南洋华侨的归计，截断了中外正常的交往。而且，在"夷人"已经染指东南沿海的情况下，更不利于边防、海防。康熙十五年（1676年），慕天颜上书朝廷，写了《请开海禁疏》，率先倡议"开禁"。当时，台湾问题尚未解决。清政权对东南的统治尚未稳固，慕于此时倡议开禁，是需要政治勇气的。文章引据明代中期以来多次实施海禁以"防倭"的利弊得失，批驳那种"海氛未靖"、开禁有害的危言怪论，指出"株守故局，议节议捐"论者保残守缺、不知天下大势的盲瞽之蔽；对朝中"口不言利"的冬烘先生之高言大论、那些因循苟且的食禄官僚们的误国滥调，他都一一剖明其认识误区。不仅如此，他还详列了开禁之后必须认真推行的配套政策与管理措施，一一切实可行。文章特别论列了开禁通商对解决国库空虚、民生贫困的重大意义。他明确而严肃地指出：当今"需饷浩繁，民生困苦"，"微利轻财，未足以补救今日"，"致财之源，生财之道，舍此开禁一法，更无良图"。他认为"海舶通商，所资在天下之大，百世之远"。其见解之允当，其眼光之远大，是古文家们所难以望其项背的。

陈炯伦，福建同安人。年轻时随其父遍历南洋，了解世界大势，掌握海上动态，懂得商贸行情，袭职为康熙三等侍卫，常被召对顾问。他利用自己的特殊身份，常与碧眼高鼻的洋人往还，"询其国俗，考其图籍"，写成图文并茂的《海国闻见录》，对东洋、南洋、非洲、欧洲各国的地理位置、风土民情、物产商贸、机巧技能作了时辈中最为准确翔实的介绍。又时时注意与中国沿海情况作比照。书中，还详细介绍了葡、西、荷、比各国东来掠夺殖民地的始末。这些，都有利于启发中国人睁眼看世界，知彼之长，识彼之心。陈氏作为一名军人，能做到这个程度，实在难能可贵。这本书虽说没有立即产生多大的社会反响，它毕竟向沉闷的文坛射出了一支响箭。它和颜、蓝诸公的檄文一起证明着：早在清初，东南沿海的官民，尤其是闽广之人，就得风气之先，懂得闭关锁国的危害，懂得如何正确防范消解西方殖民者的掠夺与侵逼。后来林则徐等人的出现，其思想当然是渊源有自的。中国人的反帝反殖斗争，绝不是鸦片战争时才开始的。

龚自珍（1792—1841年），浙江仁和（今杭州）人，出身于世代科甲官僚之家。他读经书，应科举，道光年间曾为宗人府主事、礼部主事等，有深厚传统文化修养。他是一位"过渡"色彩非常显著的人物。一方面，他精研《公羊春秋》，为文虽不守"八大家"之轨辙，但能"上法诸子"，"以经术作政论"，往往用《公羊》观点对时政作批谬纠偏之论，"讥切时政，诋排专制"（梁启超语），为拯救行将溃败的清王朝尽心竭虑，是一个传统型激进知识分子；另一方面，他又深入观察社情世情，热切期盼政治改革，警惕境外势力特别是"西洋人"的东来图谋，用诗文声讨封建王朝的庸愚糜烂，有鲜明的"启蒙"意识。其主要活动在鸦片战争之前。其文章名篇有《西域置行省议》，纵论巩固西北边防、防止外人入侵的紧迫性，似有预见；提出"人则以中益西，财则以西益中"的西北开发方略，洋洋数千言，被评为"不刊之论"。作者另有杂记、小品如《说居庸关》《尊隐》《捕蜮》等，大略均为忧世讥世之文。梁启超说："光绪间所谓新学家者大率人人皆经过崇拜龚氏之一时期。"可见其承上启下的历史作用。

十一、明清的书目著录及其他

入关伊始的清朝统治者，希望汉族知识分子能埋头于传统文化的整理，学者们便相率致力于古代文献的考据、整理与辑佚。乾隆曾网罗三百多名学者开设"四库馆"，复兴"汉学"，形成了历史上有名的"乾嘉学派"。在古籍版本的考订、研究方面，取得了不少新的成果。版本学尤重精校精刊，而由于历代"书厄"不断，加之传抄传刻中的讹误又难以避免，对古籍的校勘就成为必做而难做的事，尤难是找到"正本""原本"作"依据"。乾嘉之学恰好提供了令人信服的方法论。清人对古音韵、训诂、考据、辞章的研究，为版本的辨伪、正误、补辑提供了方法论的指导。至此，先秦诸子、汉唐典籍、宋元名篇，才有了在原创祖本早已佚失的情况下恢复旧观的可能。

清人的版本学，专以宋元旧刊、名人手抄为属意的对象。钱曾的《述古堂书目》，季振宜的《沧苇书目》，徐乾学的《传是楼书目》，凡宋刊元椠都开列专目，开展版本研究。到乾嘉时期，人们对某书某版出于何时，刻于何地，行款如何，墨色如何，纸张如何，字形字体如何都一一论及。如瞿镛《铁琴铜剑楼书目》，该楼为清末四大藏书楼之一，瞿氏几代人积藏宋元明刊之珍本于其内。该《书目》登录之书有1300余种，其中宋刻161种，金刻3种，元刻105种，余为明刻、旧抄、名校本等，每书均著录书名、作者、卷数、版本、行款、原书题跋等，是版本学的要籍。同时，又有丁丙的《善本书室藏书志》，陆心源的《皕宋楼藏书志》，以及晚清缪全荪的《学部图书馆善本书目》，清廷内府编的《天禄琳琅书目》等，都将书的版次（宋版、元版、明版、影宋抄）之类作了区分类别，并列叙收藏家的名字，印章、题跋等，至此，版本学走向完善。清代藏书家大出"丛书""辑逸书"，也是靠了版本学的支撑。其中成就突出者，有黄丕烈的《士礼居丛书》，鲍廷博的《知不足斋丛书》，卢文弨的《抱经堂丛书》，毕沅的《经训堂丛书》，孙星衍的《平津馆丛书》，阮元的《文选楼丛书》等。辑佚之书除殿本《武英殿聚珍版丛书》外，还有私家编刻的《汉学堂丛书》《玉函山房辑佚书》及《全上古三代两汉三国两晋六朝文》等。清末敦煌文献和殷墟甲骨的发现，更打开了古籍辑佚、出版、研究的新天地。《敦煌遗书》和《铁云藏龟》是当时最大的成果。

今天看来，版本学应该是建立在金石学、目录学、校勘学、评注学等学科的基础之上，吸收金石学关于字体、行款、布白方面的知识，吸收目录学关于考镜源流、簿属甲乙的间架，吸收校勘学的文字考证、去伪存真的功夫，吸收评注学关于文本解读的手段，使版本学真正为读者服务，而不仅仅为收藏家服务。

十二、历代雕印本的鉴赏

中国古籍版本分两大部类，除了写（抄）本类，就是印本类了。印本类又分为雕版印刷本、活字排印本、拓印本等三大组。雕版印刷自五代至明清，一直是印本的大宗，按时代先后，有唐刻、宋刊、元椠、明梓、清镌等名目；排印本从北宋泥活字出现时就有，但极少，直到清代"聚珍本"出现之后，才逐步成为印本的大宗；另有非雕印本如拓印本、石印本、影印本之类，总量不大，我们把它与排印本一起，留待下节去说。

（一）晚唐五代刻本的特色

唐刻本，通常包括中晚唐直至五代时民间与政府雕版印刷的本子。版本史上最早出现官方刻本是"五代监本九经"，这样的本子后世已极难见到，但世人的鉴赏刻本，还是要从五代刻本（监本）说起。1.刻本的字体古拙，与唐人写经相似。2.图文兼具，比如佛经，往往上图下文，前图后文。3.初期印本，或连缀成卷子，用卷轴装；或用经折装，有的还装成旋风页。

（二）宋辽金刻本特色

宋代刻本版式的特点是：1.四周单栏（后来演变为左右双、上下单）。版面行宽、字疏，版心为白口（后期有黑口），单鱼尾。版心：上记字数，下记刻工姓名，并在上鱼尾下题写书名；小题在上而大题在下。2.宋版字体：北宋多用欧体，瘦劲俊俏，折笔有角；北宋后期流行颜体，雄伟朴厚，间架开阔；南宋自刻用柳体，笔画挺拔，横轻直重。蜀本多宗颜体，闽本多用柳体，而京（汴、杭）本却多用欧体。3.纸墨精良。宋墨有轻重浓淡，虽沾水无湮迹。宋人精品书多用皮纸，特点是色白、光洁而又厚实。一般出版物，则京本、蜀本多用白麻纸，闽本多用黄而褐的黄麻纸，或用黄而薄的竹纸。4.宋版书以蝴蝶装为主，早期曾有经折装，旋风装，晚期也有包背装。不过清代以来，藏书家往往把宋人的书拆开来重订，改成线装书，而原装的印迹还在，要认真辨析。5.宋本重避讳，官刻本避讳极严。要注意所避何讳，用何种手法避讳，这样能准确判断成书的年代。

（三）元代刻本的特色

1. 字体：主要用赵孟頫体。后期运笔起落多带回锋，甚至用草书上版。多用俗体字，坊刻尤甚。建本中的《全相平话五种》，大量使用简体字。2.版式：初期字大行疏，写刻认真，取四周双栏，黑口双鱼尾；中期以后行格渐密，且多用花鱼尾，版心用草字写字数、页数、卷数。3.不用讳字，以包背装为主。4.早期用白麻纸、黄麻纸，中期用竹纸的渐多，也有用蚕茧纸的。建本质地粗糙，色暗褐。

（四）明代刻本的特色

1. 版式：前期用四周双栏、粗黑口，正德—嘉靖前后用白口，版心上刻字数，但不刻刻工姓名。序目之下和卷末、书尾多牌记。万历之后，有少量黑口，单双栏兼用。2. 字体：正德以前用赵体软字，明中叶多用"宋体"，字形方正，横平竖直，起顿有棱角，且字体变长，横轻竖重。晚明仍有以手写体入版的；3. 纸张：明人多用白棉（皮）纸、黄棉纸，竹纸、罗纹纸、毛边纸。坊刻多用竹纸。官刻、家刻多用皮纸。4. 装帧：嘉靖以前多用包背装，嘉靖以后开始用线装。5. 明人校对不精，有人还妄改书名，轻率删节，伪造书较多，须特别留意。6. 质量。胡应麟《经籍汇通》中说："刻本苏常为上，金陵次之，杭又次之。近湖歙刻骤精，遂与苏常争价。蜀本行世甚寡，闽本最下。"

（五）清代刻本的特色

1. 版式：一般左右双栏，白口，也有单栏、黑口的。行列整齐，字比较大。多设置封面，封面加题签，以大字题写书名于其中，左上写编著者姓名，右下记写刻家、藏版者名。内封有牌记，题写刻版的堂号、开雕的年月与地址等，相当于而今的版权页。2. 字体：写刻多名家手笔，通常清版用长宋，康熙之后变肥，乾隆之后出现"馆阁体"，柔媚而清秀。3. 用纸：品种繁多，殿本多用开化纸（桃花纸）、太史连纸。各种宣纸、竹纸、连纸、棉纸、毛边纸、毛太纸都用，不同出版者用不同的纸张。4. 通常用线装，少数用包背装，也有沿用经折装的，偶见蝴蝶装，显出一种集大成的架势。

大致说来，宋刻《昭明文选》与前后《汉书》，"纸用澄泥纸，墨用奚氏墨"，历来奉为神品；南宋杭州猫儿桥钟家纸马铺刻的《五臣文选》，今已成孤本；岳珂相台家塾所刻《九经三传沿革例》，非常著名；明汲古阁用毛太纸印的刻本，扬名中外。木刻系列的官刻名品很多，清代康乾时期的官刻本雕艺精致，纸张优良，墨色鲜亮，校勘精确，质量超越元明，直逼两宋。

（六）佛经道藏的特色

中国南北朝时造佛像、译佛经风起云涌，隋大业中译佛经6198种，炀帝时写经46藏，计13万卷，用专职翻译24人。北宋开宝四年至太平兴国八年期间，在成都开印经藏1076部、5048卷，用经版13万多片，世称开宝藏。印成后移置汴京，卷轴装，字用欧体。另，崇宁万寿大藏用梵夹装，字用颜体，计6434卷，580涵。其后，金刻《赵城藏》7000余卷；元刻普宁藏6010卷，558涵；明刻南藏6331卷，636涵，北藏6367卷，637涵，续410卷，增41涵；清刻《龙藏》7168卷，716涵。可见其总量之巨。

中国道藏首为唐开元年间的《三洞琼纲》，计3744卷。

宋代《宝文统录》计4395卷，《万寿大藏》计5387卷。元初，丘处机弟子在平阳玄都观据《金道藏》刻成《元道藏》，计7800余卷。后来忽必烈兴佛灭道，销毁了宋金元三朝所有道藏。明修《正统道藏》5485卷，520匣，经版121500片，藏于宫廷的大光明殿。至清庚子之变，毁于八国联军。

佛经道藏多为黄纸印制，用梵夹装。

（七）套印本

套印本的出现是雕版印刷的一次飞跃。据说，东汉时，贾逵、董迂用朱墨两色抄《左传解诂》，唐陆德明用朱墨两色抄《经典释文》，以墨笔写正文，以朱笔作音义。北宋印交子，以红蓝黑三色印行。这都启发了雕印出版家作分色套印。元代至元六年（1340年）湖北江陵资福寺无闻和尚，用朱墨双色套印《金刚经注》成功，这是世界现存最早的双色套印作品；明万历年间（1603年），歙县套印《闺范》成功。从此，朱墨套印风行一时。明末吴兴人闵齐伋擅长朱墨套印，首创五色套印；凌濛初汇集名家诗文评语加批点，也用朱墨套印。这种版本，字体方正，纸色洁白，行疏幅广，字色鲜明，颇为赏心悦目，世称"闵刻本""凌刻本"。其书包罗广泛，自群经诸子到史抄、文抄、总集、别集，以至词曲、杂艺，色色俱全，凡一百三四十种，无不雕印精良，且其源盖出于善本，所以值得保惜。清道光十四年（1834年），涿州人卢坤刻《杜工部集》，用墨色刻印正文，用紫色刻印明朝王世贞的评语，用蓝色刻印明朝王慎中的评语，用朱色刻印清朝王士禛的评语，用绿色刻印清朝邵长蘅的评语，用黄色刻印清朝宋荦的评语，全书版面精雅别致，真的是"五颜六色"了。

另外，明末还出现了"饾版"，即"分色设版套印"术。著名的《十竹斋画谱》《芥子园画传》都是用饾版技术印出的，线条清晰，悦目怡情。

还有一种精刊本，特指雕版中字体工整，刻工精致的经典本子。宋元精刻，不但刻工精细，工艺美观，而且多用当代名人书法，甚至就出于名书法家之手，字体遒劲飘逸，可爱可观。此风明万历以降，不甚注意。到了清代，重新重视录入字体，凡个人专集，尤重精刻。加上清人音韵、考证、校刊学的进步，精审精注达到更高水平，所以清代精刻本价值很高。另，名人手笔写刻者，又特称"写刻本"，苏东坡曾亲手写刻《陶诗》，郑燮自书《板桥集》，均很珍贵。

（八）雕版的品相鉴别

综合地说，对各种雕印的版本，鉴别时要做到：1.参照历代公私书目的著录内容，判断该书的制作年限、版次。注意其所著录的高广、栏线、版心、内容等。已出版的各种"善本书目"有对历代版本、版式、行款的记载，可参考。2.根据本书的书目序跋，检查书的新旧完整程度与该版的特色。3.根据封面、牌记，看作品印制的时、地、人，唯需认清是否为翻刻本，是否旧版更换书名、封面。4.根据作者、校者、注者中年代最后的一个人，判断书的刻印年代的上限。5.根据书籍的用纸情况，大致可判断书的出版时间。古代的用纸后人难以造假。6.根据版式与字体特点作判断，可以借助于缪荃荪《宋元书影》、杨守敬《经真谱》、顾廷龙等的《明刻版本图录》，以及"北图"编的《中国版刻图录》之类的"书影"来解决。7.根据避讳，宋清两代避讳最严，这两代的版本又都很珍贵，尤需认真鉴别。8.根据书版中的刻工姓名和行款字数作判断。9.根据词汇、习惯语、俗字、行业语判断，因为时代在发展，语言在发展，许多词语及语法有时间性、地域性、行业性甚至社团性，这些都是鉴别的依据。

版本鉴别，主要是靠长期实践来积累经验，同时可以利用前人和当代人编写的"书目""书影"之类作"向导"。不过，"尽信书不如无书"，不要迷信私人藏书目，越靠后的私家藏书目用起来越需谨慎。因为任何藏书家的眼界都必有其局限性，所记未必条条可靠。何况过去的藏书家大多醉心于"秘藏死守"，某种版本其家有无收藏，别人是难以认证的；又爱自高身价，夸世取名，其所藏"宋刊元椠""孤本珍本"的实情到底如何，有时是不能守一而信的，必须综合思考；更不要说个别人还有意"制作"一些自家根本不存在的版本以蒙世呢！民初的缪荃孙就这么干过，他把一些很普通的抄本题上"宋本""元本"之类，加一些批览的标志与评语，再标上高价，等着身后让儿孙出卖。因为他有名气，蒙过不少人；因为有名气，有人明知是假，也认其为真：因为有缪的手笔在，也就有了"价值"。

十三、历代非雕印本的鉴赏

非雕印本有拓印本、活字排印本、影印本、石印本、铅印本之类，材质不同，制书技法不同，成品的面貌也就不同，这里介绍几种以不同印法制作的古籍版本，说说它们的鉴别要领。

（一）拓印本

这是在金石刻本基础上，用摹拓金石、碑碣、印谱的技术而形成的印本，第一次拓印的本子为初拓本，最为珍贵，其次为二拓、三拓。我国《隋书·经籍志》中就记有碑拓之书，说明公元5世纪前我国已有碑拓技术；唐代崇文馆有拓书手3人，集贤殿书院有拓书手6人，并配有书记、制笔匠、装潢匠等。拓印时，把薄而韧的棉连纸先用矾或白芨水浸湿，敷在碑面，以软刷刷平，轻轻捶打，使纸嵌入文字笔画之中，再用扑子（拓包）蘸墨在纸面上均匀捶拍，待干后揭下，这就形成黑底白字的"拓本"了。中国最早的拓印是刻石拓印，然后才有拓印甲骨、金文、瓦当的。宋仁宗于皇佑三年（1051年）命拓钟鼎铭文藏于秘阁，宋徽宗又命拓碑刻作字帖，向社会发行。这是一个好主意，它免去了习字者和金石家直接摹碑的麻烦，只要读帖、仿帖就行；此风一开，后人又将书法家的刻石文字，用木版摹刻成阴文正字，再从雕版上拓印，从而制成"法帖"，这样，拓本的品种更多了，更适于广泛地供人临摹了。

好的拓印本能准确地传达原字的书法艺术，再现原碑碣的排版行款模式，甚至藻饰状态，且文字未经后人篡改，可供校订考证之用，所以广受欢迎。人们欣赏法帖到欣赏金石的过程，就是一个版本欣赏与文物赏玩相统一的过程。

（二）活字排印本

活字有胶泥活字、木活字、铜活字、铅活字、瓷活字、锡活字等。胶泥活字由毕昇于庆历年间（1041—1048年）创制，早于德国人谷登堡四百多年（1450年）。毕昇当年也曾试用过铅活字，只是因为它"不易着墨"就放弃了。人们用胶泥或铜、铅、小木块等制成小方块，每方刻一个字，以它来编排文句，用完拆下，再印时重排，这样印出的书为"活字本"。泥活字版使用得不够普遍。西夏人曾用木活字印佛经，元人王祯于大德年间（1297—1307年），在旌德县（今属安徽）首用汉文木活字印《旌德县志》成功，其木活字用枣木、杜木制作。此后，皖南、浙东、江西都流行木活字了，苏州、南京、杭州、福州、四川、云南都大行木活字书，崇祯时还用木活字印过邸报。但从总量上说，宋元明时活字排版印书比用雕版印书来得少。明代弘治三年（1490年），无锡汇通馆华燧用浇铸的铜活字印出了《宗室诸臣奏议》，这是一项重要突破。此后无锡以华氏、安氏为核心，广用铜活字印制类书、唐宋诗词、水利专书等。清代《古今图书集成》便用铜活字印正文，用木版刻印附图，十分醒目。另外还有用铅活字的。朝鲜人的铜活字技术也非常成熟。活字本又叫"聚珍"本。乾隆年间，命大臣金简主持，将已编完的"四库全书"部分书籍先行排版，于是刻成木字25.35万余个，排印了148种书。乾隆认为"活字"名称不雅，改称为"聚珍"。此后武英殿出书，就用此种聚珍版，其实就是活字版，世称"武英殿聚珍本"。乾隆年间刻印的《明史》《大清一统志》《三通》《旧唐书》等最为有名。后来各地书局仿殿本用活字排版，世称"外聚珍版"。

1450年德国人谷登堡发明活字印刷，并用上了印刷机，1829年法人谢罗发明了"纸型"，制版更容易了，而且用上了电动印刷机。嘉庆十二年（1807年）马礼逊把西方铅字带入中国，1819年于马六甲印刷所用汉字印成了新旧约圣经。到二十世纪初，西式机器印刷装订即完全取代了中式手工印刷装订，从而使中国印刷业走入"近代印刷"期。现在把1911年以前出版的古书称为"传统古籍版本"，这以后的版本就"近代化"了。

活字排印书籍有共同特点，鉴别时要注意的是：1. 看四周边栏与行格的斗接处是否严丝合缝，活字版往往有错位现象，栏框斗接不准，字行也不整齐。2. 看字迹大小是否一致，笔画是否一样，墨色是否均匀。活字非一人一时所刻，以单字入版，往往大小不一，刻工不一，排列也有歪斜深浅之别。3. 从版式上看有无断版、换版情况，这是雕版最易出现的现象，而排版反不致如此。4. 看用纸的情况。5. 看字画笔触是否独立，字间有无大小搭配、字画勾连、占让呼应之处；若无，则定是活字版，因为活字是一个字一个字地雕出来的，不可能有笔触间的勾连占让。

这里，附带说一下"影印本"。为了不使原版面貌失真，用照相术逐页影照、制版而印出的书为影印本。影印是近代才有的印本技术，往往用于古籍的再版。影印版有许多种，如铅皮、锌皮、铜皮、胶皮、玻璃版等，以玻璃制版印的书称为珂罗版影印本，用石版影印的称石印本。影印本一般与原书等大，缩小了的就叫缩印本。商务印书馆的《四部丛刊》，双鉴楼的《百衲本资治通鉴》是缩印本的代表。中华书局出的阮元本《十三经注疏》，也是影印本。

十四、经典版本的美学要素

版本鉴赏，就是对版本的审美特质的认知与感悟，是审美愉悦的调动与激发。这里既有审美主体的学养、经验、悟性在起作用，也有审美对象——古籍版本固有的美学潜质在起作用，是主客体双向作用的结果。这里，仅就作为"客体"的古籍版本之美作些说明，我们用经典版本作例。

（一）经典版本

我们把一个历史时期、一个地方、一种风格的代表性版本，即在内容上、版式上、纸质上、装帧上、工艺上富有特色的版本称之为"经典版本"，它在工艺上是当时的技术代表，版式设计上反映时代的审美风尚，纸墨取材加工上体现产业文明的程度，内文的精确性上反映时代的学术潮流。以这些标准来衡量，五代监本是经典版本，南宋京本（浙本、杭本）是经典版本，汲古阁的影宋抄本是经典版本，清代殿本是经典版本，晚清广雅书局与商务印书馆涵芬楼的出品，也是经典版本。经典版本广受欢迎，宋代经典版本尤为珍贵，就在于它的版式呈现出空前的版本美。如果说书本的文字内容是书籍的第一生命，而版本则是它的第二生命。版本好，在于版本的装帧之美、版式之美、纸墨之美、用字之美，更在于精勘精校，保证内容的忠实无误。这是构成经典版本的主要依据。

（二）装帧之美

一书到手，第一印象就是它的装帧之美。从一叠书稿变成一堆印刷册页，还不称其为书，必须通过一系列的装帧工序才能成为人们爱不释手的"书"。装帧包括护封、封面、扉页、书脊、书根、牌记、开本以至书套、书匣等流程。其中有对装订方式的"成型设计"，材质的选取、确定、加工，任何一道工序都贯穿着美学原理。封面是书的脸面，其设计尤其重要。包背装和线装书，对封面要求都很高，讲究纸质、纸色的选择，尤其是钦命御制书册、宗教经典的封面，历来讲究风格的严肃庄重，简洁明快。个人专著则讲究题签与牌记的艺术美，富于个性化特征。

（三）版面设计之美

宋版以中横线为轴，对整个版面做对称设计，对折处为版心，当页面展开时，版心正好是视觉中心，是版面美化的重点，这最符合装饰美的原理。包括版心的大小、版口的花式、行款的排列、章节的空距、版栏的美化、版面小品的点缀等方面，这些都是版面设计的着力之处。版面以栏框框出，栏内进行行款设计，文字安排醒目清晰，给人以明快之感；栏外预留空白，天头、地脚，左右切口，给读者留下视觉空白，使读者有赏心悦目之感，也是给读者留下批注评品的地盘。这样的安排叫作版面的"易读性"。如果行款密集，天地切口很窄，读起来就"胀眼"，很易疲劳。

（四）文字录入之美

楷书自问世以来，即成为主流书体。唐宋书法达到了一个新水平，涌现出著名的"唐四家""宋四家"等书法大家。宋版书无论写本还是印本，都使用这种高度艺术化、个性化的字体。人们读书的同时，又接受了书法美的艺术熏陶，阅读兴趣油然而生，这是符合审美规律的。后期又创造出便于工艺生产的印刷用字"宋体字"，具有工艺美；从"宋体"到"仿宋体"，由结体质重到清秀宜人，既符合工艺化生产的要求，也符合审美接受者的心理需要。而为了调节视觉感受，版面用字又往往注意大小字体的搭配、朱墨色彩的搭配、楷书隶书的搭配，以及图文的配置，这都综合成文字录入之美。而录入版面，既要求字写得好，又要求刻功漂亮，刀法圆熟流畅，这是不易达到的。唯其如此，经典版本才更为可贵、可爱。

（五）墨色之美

墨，有烟墨、油墨、黑墨、彩墨、精鉴墨等，不仅用于写本、抄本，更大量地用于刊本、印本。在印刷业中，它比毛笔的"能量"大多了。宋版书好，也因为它的墨色好。宋代的墨比前代大有发展，自从三国皇象在墨中入胶以来，就有了墨锭，其造型美观，品种性能也极大提高。最有名的是五代后唐时期的奚廷圭父子制的墨。奚氏原本在今河北易水之滨制作"易墨"，后来避居到皖南，在徽州歙县山中以松烟制墨，称作"徽墨"。李后主赏识他制的墨质地好，就赐他姓李。从此"李（奚）墨"便名播海内。宋人写书印书，用的都是上好的纸和墨。人们收藏宋版书，就追求"纸用澄泥纸，墨用奚氏墨"者，那可是无价之宝。徽墨历久弥鲜，沾水不湮，其工艺一直流传下来，并推广开去。而今各国制定国际条约或军用地图时，用的就是以徽墨配方制成的墨汁，以求其"永不变色"。到了元代，又出现了红色的墨。湖北江陵人就曾用朱墨双色套印《金刚经》，那是我国现存的最早的木刻双色套印件。明清时出现了工艺制墨，称"精鉴墨"，精良美观。如《西湖十景图》精墨，是一套大小不等、形制不一的墨，上面细刻着中国山水画，还加了题跋、印章之类，装潢华丽，色彩浓艳，品位高雅，见者无不叹为观止。这是古代墨品的极致。宋元明清的写本与印本，都因为有上好的墨而生色不少。元代以来的彩色套印，更使中国书画进入新的境界。中国墨历史久远，而且制作精良，价廉物美，新品、妙品不断问世。可以说，墨的家族十分兴旺。

（六）精勘精校之美

通过认真点校勘误的本子叫作"精校本"，那是学者心目中最美的本子。即使是一般的本子，在藏书家手中，被拿来与善本做对照进行校雠，并把校勘结果记录在这种普通本子上。这样一来，这个普通本子也就成了"校本"，其身价会立刻珍贵起来。如经名家审校，且签了名或钤过印鉴的，则可题名为"某人校本"；别人又加抄录的，则称为"过录某人校本"，这种本子，就成了欣赏的对象，读者可借此与古人"对话"，享受另一份愉悦。所以，凡名人校本均特受藏家的重视。

另外，相似的情况还有，书史上，某人的评本、某人的注本、某人的评注本、某某几人的汇评本、某某几人的汇注本、某某几人的集注本等，也都会有相应的"过录本"问世，那都是收藏家宝爱的对象。

十五、清代的文章评品

宋人开疑古之风，学者勇于借经立说，著述界十分活跃，加之造纸、印刷术的进步，宋金元明之际，文章事业获得空前发展。人们在忙着创新立说的同时，对汉唐训诂也失去了应有的关注。到了明代，学术界出现了所谓"空疏不学"的坏风气。"疑古"发展为改经作伪，"标新"发展为穿凿臆断。于是顾炎武、黄宗羲等出来，力矫其弊，大倡求是求实之风，力主经世致用之说。他们不再讲什么义理、道学、心学，而是认真研究吸收汉代古文经学和唐人"五经正义"的学术成果和治学方法，奠定了清代"朴学"的基础。

（一）关于名著的整理

这个时候，入关伊始的清朝统治者也希望汉族知识分子能埋头于传统文化的整理。他们一面提倡程朱理学，一面要求吸收汉唐学术，用后者补前者之学，用前者制后者之心。这一来，倒给文坛带来一个学派纷起的机遇。然而好景不长，雍正乾隆间大兴文字狱，独立思考创立新说的势头消释了，学者们相率致力于古文献的考据、整理与辑佚。乾隆网罗三百多名学者开设"四库馆"，复兴"汉学"，形成历史上有名的"乾嘉学派"。直到鸦片战争前后，形势迫使人们思考"更法改制"问题，迫使人们冲决陈言旧说的罗网，寻求"通经致用"的新路子。经过龚自珍、魏源等人的努力，借"今文经学"的形式，利用经传，讥切时政，主张变法。到光绪年间，康有为的托古改制便问世了。康著《新学伪经考》《孔子改制考》，把这种势头推上了它的极致。而其思想方针还是王安石所说："法先王之政者，法其意而已。法其意，则吾所改易更革，不致乎倾骇天下之耳目，嚣天下之口，而固已合先王之政矣！"（《宋史·王安石传》）

从文章写作与研究的角度看，清人的学术贡献主要表现在文章评注的发展上。这里不妨看看相关的书目：

《论语正义》刘宝楠　　　　　《孟子正义》焦循

《墨子间诂》孙诒让　　　　　《荀子集解》王先谦

《庄子集解》王先谦　　　　　《韩非子集解》王先慎

《管子校正》戴望　　　　　　《山海经笺疏》郝懿行

《楚辞通释》王夫之　　　　　《陶靖节集注》陶澍

《水经注释》赵一清　　　　　《庾子山集注》倪潘

《李太白集注》王琦　　　　　《杜诗详注》仇兆鳌

《王右丞集注》赵殿诚　　　　《文选旁证》梁章钜

《诸子评议》俞樾　　　　　　《十驾斋养新录》钱大昕

《日知录》顾炎武　　　　　　《义门读书记》何义门

《癸巳类稿》俞正曦　　　　　《经传释词》王引之

《经籍籑诂》阮元　　　　　　《尔雅义疏》郝懿行

《方言疏证》戴震　　　　　　《广雅疏证》王念孙

《说文释例》王筠　　　　　　《说文解字注》段玉裁

《说文通训定声》朱骏声　　　《诗经韵读》江有诰

《马氏文通》马建忠　　　　　《文始》章太炎

《康熙字典》（官）《佩文韵府》（官）

综上，不难看出清代文章学研究成果极为丰硕，为后人学习传统文化打下了坚实的基础。清人对文章学的突出贡献在于"集大成"，前人的章句训诂之法、辞章批点之学，到这里都系统化、理论化了。清人的评注功夫很深。注，涵盖了集注、注疏、笺证等；评，涵盖了驳议、集说、评赞等。这都表明了清代文章学研究的深化。其中，刘熙载（1813—1881年）有特殊贡献，他的《艺概·文概》是专论历代文章的。他受西方学术尤其是文论的启发，更新了我国的文章学，对传统文章学进行了根本性的改造。

（二）评品，帮你把握文脉

注疏家的工作，着眼于知识性的说明与介绍，却多少忽略了对读者做创作与欣赏方面的理论指导。这个任务由"评品"来完成，而自觉的、成体系的评品则起于宋代的圈点批抹，而大畅于清代的评点之学。

宋人的圈点批抹，首先是为科举应试服务的，开头用于科举试卷和一般文章的评点，后来扩及专著以至经史。他们把文章中的关键词句加圈加点，或者用朱砂直接圈点在相关字句上，或者用墨色圈点批抹在相关字句的右侧。对文章中有起伏过渡、关锁呼应作用的字词，对文章中的警策语、描写句，都要加圈、加点、加批——批有夹批、旁批、眉批、总批种种，借以点明某文好在哪里，差在何处，启发人们去学习和模仿；至于"抹"，即抹掉评者认为不好的字句、多余的字句、错误的字句。这个做法用于批改生员习作尚可，但宋元人却用之于文章评品，即使名家之作也难免被他们"抹"去一些字句，这就显得十分粗暴了。此风一直影响到明代。明人张应征，家藏书万卷，他都一一用朱笔墨笔加以批注。归有光读《史记》，用五色圈点，北京师大中文系就藏有这样的一套书。看来，好的文章，还要有好的评品，人们才能真正走进古籍，把握版本，做出学术成绩来。

在古籍版本中，不少名著都有评注本、汇评本、评点本可供使用。如《朱墨本昌黎诗注》就是对韩愈诗的评注（朱墨：用红黑双色评点的意思），《老子道德经考异》《管子义证》《三国志考证》等书中的评品考证，均可以作为原著阅读的参照。明清学者中，李贽评《水浒传》，金圣叹评"六才子书"，脂砚斋评点《红楼梦》，是在西方近代美学理论、文学批评尚未形成体系之前，纯用中国传统文论和宋人评点批抹的操作方式完成的，既有思想上的继承关系，又有逻辑上的内在联系，更有方法论上的创新和思想观点上的突破，都十分可贵。近代人高步瀛先生的《唐宋文举要》，是现代评点本中做得较好的一种，既继承了前人评注的优点，又吸收了近代人文学批评的一些观点和方法，很有见地。当代韩兆琦先生对《史记》作的"汇释""汇评"，致力极深，也足供参阅。

第七章　近代以来的印本册页书与审美赏析之学

本章叙述近代、现代、当代书品与中华传统书品，尤其是与唐宋以来之纸书的一系列重大区别：从材质上、装帧上、版式上、印刷术上的区别，一直说到内文的编排技术、赏析方法上，以至当代简化字、普通话、白话文的推广上。这方面的知识太丰富了，有的已经超出本书的承载范围了；本章只能就近代以来的印本册页书与现当代的审美赏析之学作点泛泛的介绍，引人注意及此而已。

一、中华文化信息的西传

从公元前四世纪起，古代希腊人便称遥远东方的中国为Seres，或Sena，据考，意即"丝之国"。又有人说，古欧洲人称中国为Sin，Chin，Thin，其源盖为"秦"或"荆"；而在"Chin"后加个表阴性的"a"，就成了"China"。公元前一世纪汉武帝通西域后，丝绸之路把东西方联通起来，"丝国"称呼便为世界所广泛认可。

中国明朝政府于永乐—宣德年间（1403—1435年）七次派郑和率庞大船队"下西洋"，开展空前范围的外交和经贸活动。郑和船队远航西亚、东非，书写了世界航海史、商贸史、外交史上的辉煌篇章。其越洋船舶的精巧设计，吸引了往来于地中海、波斯湾一带的威尼斯商人，促进了欧洲航海船舰的建造，使近海航行一变而为远洋航行。欧洲首先发展起来的海洋强国葡萄牙、西班牙、荷兰等，受《马可·波罗游记》的激发，先后开展了越洋远航，热望到欧洲以外的世界寻求其发展天地。1492年哥伦布下海，得以发现"新大陆"；1498年达·伽马绕道好望角，开辟印度航线，欧洲人从此真实地看到了东方；1522年（明·嘉靖之年）麦哲伦的环球航行获得成功，欧洲人知道了世界有多么大、多么富。于是，葡、西、荷等国便开始了对非洲、美洲、澳洲的殖民扩张与对土著居民的灭绝性屠杀；开始了对中东、南亚、东南亚、远东地区的殖民扩张与疯狂掠夺，荷兰人占据了中国的台湾，葡萄牙人谋取了中国的澳门。欧洲资产阶级的原始资本积累正是建筑在这种血腥基础之上的。而罗马教皇便借助葡、西等国的炮舰，组织耶稣会教徒到东方"传教"，发誓要"为基督征服全世界"，想把欧洲宗教文化及其统治体制强加于东方。炮舰加教义，于是有了"西风东渐"，同时也拉开了"东学西传"的序幕——这"东学"，即以孔老学说为核心的中国文化，主要是由传教士们"西传"的，也就不能不带有被动性、片面性，但它却以自己固有的丰厚文化内蕴，支持了西方14—16世纪间兴起的"文艺复兴"运动和尔后的资产阶级启蒙运动与革命运动，适应了欧洲发展的时代需求。

明万历十年（1582年），传教士意大利人利玛窦（Matteo Ricci）奉天主教会之命来到中国，在广东住了十五年后到达北京。此人努力沟通儒学与天主教义，和徐光启、李之藻等一起，致力于东西学术的融会。这使欧人对中国情况有了了解，激发起研究中国的兴趣。这是"中国潮"在欧陆的微澜乍起。

这个时期，中国的陶瓷业、制盐业、制茶业、丝织业、矿冶业、印刷业、造船业、航海业都已实现规模生产，成百上千的劳动力密集在手工工场中进行有组织的商品生产，而且有了行会。在文化界，则出了一批文化新人，徐光启与李之藻之外，唐寅、杨升庵、徐渭、李贽、汤显祖、袁宗道兄弟、徐霞客等，都是极富个性特色，敢于在思想文化领域冲破牢笼、大力开拓的猛士。在政坛上，知识分子群体干政，有纲领，有组织，进行集会、结社（如复社），开展群众性罢学、罢工、罢市、游行示威、联名请愿以至"倒阁"（罢免朝廷大员）运动。这样的时代景观，跟欧洲的文艺复兴（14—16世纪）和启蒙运动（17—18世纪）在精神上是声息相通、互相感应的。

十八世纪是欧洲资产阶级革命的年代，他们在呼唤新生活、新秩序。从二十年代起，北欧各国及英、法、德上层社会中卷起一股"中国潮"，中国的茶、瓷器、丝绸、漆器、刺绣，连同室内布置、庭院建筑与园林建造，都深深地介入了上层贵族绅士们以至普通人的生活，时人普遍追求"中国风味"，连室内装饰也以绘有人物花草的糊墙纸（或有中国风情画的绢帛）来代替壁毯，认为它轻巧、雅致又符合卫生要求。如此规模地引入中国式家居文化、园林文化、茶文化，足见其渴求新生活之强烈。十七世纪中叶，茶在英国是珍稀饮料，从皇后、亲王到诗人、时髦女郎都以喝上中国名茶为高贵的象征。同时，在公众文化娱乐方面，英法等国的戏剧舞台上，一再上演《中国孤儿》《好逑传》之类的戏剧和杂耍，其舞台布景、道具、演员服饰都刻意追求"东方色彩"，借以满足人们的精神需求。

适应欧洲人广泛向往中国的时代风气，从乾隆二十五年（1760年）一月起，英国人哥尔斯密开始在《公簿报》上连续发表《中国人信札》，巧妙地借用"中国人的眼光"去看英国、看欧洲，拿中国的思想文化制度来比照英国，对英国社会进行全方位、多层次的批判。经过三年，到1762年，《信札》刊发到119函时，他又另增4函，共123函，汇集成册，题为《世界公民》，广泛发行。这位"世界公民"是哥尔斯密根据自己的理念塑造出来的"中国人"，一位旅欧的"中国哲学家"、智者，起名叫李安济。"李安济"在英国每走一步，都要将他的所见所闻与中国相对照，发表一通"哲学思考"，话题涉及国家政治、宗教、道德、社会风尚、人性弱点各个方面。在第42函中，他辛辣地讽刺欧洲说，"不论从哪一个角度去看，你总可以找到这样一条线索贯串着整个欧洲的历史，就是罪恶、愚蠢与祸害……也就是：政治没有计划，战争没有结果。"他举例说：在欧洲史上，先是罗马人与野蛮族的战争，然后是基督教与伊斯兰教战争，十字军东征；罗马帝国崩溃后，英、法、西、意、波兰等各国争长斗雄，谁也没能实现欧洲大一统，徒然荡平了多少地区，杀戮了多少人民。近百年来，基督教君主们宣称"爱好和平"，可一天也没有停止战争。因此，欧洲绝不是什么"和平乐土"，不是"上帝特别关注的地方"。而中国，有与欧洲同样大小的幅员，有几千年大一统的历史，有开明的君主，有管理社会的各级政府，有近情合理、惩恶扬善的一套法律制度，而没有宗教迫害，更没有宗教战争。人民勤劳友善，物产丰富……"李安济"的这番宏论，当然是思想家们对西欧现实政治的无情批判，反映着社会心声。他们就用这个理想化了的"中国人"去透视英法，批判欧洲，进而设计其未来理想王国的蓝图。这类"中国人的议论"在欧洲社会产生了巨大的渗透作用和动员作用，对欧洲思想界有巨大冲击力，当然也受到宗教界的攻讦与讥嘲。教士们喋喋不休地对中国发泄其嫉恨，但不论如何咒骂，改变不了欧洲人对东方文化积极吸纳并巧妙化用的总趋向。联系到1789—1794年间爆发的法国资产阶级革命来看，当时欧洲对"新思维""新生活"的渴求是不言而喻的。他们借用"中国风格""孔子思想"来清理被"旧教"占领的阵地，也是合乎情理的。当中国人在旧制度、旧思想钳制下照样生存着的时候，世界历史已经进入十七、十八世纪，欧风美雨已经席卷全球。到十九世纪初，欧美资产阶级已经把世界瓜分完毕，中国成为他们海外殖民的最后对象。到十九世纪初，以英国为首，其对华贸易已经达到一定的规模。

今天看来，中国古代学说以至政治法律体制和物质文化生活，对十六世纪至十八世纪的欧洲起了积极的推动作用，这是毋可置疑的。长期禁闭在严酷的宗教统治下的欧洲，终于呼吸到了异样的新鲜空气，吸收到了口味迥异的东方精神营养，从而帮助他们最终走出了从"中世纪"留下的精神桎梏。我们从明中叶到清中叶这段西风东渐与东学西传的历史看来，中国何尝是保守、封闭的国度！它以自己强大的精神和物质文明实实在在地对欧洲、对世界作出过巨大贡献。

设想一下，如果当年欧洲人一味沉醉在对中国物质文明的钦慕向往之中；如果他们满足于对东方文明的机械搬用；如果他们满足于对东方礼法制度的简单引入；或者，如果他们紧紧地死盯着东方老大帝国实际生活中的陈腐老旧等等而对东方文化予以排斥；如果他们都像正统宗教徒那样咒骂东方"异教徒"的思想理论……那么，还会有上述积极效果吗？不会！这是一条至关紧要的历史启示。

二、近代文章：向政治的回归

1840年发生了鸦片战争，这是改变中国历史命运的战争，中华民族面对着亘古未有的生死存亡的考验。晚清统治集团却沉醉于泱泱大国的古旧之中，不思自拔，不思进取，一天天走向衰朽。恰恰在这时，处于资本原始积累阶段的西方老牌帝国主义，最疯狂、最野蛮、最具扩张性。它们在鲸吞了非洲、拉美、大洋洲、南亚次大陆的同时，将坚船利炮对准了东方这个老大帝国，使之迅速沦为半殖民地半封建的国度——尽管如此，我们这个民族，在列强压境的情况下，一天也没有放弃取人之长，攻己之短。大批先进人士在艰难竭蹶之中努力寻求救国济民的真理、富民强国的药方，展开了空前规模的对西方文化的吸收移植、改造利用工程。从洪秀全到孙中山，从严复到梁启超，从张謇到李鸿章……在那个特定时代，他们都自有建树。文章，作为时代的敏感神经，不能不发出惨烈的呼号、愤怒的抗争，不得不参与救亡、革新、科学、民主意识的培育与鼓吹而向政治回归。下面简略介绍一下自鸦片战争到辛亥革命期间的近代文章创作走向，从中可以看到古文的终结和新文学的起步。

（一）艰难时事呼唤民族觉醒

鸦片战争，击碎了清廷"天朝上国"的美梦，震醒了沉醉在中华古老文明中的一大批知识分子，迫使人们睁开双眼来看世界。此时接踵而来的禁烟运动、义和团运动、太平天国运动、洋务运动、维新变法运动，直至辛亥革命运动，浪涌波兴，风潮迭起，政治界、思想界、文化界斗争尖锐，分化激烈。对时世变化反应向来最敏锐、最迅速的文章，特别是政论文章、纪实文章，涌现出大批全新题材、全新视角、全新写法的文章。这些著述，关切国家民族命运，揭露清廷腐败无能，鼓动变革图强思潮，讴歌爱国事业，控诉殖民强权，介绍西方的思想文化、政治制度、科技实业、社会风情，形成中国文章史上从未有过的崭新局面。首先，由魏源、林则徐、冯桂芬、洪仁千等人构成"第一梯队"，突破闭关锁国的陈旧思维与政策框架，大力鼓吹"师夷以制夷"，给清代文坛引入了新思维、新题材、新主题。其后，由访欧归来的王韬、马建忠、郑观应为前哨，以左宗棠、李鸿章、张之洞及郭嵩焘、薛福成、黄遵宪为中坚的"第二梯队"，从思想上、实践上为洋务运动在中国掀起作出了重大贡献。而康有为、梁启超、林纾、严复等人组成的"第三梯队"，则在"变法维新"的口号下，努力再造一个新的东方大国。在这些人的接力式努力下，一扫清代文坛保守僵化、沉闷庸腐的旧习，发出了代表这个时代的声音。在他们笔下，实现了传统的新变：从题材、主题到表现手法，都不同于清代前期的"古文"或时文、骈文。

（二）发现新的天下

　　鸦片的输入，使中国白银外流，百姓身心受害，人们惊呼：若不禁烟，"数十年后，中国将无可用之兵，可支之饷！"这严重地震撼了清廷，也震撼了知识界。站在最前沿的林则徐，为着警醒国人，做了大量工作。他受命禁烟。一到广州，便亲自作调查，走访居民，走访商贾，还提审汉奸，毅然抛开"夷夏大防"，直接向洋人了解第一手情况。为了帮助中国人认识世界，他主持编译了一批外文书刊，重要的有：1.《万国公法》。林则徐注重搜集西方当代政治、经济、军事情况，了解到西方社会对法律的重视，意识到与洋人斗争不能不运用法律武器。林的译著活动就是从请人翻译此书开始的。2.《澳门月报》。为帮助国人及时掌握国外动态，林则徐组织译员，随时翻译《澳门新闻纸》，由他精选审编成五辑《澳门月报》，着重介绍当代列国动向、海上走私活动、殖民势力的图谋，用外人资料来警悟国人，自有特效。其《东印度公司卡片》，就具体揭露了鸦片贸易的罪恶。林则徐还注意搜集西人报刊上对华的各种言论，摘译编写成《华事夷言》，作为刺激中国人变换心态、变换角度，"从世界看中国"的有效手段，也发挥了特有的作用。3.《四洲志》。林则徐深知中国人对西方知识的严重匮乏，认为必须从普及科学地理知识入手，因而组织力量将伦敦1836年新出版的《世界地理大全》译出，亲自审校修订。此书系统地介绍了亚欧非美三十余国的史地知识。由于他本人的写作态度在于务实救国，不再似前人那般以猎奇说怪为目的，再加上他的地位与影响，在轰轰烈烈的禁烟运动中，此书一出，影响极大。它使中国人真正以科学态度去认识地球、认识世界，并重新认识中国。

此时，著名作家魏源应林则徐之请，广泛搜求中外古今的地志类书刊资料，在《四洲记》的基础上，撰成《海国图志》一书，1842年出版五十卷本，1852年又增修为百卷本。该书从题材到表述，都使人耳目一新。尤为可贵的是它贯串着一条鲜明的思想主线：款夷、师夷、制夷。魏源说："是书何以作？为以夷攻夷而作；为以夷款夷而作；为师夷长技以制夷而作。"（《自序》）这就比《四洲记》的务实介绍又高出一筹。本书以大量篇幅详述西方列强史地沿革、政治法律、宗教信仰、物产矿藏、机械制造、天文数理，无不出发于"师夷之长"，"夷之长技有三：一战舰，二火器，三养兵练兵之法。"他由此提出了发展国家近代军事工业的主张。其启动资金可从外贸盈余中拨出。他计算了粤海关1837年进出口数额："共计外夷岁入中国之货，仅值银20148000元，而岁运出口之货，共值35093000元。以货易货，岁应补中国银价14945000元。"这就有足够的财力购置外洋机械、聘请技师来创建我国的军工了。加上开放商贸工矿，鼓励有财力者自购自办厂局，"凡有益民用者，皆可于此造之。""师夷"正是为了强国而"制夷"。"款夷"，是研究与洋人打交道的策略手段。当夷人进逼、国家危难之秋，闭目塞听、妄自尊大不行；义愤填膺、空喊抵抗不行；盲目排外、赤膊上阵也不行。魏源清楚地看到，在外交上、在商贸上、在产业经营上，洋人确有所长，我自应"师其长技"，把别人的本领学到手，使我中国能以强国的姿态活跃于世界外交经贸舞台上，有理有利有力有节地与之做斗争，保护我们的国家利益、国家尊严。由"款夷"而"制夷"，何乐而不为？魏源行文，没有一点迂腐气，所表达的思想，达到了那个时代的最高水平。假如清政府能着手实行这些主张，则中国何至受辱百年！

鸦片战争前后，以冯桂芬的《校邠庐抗议》（1861年出版）最有影响。冯是江苏吴兴人，亲历两次鸦片战争和太平天国运动，协助过林则徐，襄赞过李鸿章。在本书中，他首次明确提出"以中国之伦常名教为原本，辅以诸国富强之术"的观点。他大声疾呼学习西方科技，引进舰船枪炮工业，认为只要肯学习，以"中华之聪明技巧，必在诸夷之上。""始则师而法之，继则比而齐之，终则驾而上之。自强之道，实在乎是。"他书中的《采西学议》《制洋器议》《收贫民议》等一系列论著，为即将掀起的洋务运动作了舆论铺垫。他对我们民族智力的评估，对自办民族工业以振兴中华的期望，都洋溢着他的爱国热情和智慧判断。

冯桂芬和魏源、林则徐交好，都力主经世致用，不为空文。三人的主张与实践，在十九世纪四十至六十年代里，正如接力赛一样，顺应时代，引导舆论，力破陈说，张扬新思维，完成了历史赋予他们的任务。当然，这一批人的思想主张，一时还难以为社会普遍接受，也难以变成为国家施政方略，因而一时还不能充分显现其特殊价值。

（三）鼓动洋务风潮，勾画"强国梦"

洋务思潮兴起于二次鸦片战争之后。代表作家有王韬、马建忠、郑观应等人，而在实践上推动它并取得成效的是左宗棠、李鸿章、张之洞、刘铭传等人，有思想理论又有实践成效的是薛福成、黄遵宪等人。在个人经历方面，这些人多数留过洋，对西方有实地了解，因而比前辈"师夷制夷"论者有更大的舆论鼓动力和实践能量，这就在中国大地上卷起了一股声势浩大的洋务风潮，为我国的民族工业打下了最初的基础，也为后人留下了足资借鉴的大块文章。

王韬，江苏常州人。早年在上海曾准备响应太平军，未成，应英人之邀翻译"五经"，因而有机会游历欧洲各国，又游日本，著《普法战纪》及《扶桑游记》二书，系统介绍所历各国内政外交经济文化与军事。因是实地考察而得，取材尤为可信。有《弢园文录外编》《淞滨琐话》等著作传世。他著《华夷论》，力破内华外夷的传统观念，认为划分先进与落后的唯一标准是"礼"——社会的文明程度、科技水平。这就澄清了"师夷"论者认识上的模糊与矛盾。在此基础上提出了建立平等的中外关系的主张。这是一种身心健全者的清醒，时代意识的觉悟。从此，"夷务"也就顺理成章地称为"洋务"了。

马建忠早年留学欧洲，对西方资本主义作了实地考察和深入研究，其《富民说》一文，试图为中国设计一条建设资本主义的路子。他说：治国以富强为本，求强以致富为先。国富先要民富，致富先开富源。而开矿山、修铁路、办工厂，发展商贸，便是致富之路。办实业最好是商办，启动资金可由国家借外债再转贷给商民，则数年之间，贫可转富，民富则国强。"师夷"论者的力求"强兵"，洋务论者转而注重"富民"——即培植中国的资产阶级，这一思想在当时是一种历史的进步。

郑观应，长期从事商贸活动，对西方殖民势力借商贸之名行侵略之实的本质有深刻认识。其著作《盛世危言》全方位地论述了开矿、商战、民团、海防等各种现实问题。他尖锐而沉痛地指出："兵战之时短，其祸显；商战之时长，其祸大。"在商战中，"彼之谋我噬膏血非噬皮毛；攻资财不攻兵阵。方且以聘盟为阴谋，借和约为兵刃。迨至精华销竭，已成枯腊，则举之如毫发耳。故兵之并齐，祸人易觉；商之掊克，弊国无形。"他要求彻底抛弃传统的抑商政策，为商民参与世界贸易竞争创造优惠条件。而商业之根在于工，因为商战之胜负、商务之盛衰，"不仅关物产之多寡，尤必视工艺之巧拙。"于是他又力主发展民族工业，发展教育。鉴于中国人手众多而技术底子薄，他提出可以从简易机械的仿造开始，引进西方和日本的已有技术，彼创其难，吾袭其易，发展起来将是很快的。比起郑马来，他的思想已经进一步落实到"商战"——参与国际工商竞争中来了。

从王韬、郑观应以来，有一个共同的思想主线：中学为体，西学为用。首先用这八个字来表述其思想的，是沈寿康于1896年发表的《匡时策》："中西学问本自互有得失，为华人计，宜以中学为体，西学为用。"后来张之洞作了具体说明："四书五经、中国史事、政书、地图为旧学；西政、西艺、西史，为新学。旧学为体，新学为用。"要求学子"新旧皆学"，"今欲强中国、存中学，则不得不讲西学，然不先以中学固其根底，端其识趋，强者为乱首，弱者为人奴。"在这个口号下，洋务派的中坚李鸿章等，大办洋务，办新式学堂，派遣留洋学子，办军火工业、造船工业、机械工业，开矿山，筑铁路，兴邮政，编练新式海军等，为最终埋葬清王朝做了人才和物质上的最初准备——或许这个结果出乎早期洋务派的主观臆想之外。

（四）康梁：砸碎枷锁，开出新天

十九世纪末，帝国主义瓜分中国的罪恶阴谋步步实施，中国面临亡国灭种的灾难。在国势危急的当口，有思想、爱祖国的志士们，一面研究近代资本主义的进步性，一面思考中国的出路何在。他们认识到在中国原有政治体制、思想体制、经济体制下，即使引进西方科技与机械，也无法实现民富国强，无法抵御帝国主义对中国的瓜分豆剖，必须从根本上着手改弦更张。1895年4月，清政府与日本签订《马关条约》，消息传来，全国沸腾。正值各省举子齐集北京准备应试之时。举子们纷纷上书，反对割地求和，遭到拒绝。5月2日，18省举子公推康有为起草请愿书，向朝廷提出"拒和、迁都、变法"的要求。前两点在应付当前危机，后一条在求根本解决。关于"变法"，举子们要求：全面学习西方，发展农工商业，改革教育制度与官制，引进君主立宪的政治体制，君民一体，共议内外兴革大政。此次请愿，史称"公车上书"。请愿书全文18000字，这是中华民族近代化的宣言书。公车上书在全国举子中普及了变法思想。于是，"变法"论代替"洋务"论，成为时代思潮的主流，终于推动光绪帝于1898年实行变法维新。

公车上书之后，向西方寻求救国强种的真理，便成了先进知识分子追求的目标。一股思想解放的大潮迅速涌向全国，而站在这股潮流最前列的是思想家、宣传家梁启超。

梁启超（1873—1929年），广东新会人。公车上书的组织者之一，戊戌变法的倡导者之一，曾遍游日本与欧美，是

《时务报》《新民丛报》《中外纪闻》《国风报》《庸言报》等报刊的创办人和主笔。他文笔清新犀利，"务为平易畅达"，"纵笔所至不检束"，"笔锋常带情感"，自称"新文体"，特别适合表达新思想、新观念。他是宣传维新变法思想的主将；晚年执教于清华，精研学术，颇有建树。有《饮冰室文集》传世。

康梁之外，对维新运动贡献突出的，还有一位启蒙大师严复。严复，福建闽县人，曾赴英国海军学校学习。除攻读炮台、战术等专业课之外，还精研西方伦理学、社会学、法学、经济学、逻辑学、进化论等，对亚当·斯密、卢梭、孟德斯鸠、斯宾塞等人十分崇敬。他是我国系统介绍西方学术思想的第一人。所译西方名著有赫胥黎的《天演论》，达尔文的《物种起源》，穆勒的《名学》，以及《原富》《法意》《社会通诠》《名学浅说》等。向积贫积弱的中国人灌输"物竞天择""弱肉强食"思想，唤醒中国人挽救中华、挽救东方文明。严复行文典雅，连那些沉湎于旧文化的老举子、老官僚们也都以一睹为快。其《原强》《辟韩》二文代表着他的思想和文风，不可不看。

三、赠给美国：《古今图书集成》

《中国科学技术史》的作者李约瑟曾说过："我们经常查阅的最大的百科全书是《图书集成》……它是一件无上珍贵的礼物。"的确，《古今图书集成》这本超大型工具书，在现存的古代所有类书、丛书中，其科学性与适用性都是无与伦比的。它成书于清初康雍时期，刊行后即得到世人的普遍重视。

《古今图书集成》全书一亿六千多万字，1万余卷，囊括古今群书，包罗万象，其卷帙之浩繁，类书中罕见其比。雍正六年初版时，以铜活字印，计印64部，每部5020册。这本工具书能满足各种查检需要，有它的独特之处。其最主要特点是体系清晰、分类科学。全书内容按性质分为6大汇编、32典、6109部，每部再依10项详目做介绍。逐层展开，路径清晰，使宏富而庞杂的文献资料各有所归，查检十分方便。

《古今图书集成》

《古今图书集成》的体系严整性、科学性首先表现在其"六大汇编"的分类上。它突破了刘向、班固以来突出"经学"地位的传统书目分类法，对古今所有文籍知识作了全新的结构性重组，不讲"经、史、子、集"，而是按天、地、人、物、学术、政事的结构来组织知识，这是很有意义的。

（一）历象汇编。收编关于"天"的知识，含乾象典21部、岁功典43部、历法典6部、庶征典50部，计4典、120部。专收历代文献中关于天文、气象、历法、农时及其灾变、异征的相关资料，其天文、历法方面的记录之翔实可靠而有系统性，在世界上处于领先地位。

（二）方舆汇编。收编关于"地"的知识，含坤舆典21部、职方典223部、山川典401部、边裔典543部，计4典、1187部。系统地归类整理历代政区沿革，山川的地理、地貌、地物，周边民族区域状况。仅"边裔"一典就有543部，这比第一汇编的总数还多出一倍，足见本书有科学精神，注重实用。

（三）明伦汇编。收编关于"人"的知识，含皇极31部、宫闱15部、官常65部、家范31部、交谊37部、氏族2694部、人事97部、闺媛17部，计8典、2977部。这可供我们研究中国宗法制度下社会生态、政治生态和国家权力结构的发展演变史。

（四）博物汇编。收编关于"物"的知识，含艺术43部、神异70部、禽虫317部、草木700部，计4典、1120部；这里的"草木""禽虫"，实际上是中国的植物志、动物志，它贯串古今，包罗万象，且图文并茂，在古代工具书中独具魅力。至于艺术、神异之类，绝大多数是中原人不易一见的珍闻异物（当然也有不少神异传说和迷信传言）。

（五）理学汇编。收编关于"学术"的知识，含经籍66部、学行96部、文学49部、字学24部；计4典、235部。这里的"理学"，意为"理论与学术"。这在传统的"经史子集"四分法中，大半是"经部""子部"范围内的知识。本书作如此安排，其科学勇气显而易见。它为我们进行中国学术史、思想史、文化史研究提供了有用的资料汇集。

（六）经济汇编。收编关于"政务"的知识，含选举

29部、诠衡12部、食货83部、礼仪70部、乐律46部、戎政30部、祥刑26部、考工26部等，计8典、325部（另有45部外编）。这里收录的是历代"经邦济世之务"，即国家行政管理和社会治理的相关文献资料，为我们考察历代职官制度、租税制度、礼法制度、土地制度、产业制度、军事制度、刑法制度、手工工场管理制度等提供了系统的可靠史料。比如《考工典·工巧部》所收历代能工巧匠的史料就异常珍贵，《祥刑典·律令部》所收康熙朝的刑法律令案例史料更为后出的《四库全书》所排斥，凸显了编者思想的可贵与先进。

在微观上，《古今图书集成》各典各部的具体的资料编辑也有明晰的顺次，先后分作10项归类：1. 汇考，条列相关的大事记，引用经史子集材料，述其源流本末；2. 总论，采录历代相关的理论、观点、代表性议论；3. 图，凡涉及疆域、禽兽、草木、器物、建筑者均以精美的图画示之，做到图文并茂；4. 表，有些内容列表表示，简明清晰；5. 列传，收录古今相关人物传记，起到"学科史"的作用；6. 艺文，辑录相关诗文的辞藻，供写作时采撷；7. 选句，辑录相关成语偶句、名家语录，供学者采用；8. 纪事，收录相关的社会传说，佚事琐闻，以广见闻；9. 杂录，以上各项之外的资料；10. 外编，有些拾遗补缺的资料归于此类。这样的类书编撰，真可谓"体大思精"了。我们现在如果将其作电子录入，这里有现成的"菜单"可用，可以直接拿来编写各种"专业史""专科史"。

令人意外的是，这样一本《古今图书集成》的编者，却是一位历尽了磨难、吃尽了当局给的苦头的大学者。此人姓陈，名梦雷（1651—1741年），字省斋，福建侯官（今闽

侯）人。他博学多才而命途多舛。他19岁就中了进士，康熙
帝让他当了翰林编修，正得意时，逢康熙平定三藩叛乱，有
人诬告他"附逆"，被下狱论斩，康熙将他"发配"沈阳，
一去十六个春秋。人到中年，康熙召他还京，让他担任皇三
子的老师。他即利用其家藏之书及王府的丰富藏书，以五年
时间编成了《图书汇编》，誊写了《目录·凡例》一册，
于1706年上呈于康熙。康熙帝认为体例可行，于是命开馆重
辑，定名为《古今图书集成》。待至雍正登位，尽力诛逐其
兄弟与异己，陈省斋又因为是皇三子的老师而再次被牵连下
狱，以72岁高龄重贬沈阳。雍正帝知道此书的重要，便命蒋
廷锡去接手主编该书。蒋只是做了点小小"加工"，就于雍正
三年十二月定稿，上呈，到雍正六年（1755年）初付印。

雍正时内府所印的初版《古今图书集成》是铜活字本，
只印了65部。光绪十年至十四年间（1884—1888年），英国
人在上海开办的图书集成印书局出过铅字本，印了1500部、
每部1620册。光绪十六年至二十年间上海同文书局用照相法
影印铜活字本计100部，每部5044册。1934年上海中华书局影
印铜活字本，附有《考证》，计808册，是现代通行的一种
"普及本"。

本书也是国外汉学家的手中之宝，日本文部省编有《古
今图书集成·分类目录》，英人翟理斯编有《古今图书集
成·索引》一书，瓦伯尔编有《古今图书集成·方舆汇编索
引》等书，均有助于该书的使用。倘若要录入电脑，借助这
些《索引》，那就更为简便了。

值得一提的是，"庚子"之后，美国政府主动提出把一
部分白银"退还中国"，一部分用于接受中国留学生和在中国

办学校、办医院。清朝当局为了表示答谢，回赠美国政府一批"特产"，包括四大部头的中国古籍，其中就有一整套《古今图书集成》，因为它足以代表中国的传统典籍。而今美国所藏中国古籍极为丰富，其数量仅次于中国大陆、中国台湾地区、日本，大多是"庚子"之后通过各种渠道从中国取去的，包括清政府赠送的这一批在内。

四、近代书藏：在忧患时局中跋涉

在中国近代藏书史上，有不少关乎国运的书藏事迹。藏书家们把私人藏书与中国文化的命运自发而又自觉地联系起来了，与民族的反帝自强斗争有机地联系起来了。其中，杨守敬、缪荃孙、莫伯骥、张元济、郑振铎等人的事迹尤为感人。

这里先说浙江归安陆心源"皕宋楼"、钱塘丁丙"八千卷楼"的事情。

浙江归安，是一个远近闻名的书香之地。南北朝时期的沈约，藏书两万卷，驰名当世；宋代周密、叶梦得，明代茅坤也都文名远播，书藏丰富；清代藏书人代代相承，业绩更为一时之选。到了晚清，这里又出了位藏书家叫陆心源。他当过福建盐运使，罢职后归乡，创了一座藏书楼，题名"皕宋楼"。原来，这以前，大藏书家黄丕烈因为所藏的宋版书超过了一百部，便题其书舍为"百宋一廛"，以夸示其收藏的品位；又有一位吴骞，收藏了上千本元刊本，就取名为"千元十驾"，意在与黄家比拼夸耀。陆心源的家资雄厚，利用晚清时势动荡、藏书家的珍藏纷纷流向社会之机，全力收购，得十几万卷珍贵古籍，而其中的宋刊元椠竟然远远超过了黄、吴，便取名"皕宋楼"，意为跨越了黄吴两家的"百宋""千元"。据记载，皕宋楼的藏书比天一阁还多，其中善本书超出一倍。陆心源又另辟"十万卷楼"收藏明以后的秘本、抄本，又辟"守先阁"收藏一般图书，依"四库"的序目列架，并且开放供人阅览。鉴于一般藏书家很少有世代相传、百年保守的，陆心源担心身后书籍流失，特地向归安县政府备了案，并索性献出守先阁的书籍作为"公藏"，供学子们公用。希图为自家能世守所带加上双重"保险"。

陆心源于1894年去世，皕宋楼由其子陆树藩经管。此人曾向清政府捐资献款，他对古书不甚珍惜，心思用在经商上，拉下了不小的亏空，手头正紧。恰在此时，有个日本汉学家叫岛田翰的来华游历，走遍江南，有机会登上陆家藏书楼，见到这批珍本，就鼓动陆树藩将书卖给日本书商。陆树藩索价50万，几经周折，三菱财阀兰室岩畸，于1907年4月来华，将皕宋楼15万卷古籍以6万元的极低价统统买走，渡洋东去。从此，这批经无数名家历数百年递相珍藏的典籍文献，就被永久地归于日人的"静嘉堂文库"了。

陆心源身前最担心的事，竟如此迅速而彻底地惊现于他的身后！

消息传开，引起中国文化界的极大震动，舆论大哗，纷纷谴责清政府的无能无识，人人扼腕痛惜。"皕宋楼事件"深深刺伤了民族灵魂，引起了当局中头脑清醒者的警觉。江苏巡抚端方和张之洞等人更是密切关注着江南藏书的动向，严防类似的事件再次发生。当听传说杭州丁氏八千卷楼的藏书20万卷也将要出卖时，立即派缪荃孙前去，由政府出资7.5

万元全行收购，藏在南京清凉山下，后来以它为基础，办成了著名的"江南图书馆"。从此，中国知识界把力保古籍文献不再外流视为神圣职责，开辟出又一条爱国战斗的战线，与国内外各种破坏势力、腐朽势力、掠夺势力展开了艰巨的搏斗。

清末浙江杭州居住着丁申、丁丙两兄弟，都以博学闻名远近，时人号为"双丁"。他们家也是世代书香。其先祖南宋人丁凯有书八千卷，说："我的书不算多，我自己也不善读书，但我的子孙必有能读书的人。"光阴流转，传到丁掌六这一代，他决心实现先祖的遗愿，建成了一座藏书楼，题名为"八千卷楼"，又经过两代人的努力，到了他的孙子丁丙、丁申手下，他家藏书达到二十万卷，相继创建了"小八千卷楼""后八千卷楼"等。这批书后来成了"江南图书馆"的基础藏书。

丁氏兄弟抢救《四库全书》的事迹尤为感人。当年，乾隆皇帝修成了《四库全书》，存了一套在杭州文澜阁。1850年太平军北上，有一支部队攻入杭州。战乱之中，江南书藏损毁惨重，祸及文澜阁，所藏《四库全书》有的被人劫走，有的弃于灰烬瓦砾之中，惨不忍睹。这时，丁氏兄弟逃避兵祸，忽然发现包食品的纸竟然全是从《四库全书》上撕下来的，十分惊愕。弟兄俩便冒着生命危险，潜入文澜阁中，把残存的一万多卷书捆扎成八百多捆，用马车偷偷地运出城外，日夜守护着。为安全起见，他们又把这批书辗转运到了上海。几年之后，太平军退走了，丁氏兄弟回到杭州，就把这一万卷书运回，存放于杭州府学的尊经阁中。浙江巡抚被他们的行为深深感动，向清政府禀明，予以表彰，同时责成丁氏兄弟负责重修文澜阁，搜罗抄补缺失的部分。到1881年新阁建成，丁申、丁丙将四库书迁置于新阁，一座八万多卷藏书的新楼便屹立于西子湖畔，使闻者无不动容。这些书现已成为浙江省图书馆的无价之宝。

杨守敬，湖北宜都人，晚清著名学者，他远赴日本访书的事迹，在中国文林传为佳话。他参与编撰的《古逸丛书》，把流失于日本的中国古籍又引了回来，还写了《日本访书志》，对近现代中国学术研究大有助益。这个杨守敬，于光绪六年（1880年）夏季，应出使日本的大臣何如璋之聘，作为使馆随员到了日本。从唐代起日本就与中国有密切交往，对中国文化十分热爱，文籍东传，世代不绝。中国典籍文献屡遭劫难，却有不少绝版书在日本存留下来。日本历代都有精通汉学、收藏古书的行家，古籍的保存与研究都有相当的水平。但杨氏赴日时正逢日本搞变法维新的高潮时期，全社会都在谈论新学而厌弃旧学，古书并不招人注意。而有藏书之癖又精于版本目录之学的杨守敬则分外兴奋，他一有空闲，就走访书肆，见到旧籍善本就买，所费不多而斩获颇丰，不到一年工夫，就购得三万多卷古书，有些虽然残破了，他也不放过。一年之后，驻日使臣换成了黎庶昌。黎庶昌是一位藏书家兼出版家，杨守敬与之一拍即合，为他草成了《日本访书缘起条例》，议定要大力搜访古籍并刊刻《古逸丛书》，把在国内已经失传的古籍汇刻到"丛书"中来。自此，杨守敬更是竭其所能广泛搜求，遇到不能以金币购置的珍本，他就用自己带去的金石碑版古币古印去换取。这样，不少日本藏书家手中的秘籍珍本便聚到杨守敬手下来了。光绪八至十年间，黎庶昌让杨直接负责《古逸丛书》的刻印。他工作十分刻苦，白天接待日本学者来访，晚上校勘雠对。他还亲自下车间，与刻字工人一起，研究改进工艺，丝毫不容马虎。其管理之精明与业务之精通和精力之充沛，使与他同事的日本人钦佩万分。他刻成的《古逸丛书》有26种，计200卷，多为国内所无的唐宋元版的珍贵文献。书的刻工极精，纸用日本皮纸，洁白如玉，墨色鲜亮，赏心悦目。书传回国内后，藏书家们惊喜万分，似乎又重睹了"宋版精刻"的面貌！

缪荃孙，江苏江阴人。张之洞视学四川时，他被引入幕府，参与撰写《书目问答》，又曾到广雅书局作短期逗留。庚子事变，八国联军攻入北京，此时他应张之洞之聘，主持钟山书院，兼任常州龙城书院讲席。1902年钟山书院改组为"高等学堂"，他任监督，亲自主持编制课程，出版教科书，兼重中学、西学。从光绪三十四年（1908年）到辛亥革命期间，先后出任江南图书馆与京师图书馆监督，与南北各地的收藏家都有交往，获得许多孤本、珍本。他曾受两江总督端方委派，到杭州以7.5万元代价购下了丁氏八千卷楼藏书20万卷，遏止了一次可能发生的大规模图书外流，得到学界的好评。宣统元年，他就任京师图书馆正监，而此时连馆舍也未建成，只有积水潭广化寺储存着一些书。他白手起家，多方筹划，加倍致力于搜求图书，力争办出个规模来。后来，他从内阁大库中检出了大量图籍，其中有的还是当年元人攻下临安时、从南宋政府手中获得的珍稀版本，至若元明旧帙就更多了，大部分都是世人所无法见到的珍藏，就连清室也未尝有人见过。这是中国书史上的又一次大规模发现。这使他十分兴奋，下功夫分类清理，编制书目，终于使京师图书馆初具规模。缪厂荃孙作为我国近代图书事业的奠基人之一，仅此一项，就足以让他留名后世了。辛亥革命后，他旅居沪上，后回到北京，于1919年去世，终年76岁。他一生所收金石11800余种，为古今之最；藏书数十万册，也相当可观；而且自己著书、刻书，对清末民初的文化事业贡献颇大。

广东东莞人莫伯骥，字天一，生于1878年，死于1958年。继南海孔广陶三十三万卷楼之后，他建了个"五十万卷楼"，藏书之多，不仅称雄岭南，亦足夸示海内外。他年轻时，曾倾向于康梁维新派；1898年变法失败，他便"不问国是"，转而专心攻读古书，也看一些西方的书，并开了一爿药店，从而发了财。他节衣缩食，一有收入，便用于购书，渐渐地积了不少书，对版本也有了研究。1925年，他斥资20万，一次便购进40余万卷书，以后又陆续收购、转抄，藏书达五十万卷之多。他的藏书有三大特点，一是数量大，二是质量高，三是用得好。数量大不用说了，从质量上说，看看他自己的记载就清楚了。在他的《五十万卷楼藏书目录初编序》中说：他收书的范围极广，而且多为名家之藏而散失于市井者，"北如意园之盛、临清之徐，南如揭阳之丁氏，南海之孔氏，巴陵之方氏，江阴之缪氏，茂苑之蒋氏，长沙叶氏之观古堂，独山莫氏之铜井文房，扬州吴氏之测海楼，最近蒙难之聊城海源阁……其散出之旧椠精抄，往往为伯骥所得；而天禄琳琅之遗珍，《永乐大典》之零本，亦乘风而下"。所收几近近代所有名家之珍藏，因而既不乏宋刻、元椠、古活字本，也不乏名家的写本、稿本、藏本，更多的是世上罕见的孤本、精本。他的书架上，凡精抄、精印、精校、精刻之本，触目皆是。实在买不到的，他便动手抄录，也组织全家老少僮仆抄录，有时还雇佣高手来影抄誊录，务求精而善。人们评价他的收藏是"上企瞿杨，无惭丁陆"。

更可贵的是他善于用书。莫伯骥上承乾嘉学派，受教益于陈垣先生、余嘉锡先生颇深，讲究为学功底，著作等身而文不虚发，在学术上做出了多方面的可贵建树。其所著之书，题材遍近经史百家，尤重史学、目录学、社会学、文学方面。主要专著有《经学文献》《经籍故》《资治通鉴校记》《五代史记校正》《职官分纪校正》《张氏书目答问述补》《挈经室外集考证》《清四库总目提要考证》《清四库撰人考·附编纂人考》《历代广东书征》《群书索引》《二十四史索引》——这一类的书，足证他在经学、史学、目录学方面所下功夫之深、取得成就之大；而《清代女子著述》《历代名臣奏议拾遗》《中国近五十年史》《中国风俗史料丛编》《中国先民生活史》《中国历代文人生活史》《唐代诗人生活史》《满人汉化史》——这一类著作则体现了他对社会学的关注，在当时很有创意，他拓宽了史学研究的新天地，这不是传统文人所能做到的。在文学著作方面，他也倾注了不少心血，其著作有《中国文学史料类编》《全北宋文》《王荆公事类》《辛稼轩事类》《王文公文》《权载之集校记》《湛然居士集旁证》《王荆公年谱补证》《曾文正公年谱》《历代诗方言考》《全唐诗方言考》《古器物诗抄》《当世文编》《官史》《元高僧传》等。仅从他的这些著述的书名，也可以想见其毕生心血所灌注的方面。他是一位可敬的藏书家兼著作家。令人万分痛惜的是，他在20世纪那极度动荡的岁月里呕心沥血所凝聚起来的巨量藏书与等身著作，竟然全毁于日寇侵华的炮火之下！

五、张元济于战火中救国宝

清末民初，国难深重，保存民族传统文化的种子，成了志士仁人一场极为艰难而又不得不沥血为之的事业。知识分子的良知与爱国情怀相结合，迸发出了耀眼的光芒。

兴办了商务印书馆的张元济，是浙江海盐人，在广东长大，是近代史上一位很有开创性的人物。他于光绪十八年中进士，二十五岁即入朝为官，不到三十岁就当上了"总理各国事务衙门章京"，并与陈昭堂等人合作，在北京创办了"通艺学堂"，致力于引进西方科学，"专讲泰西实学"。戊戌变法失败后，他被迫离京，到上海担任了"南洋公学译书院"的院长。从1903年起，进入商务印书馆，历任编译所所长、经理、监理、董事长等职，直至去世。

张元济与既往的藏书家、出版家不同，他不为私人爱好而藏书，不为私人发财致富而出书，他是为改造社会、拯救民族文化而收书、藏书、出书的。他认为："一国艺事之进退，与其政治之隆污，民心之仁暴，有息息相通之理。况在书籍，为国民智识之所寄托，为古人千百年之所留贻"，不能不尽心尽力去抢救、去保护。出于这个目的，商务印书馆在他的主持下，出版上中外并重，兼容并蓄，既出古典，也出新学；既出学术著作，也出教科书。商务印书馆所出之书的覆盖面之广、质量之高、数量之大，在近代出版史上罕见其匹。张元济在出版新书的同时，又十分用力地搜求古籍，尤其致力于遏止古籍外流。当时，以日本人为代表，西方列强都派人在中国各地搜寻古籍珍稀版本，特别是著名藏书家的珍藏，他们成批地抢购，有时则公然掠夺，腐败政府无力干预也不知如何干预。对此，张元济痛心疾首，于是以商务印书馆为基地，倾力搜求，并整理出版。在他的主持下，编校影印了《百衲本二十四史》《四部丛刊》《续古逸丛书》《孤本元明杂剧》《太平御览》《册府元龟》等重要古籍。张元济说："吾辈生当斯世，他事无可为，惟保存吾国数千年之文明，不至因时事而失坠，此为应尽之责。能使古书流传一部，即于保存上多一分效力。"1907年商务馆新厂落成，他将总厂三楼辟为"涵芬楼"，专门收藏古籍珍本。1926年又建了一座五层大楼，收藏除古籍珍本外的所有图书，辟为"东方图书馆"，向社会开放，由王云五主持其事。另外，张元济自己家从清初起就创有"涉园"，藏书数万卷，十代相传，二百年不绝，中间虽曾被太平军所毁废，仍能重新振起。商务馆的涵芬楼开设之后，他便把私藏的珍本转让给涵芬楼，自己又"近走两京，远驰域外"，到处为涵芬楼购求中外古籍，还有从欧洲购进的西洋古籍。从罗马购回的五千余种图表照片中，就有南明唐王夫妇皈依天主教的相片及《上教皇书》等；所收中华古籍珍本中，就有范氏天一阁、徐氏传是楼、朱氏曝书亭、鲍氏知不足斋等名家的大量藏书。书中钤印累累，珍贵异常。他还藏有清朝著名学者吴梅村、王念孙、王引之、孙星衍、钱大昕们留下的手稿、笔札，那都是无价之宝。不幸的是，1932年1月28日日军发动侵华战争，对上海密集的居民区狂轰滥炸，印厂被投下六枚炸弹，损失惨重；2月1日，日本浪人又潜入东方图书馆纵火，烈焰腾腾，使他一生的全部心血毁于一旦，463000余册的珍藏，从此一无所存，这令他万分悲痛！万幸的是，在这之前，他曾从中择出500余卷珍品，寄存在租界金城银行的保管库中，得以逃此一劫。这批"烬余之物"，今藏国家图书馆。张元济对国家文化事业的贡献，是值得人们永远牢记的，尤其是他的那颗赤诚的爱国之心。

六、郑振铎为爱国而藏书

郑氏也是一位尽一生精力，辛勤地为国家搜求保存传统文献的志士。他1898年生，原籍福建长乐，曾在上海商务印书馆主编《小说月报》，1934年在上海任暨南大学文学院院长。抗战期间，从事抗日救亡活动，尤倾力于挽救传统典籍文献。新中国成立后曾任文化部副部长、中央文物局局长、中科院考古所所长等职。1958年率团出国访问时飞机失事，不幸遇难。郑振铎自幼爱书，见同学购得好书，他就借来抄读，把藏书视为人生一乐。三十多岁时，藏书已达两万余。日寇发动一·二八事变，轰炸上海，他寄存于开明书店的藏书毁于兵燹，这使他十分伤心。他见东南诗书之乡，大批藏书家世代收藏竟然不保，或毁于战火，或毁于兵匪，或因惧祸而自焚所藏，或因畏难而自缴所爱，更有千年珍本被东洋人捆载而去，他悲愤至极。当人们纷纷搬入内地、逃向大西南时，他却决意留下来，住在上海寓所，抢救典籍。他说："史在他邦，文归海外，奇耻大辱，百世莫涤！"每每"中夜彷徨，不知涕之何从。"抗日八年，前四年他尽个人力之所能及，与敌人周旋，阻止了伪满、日奸的偷运古籍，劝阻了许多书商向外人兜售典籍；后四年他加入了"文献保存同志会"，致力于搜求文献，被敌人列入黑名单，恐怖时时刻刻威胁着他，但他矢志不渝，坚持斗争，决不让国宝"跑到他们那里去"。最让他安慰的是，他买到了脉望馆收藏的一套抄校本《古今杂剧》，原书历经明清以来十几位名家的递藏，极为珍贵，书中包括了340种元明杂剧，他得到这批书时尚存242种，填补了中国戏剧史研究的空白。他说这一发现，可与敦煌石窟的发现比美，可与武威汉简的发现比美，它不仅是中国戏剧史上，也是整个中国历史包括社会史、经济史、文化史上的"一个奇迹"。当时书商限他在三日内凑齐万金才肯出售，而他已经穷困窘迫到难以谋生了，还是狠下决心，"任用多少的力量与金钱都不计，必有办法可以得到它！"（《劫中得书记》）他终于购下了这套书，并立即归之国库，至今仍保存在国家图书馆里。

郑振铎聚书数十年，藏书17000多种，近10万册，其中有珍贵古籍7700余种，后来全都捐赠给国家图书馆了。郑振铎曾辑《玄览堂丛书》，于1941年上海影印出版，有续集、三集。他一生奔走，在战火硝烟中抢救国宝，曾说："收异书于兵荒马乱之世，守文献于秦火鲁壁之际，其责甚重，却亦书生致乐之事也。"

七、对历代官藏利弊的反思

我国历代政府举国家之力，持续不断地搜书、藏书、编书，固然对文化传承起过重要作用，但也有明显的缺陷。一是历代政府只注重意识形态，只重视儒经、道藏、佛典的复制与收藏，对那些有科学实用价值的书籍，那些在民间流传的日用读物，并不关注，而一切"有违碍"的思想学说，都在禁绝之列，这就造成中国传统文化严重的偏盛偏衰现象。二是古代王朝视为"秘籍"的书，比如历代的《实录》《起居注》之类，并不印刷，即使复制也不向社会公开；一些大型书籍，如曹丕编的《皇览》1000卷，南齐编的《四部要略》1000卷，萧梁编的《华林遍略》700卷，唐人编的《文思博要》1200卷。以及明的《永乐大典》、清的《四库全书》等，连国家都无力印刷，抄一套也得举政府之力才行，一遇劫难，便全都毁灭了。三是每次旧王朝之书被毁灭后，新王朝只要稍稍站稳脚跟，即向民间搜一遍书，无须多久，又会是万卷山积之势。这样，从全国搜罗来的书籍，都充入秘府了，然后便视这种国家公藏为皇家私藏，高度的垄断性、绝密性使它不能为社会服务，其社会效益极其有限。四是经不起任何风吹草动，一遇水火变故，必毁无疑，且一毁无遗；一旦某种势力发疯，特别是在王朝更替之际，一把火即可烧个干净，致使无限珍品，一劫不复。历史上有"五厄""十厄"之说，每次都是毁灭性的，无限珍籍都被永久地销毁了。以汉唐为例，无论是秦汉之际、西汉之末、东汉之末还是隋唐之际、安史之乱、唐末之乱，都遭遇了毁灭性的大劫难。而那时的文籍都是师徒口耳相传，一个字一个字地手写笔录而成的，正本本就不易，副本量又极少，一旦毁灭，就无从复原，中国先民该有多少心血被人为地葬送了！就算宋元以降，有了印刷术，书出多了，可蒙受的中外破坏势力的摧残，则更为触目惊心！我国古籍收藏的现存之量与历代所出之书的浩瀚无涯，远远不成比例。当今中国现存的古籍总量，据估计有七八万种之数，世人夸它"浩如烟海"，并自以为在世界各国的古籍收藏中可以名列前茅而骄傲，可是，请想一想：仅唐代敦煌一窟的藏书就达一万八千卷以上，民国初年广东藏书家伦明一家藏书就达一百万卷，相比之下，现存的这点书还能算"多"吗？假如没有一次次的疯狂毁禁，中国典藏又该是怎样一种盛况呀！

可贵的是，中国民间有深厚的藏书潜力，官家集中收藏的书可能毁于一旦，而民间总有大量"公藏""私藏"存在着。我国分布于全国各地各阶层的收藏从未中断过，并以其总量惊人、收藏多样的特色保持着不绝的文化长流，累挫"书厄"而惠及万古。中国古籍收藏之所以丰富而不绝，实在是靠了民间的努力。特别是在晚清与民初，又涌现出一批藏书大家，他们在西风东渐、政府颠顸、列强掠夺、兵匪骚乱、民生艰难的极端困难的历史条件下，他们在"全盘西化"和"打倒孔家店"的偏激口号的夹击下，千方百计地守护、整理、传承传统文化，他们做出的特殊贡献是前无古人的。

不过，私人收藏也有严重的先天性缺陷。一是凡能成"家"者，都需要持续的巨额投资，穷尽一代人甚至几代人的人力、物力、财力而后可，因而成功者少且难以持久；藏书人家，一遇风浪，立见倾覆。虽说个人收藏的兴衰未必不是"正常现象"，可惜其代价过于沉重了。其二，书籍是在社会流通中发挥效益的，图书收藏事业从本质上说应该是一种社会公益事业，但私家珍藏之书无法正常流通，在个人秘藏私守的条件下，它又不可能真正作为公益事业来办。某些仁心贤达的君子愿为公众作贡献，在寺院、祠堂、书院等公众场所，搞过一些"公众收藏"，却一直未能形成有效的社会管理机制，缺乏行之有效的管理手段，其善举往往无果而终。

因此，民间收藏除了道义上获得的赞许外，藏书家们难以得到社会的有效支持。

事实证明，有了发达的社会公众藏书，官藏和私藏的长处都将得到更好的发挥，而其局限性、脆弱性也将得到有效的制约。当年，司马迁就提出过，他的《史记》写成后，将"藏之名山，传之其人，通都大邑"，这其实就是对社会公藏的呼唤。在他那个时代，是没有寺庙这类公众建筑的，他的藏于名山也好，藏于通都大邑也好，总是寄希望于社会，只求能"传之其人"，他没有私人秘藏打算，只求学术传承能后继有人。可是，在中国藏书史上，直至近代，社会公众藏书却一直是个薄弱环节，历代都办书院，大家族还有祠堂、私塾，但书院、祠堂的藏书，始终不成气候；倒是六朝以降，到处兴建佛教寺庙与道观，从隋代起，寺庙里还专建藏经阁，确立了一种特殊的"公藏"制度。许多名山大刹，都珍藏着佛家宝典，同时也收藏一些世俗书籍。它不归国家，也不归个人所有，而归于佛徒信众。一些明智人物也知道这种公藏的好处，唐人白居易、宋人李公铎、清人阮元，都曾以寺院为依托办理过公共藏书，不少文人也利用寺庙所藏获得丰富知识。然而，即使是阮元这样的地方大僚兼名儒，在杭州、镇江的两处名刹举办公藏，竟然也未能以此为契机，形成社会共识，未能提出持久可行的管理方案来，不久便"人去政亡"了，这不能不是一种历史的遗憾！志士仁人尽力倡导，尽力鼓吹，尽力操办，结果也只是轰轰烈烈一阵子而已。藏书如此，旧中国其他社会公益事务也莫不如此。

我国传统古籍版本的社会总存量与历代的出书总量不成比例，与国外的现有藏书量也极不相称。有这样几个数字也很能说明问题。史载：明代仅《永乐大典》就收录古代图书近8000种，22877卷；清代收入《四库全书》的书有3461种，79309卷，仅存目之书就有6700余种。这种编书规模是同期世界任何一个国家都难以企及的。近代史上，广东藏书家莫天一的个人藏书就有100万册（毁于日寇轰炸），伦明个人藏书50万册，武汉藏书家杨以增有藏书80万册，上海涵芬楼收藏的珍本也达10万册之数（毁于日寇轰炸）。这般算来，中国该有多少藏书呀！而事实上，如今国家图书馆所藏古籍只有6066种，上海图书馆藏书也只有5400种，而这还是20世纪三四十年代以来，特别是新中国成立后各地藏家全部捐献、国家大力收购的结果。据统计，美国图书馆所藏的中文善本书有9000多种！国内最大的两家图书馆情况如此，那么历代藏书的不得其法，损毁惊人，也就可想而知了。

据研究，公元1500年以前（明代中叶）出的书，比世界其他所有国家的出书总和还要多。辛亥革命前我国所存古籍只有十八万种之数了，而在欧洲从"摇篮本时期"（明代中叶）至今，不到四百年的"古书"收藏量，却远远超过了中国两千五百年的古书收藏量，这是令人深思的。

八、对散体文章的审美赏析

仅就"中国古文"而言，根据行文体式，我们可以对它作多层次的类别区分。第一层次，按文句组织形式来划分，可分为"散体之文"与"赋体之文"两大类。散体之文以单行散句为行文特征，语言通常平易而朴素，但具有形象性和抒情性。先秦两汉的诸子文章、历史文章、政论文章、事物札记，六朝之"笔"，唐宋之"古文"、笔记文章、诗话小品，宋元明清的正统"古文"、随笔、小品等，便都属于"散体之文"，它是"中国古代文章"的大宗。赋体之文则以文句整饰、用韵为其行文特征，它注重句式整齐、对偶声韵，注重藻饰、用典等修辞手法。先秦的楚人之赋、两汉"古赋"，六朝骈文与俳赋，唐代四六文与律赋，宋代的文赋，以至明清的律赋与八股制艺等，概属此类。另有文辞整饰而用韵的诵、赞、箴、铭，以及连珠、对联等，都可视为"赋体之文"的附庸。这类文章，最讲究艺术性，它们是今人心目中的"文艺散文"或曰"散文诗"。探讨"中国古代文章"的艺术性，由"赋体之文"入手最为近便。

第二层次，按语言的表达功能来划分，"古代文章"可分四种。一是说理文，如历代章表奏疏辨说论议之类的文章，好的议论文显示着作者坚持真理、维护正义的胸怀与胆识；二是记叙文，记物叙事写人之文，如各种人物传记、历史记事、地理游记、亭台楼阁风物记、事物杂记之类，好的记叙文条理清晰，有鲜明的形象、强烈的爱憎；三是抒情描写文，如山水文、随感录之类，或见物抒情，或触景生情，或灵感顿悟，向人们传达知识、传达美感、传达爱憎；四是说明文，或说明器物，或说明事理，但必须融入作者的主观感受和个性选择，能传情述志，有感染力，才称得上"文章"，否则就只是通常的实用文字了。

我国文章的传统分类是按语言的组织形式，分为散体文章和赋体文章两大式样。它们互相渗透，交叉发展，各自都有自己的辉煌。

这里先回溯一下散体文章的流变。

散体文章源远流长，历来概指一切"形散神不散"的单行不押韵文章。它们一般都有明确的实用目的和应用场合，有约定俗成的文体要求，行文上不过于追求文采声韵，是我国古代文章中的大宗。千百年来，先贤们用这种散体文章来讲哲理、论世务、写人物、记时事、描风月、谈世情、吐衷肠、叙琐屑，无所不施，无所不可。这样的文章，以关注社会民生、国家安危为重心，受到普遍重视，其间有大量的篇章富有审美价值。这里，大致按散体文章发展演变的时序先后及其主要的文体特色做些简约的说明。

（一）历史文章

中国文明史从未中断，"历史文章"历来备受关注。一代代民族脊梁，一辈辈社会精英，组成历史人物画廊，凝定在史传中，为民立极；历史上一次次重大政治军事斗争，也构成历史文章的重要内容，负荷着我们的民族智慧和历史经验。记人物、记战争、记政事是当时历史文章的核心任务。《左传》《国策》"前四史"与《资治通鉴》等，是传统历史文章的样板。后世各体"传记"承其绪、张其目；记事之文则把笔触深入社会生活的每个层面，记录和反映历代社会面貌和生活状况，成为"时代的镜子"。

（二）说理文章

主要指有文学性的政论文章、哲理文章、议事文章及各种杂议文。从孔墨老庄起，历代政治家、思想家、社会活动家都善于联系实际，即联系实事实情实感实践来畅论其理性思考，形成自己的思想、理论和观点，用生动的"形象表达式"写成文章，诉诸受众，在文章史上形成洋洋大观，周秦两汉六朝的"子学文章"是其大宗。

说理文章是民族心理的理性升华，民族智慧的理性表达。孔子倡"仁"，庄生"齐物"，墨子"非攻"，荀卿"天论"，韩非"说难"，孙武"论兵"，贾谊"过秦"，仲舒"尊儒"，弘羊"聚财"，王充"论衡"，王弼"注老"，嵇康"论乐"，葛洪"外篇"，刘勰"文心"……皆富有哲理性、学术性和战斗性、文艺性，是我国古代文章大厦的又一支柱。其中的政论文章（含政论、史论、策论等），是对现实政治的理性思考，孟、庄、荀、韩启其端，李斯、贾谊、董仲舒、刘向、王充等人张其目，历代都有政论大手笔和传世佳作。政论作者的主体意识强，满怀治世热情，有洞察力，敢于并善于提出自己的治国安天下的方略，奏出了中国议论文章主旋律之最强音符。

（三）"唐宋古文"

特指唐宋时期由韩柳欧苏所倡导、所示范的，与骈文相对立的散行单句文章。中国古代文章最发达、最成熟、最成系列的时期，莫过于唐宋。它上承先秦两汉，下启金元明清，是古代文章的大宗。记人记事记物、议论写景抒情，无施不可，佳作最多。跟其他文学体裁如小说、戏剧的关系也最密切。比如，论说之类的文章中，论、说、原、解、议、评、驳、辩全有。如《原道》《原毁》《进学解》《获麟解》《师说》《杂说》《捕蛇者说》《三戒》《爱莲说》《封建论》《留侯论》《六国论》《驳复仇议》《论语辩》等皆为传世名篇。至于记叙类的文章，不论是记真人、真事、真物的，还是记虚拟的人、事、物的，均有很成功的作品。如《王承福传》《毛颖传》《张仲丞传（后叙）》《韩文公行状》（李翱），《童区寄传》（柳宗元），《醉吟先生传》（白居易），《梓人传》（欧阳修），《救沉记》《市集记》（刘禹锡），《画记》（韩愈），《文与可画偃竹记》（苏轼），《越州赵公救灾记》《宜黄县学记》等。另外，作为唐宋记叙文的大宗，还有很多山水游记和亭台楼阁记，有相当多的抒情名篇。如《右溪记》（元结），《永州八记》（柳宗元），《竹溪记》（白居易），《醉翁亭记》（欧阳修），《喜雨亭记》《超然台记》（苏轼），《墨池记》（曾巩），《入蜀记》（陆游），《吴船录》（范成大）等。如果从当时实际的应用文体如奏议、书信、墓志、序跋之类去看，则《柳子厚墓志铭》（韩愈），《与元九书》（白居易），《上文选注表》（李善），《贺进士王参元失火书》（欧阳修），《泷冈阡表》（欧阳修），《谢致仕表》（欧阳修），《教战守策》（苏轼），《答司马谏议书》（王安石），《上高宗封事》（胡铨）。其他如器物介绍、书籍序跋之文，如《机汲记》（刘禹锡），《五代史伶官传序》《金石录后叙》（欧阳修），《指南录后序》（文天祥）等也都各臻其妙。唐宋"古文"影响所及，直达元明清。明代的前后七子与唐宋派，清代的桐城派，均在其列，兹不列举了。总之，在文章园地里，"古文"最为发达，其艺术表达功能表现得最为充分。

（四）笔记文章

这是文人的随笔杂录，先唐文坛间或有之，如韩非的"储说"、汉代人的《三辅黄图》、魏晋的《东观汉记》等可算初具形态；唐代已成规模，宋代蔚为大观，元明清尤为发达。举凡遗闻轶事、嘉言美行、典章文物、史地沿革、社会风情、谐趣幽默、珍闻异景，皆可入文。不拘篇幅，不论结构，不求文彩，不讲技巧，于朴实行文中满足人们的信息需求，当"主流古文"关注大场面、大问题、大主题、大情感的时候，此类文章能更深入更细致更真切地把社会生活的微观世界多层次地展示给你看。《唐诗记事》《酉阳杂俎》《唐摭言》《北梦琐言》《宋人事实类苑》《东京梦华录》《夷坚志》《武林旧事》《辍耕录》《明季北略》《万历野获篇》《东华录》《日下旧闻录》等给人们的知识，比历朝正史等正统文字所给的还要多。顺便指出，从班固《艺文志》到《四库全书·总目提要》，都把历代私家杂记统统归为"小说家言"，即把历代对历史人物、历史事件、文物制度、物产民情、古迹遗闻等的随笔杂录，与志怪、传奇之类小说创作，一律归为"小说"。前人这样做，是相对于经史百家而言的，自有其道理。今人若仍将这类作品笼统地称作"笔记小说"，就有点食古不化之嫌了。我们特把它们筛选出来，统称为"笔记文章"。

（五）小品文章

晚唐小品与明清小品构成此类文章的主干，此类文章以关心人的内心世界为特色。发论尖新，不求周密严谨；抒情灵动，不计雅俗公私；记事轻巧，只取其一鳞半爪；描摹简淡，多写一枝一叶。以能触动情感律动为标的，足慰我心即行。元结、罗隐、皮日休、袁宏道、袁宗道、陈继儒、李渔、袁枚都是小品圣手。大量小品存录于"笔记"之中，与

"笔记文章"有交叉，但文风特色各有侧重，是可以将"小品"剥离出来的。今人有将小品分为若干小类的：性灵类、山水类、清言类、幽默类、诗话类、游艺类等，倒也能从一个方面展示小品的特质。

（六）俳谐文字

历代文坛不乏此类游戏文章。中国文章总是担当着"载道""明道"的严肃任务，难得轻松，唯有这一类文字以"幽默""有趣"为基准。它作为精神生活的润滑剂或补偿品存在着，如历代笑话、寓言以至楹联、谜语、酒令、滑稽故事、政治笑话之类。中国人活得不轻松，缺乏幽默感，它们的存在可充一格。这类文章，一部分用正统文言作装潢，大多数则用市井白话写成，特别新颖活泼。其受众或为娴雅文人，或是基层大众，在社会底层颇有影响，很受"大雅之堂"内外不同人士的欢迎。六朝的《笑林》、明代的《谐铎》可作其代表。《文心雕龙》专辟《谐隐》一章论列它，今人的"文学史"中倒反而不见其踪影，可怪。

九、对赋体韵文的审美赏析

赋体文章起源于先秦，至六朝而鼎盛，到明清仍作者辈出。赋体文章的产生比散体晚，以内容铺排、文辞整饰为特征，先后出现楚人之赋、汉大赋（古赋）、小赋、六朝连珠、骈文、骈赋，以至隋唐以降的俳赋（四六）、文赋，以及明清的八股时文等。其中，以骈赋为代表，它以句式骈偶、辞采华丽、隶事用典、音律谐调为特征，而且讲究篇章结构之美。相对于散体文章而言，它更关注人的心灵世界，关注人的情感律动，更强调用审美眼光去观察世界，反映人生，因而也就更注重形式美。另外，历代都有颂赞箴铭之类，文字整饰用韵，介于诗文之间，但往往依文而生，随文而行，可视同赋体之文。一句话，它们也都讲究形式美，我们把它附在"赋体文章"中加以研究。

（一）先秦辞赋

先秦人往往"赋诗言志"，这"赋"与文体毫无关系。《诗经》六艺之"赋"，是作为诗歌的一种写作方法而不是作为文体存在的，与赋体也不是一回事。首先以"赋"名篇的是荀子，他给后世留下了《云赋》《蚕赋》《针赋》等，篇幅短小，用语平易，近于谜语。它以整齐的句式去叙写事物的性状、特征与功能，"体物写志"是其行文特色，这对后世之赋尤其是咏物赋是有影响的。而能代表周秦赋体文章的艺术成就者，则要算楚辞中的《卜居》《渔父》和《风赋》《登徒子好色赋》之类了。宋玉的《风赋》，把自然界的风拟人化，分为雌风、雄风两种，进而就其性状姿态与能量，分别进行具体描述。他做出了中国文人对大自然作审美观照的早期示范，后世咏物赋往往取则于它。《渔父》等文，体制上接近于散文，句式参差，用语平易，以对话体写成；篇幅不大，结构完整，过渡自然，不像诗歌那样有跳跃性。这种赋作，不似《离骚》《九歌》为代表的"楚辞"那样体制宏丽，遣辞炜烨，情感激越，它是"文"而不是"诗"。汉人将楚人制作的《离骚》《九歌》和《风赋》《渔父》这两类风格体制都不同的作品混称为"辞赋"。为醒目起见，我们称《离骚》

《九歌》之类为"楚辞"，属诗歌类；把《渔父》《风赋》这类作品特称为"楚人之赋"，属文艺散文类；当时作这种"楚人之赋"的人并不少。据《汉书·艺文志》载，仅秦国就有"杂赋"十余篇（惜已失传）。今见睡虎地文物《为吏之道》及其所附之《成相辞》，均质木少文，语言风格近于荀卿的赋作。鲁迅在《汉文学史纲要》中明确指出，《渔父》《卜居》之类文章，"颇为辞人则效，近如宋玉之《风赋》，远如相如之《子虚》《上林》，班固之《两都》，皆是也。"这段话值得注意。它指出了"汉赋"对于"楚赋"的承接关系。

（二）汉大赋

到了汉代，文人主动地以创作心态去撰写的文章无过于"汉赋"。汉代的史传、政论与子学文章，今天看来，虽说不乏文学佳构，但当初都是政治家、思想家或者史学家们出于政治考虑为着专门的社会实用目的去写的，本无意于"文学创作"；只有汉赋，才是文学家的专意创作。汉初，作者们引入楚辞体制宏大、辞采炜烨的艺术品性和楚赋的章法结构，作骚体赋、七体赋，如贾谊之《吊屈原赋》、枚乘的《七发》等。其后发展成汉大赋，以京都、宫殿、田猎、山川、林苑为题材，以铺排宏丽为特色，结构上多用主客问答式，句式上则大量使用四言为主的排比句。这种赋，武帝、昭帝、宣帝时最兴盛，《汉书》记载有一千余首。它是汉代国力兴旺、世人雄心壮志的文化表现，所以信息量大，知识密集——密集得让人"难以欣赏"。两汉大赋以《上林赋》（司马相如）、《羽猎赋》（扬雄）、《西京赋》（张衡）为代表。大致说来，这些作品均为润色鸿业、歌功颂德而作，虽说作者主观上不无讽谏之意。汉代以后，人们又称汉赋为"古赋"，继作者不多。西晋左思的《三都赋》，是汉大赋的余音。其创作思想与表现手法均直承汉大赋，体制上取汉大赋的构架，语式结构上也学汉大赋，但遣词造句则受曹植轻辞丽句的影响。它宣告了以汉赋为代表的"古赋"创作的终结。对于汉赋，我们应该给以历史的评价。但有些人不肯仔细地读它、分析它，却一味跟在别人后面重复那些空洞的诅咒，转抄别人摘录的某些片段赋作在那儿评头论足，实在没有价值。

顺便指出，长期以来，我国思想界有一种奇怪的做法，遇到历史上的农民造反总喊好，不论其是起义还是当土匪；见到骂统治者的文字都要夸，不论是泄私愤还是报公仇；而凡是说了老祖宗好话的则都要"批判"，不加分析，不论是否合乎历史实际。久而久之，就把历史描得越来越黑，使后人误认为三五千年的文明史便是罪恶污秽的堆积。它有损于我们的民族自尊与民族自豪。在文学史上，在汉赋评价上，就有这种片面性，这是应该拨正的。

（三）抒情咏物小赋

汉代还有一种抒情咏物小赋，可以用《柳赋》（枚乘）、《洞箫赋》（王褒）、《悲士不遇赋》（司马迁）、《归田赋》（张衡）、《刺世疾邪赋》（赵壹）作例。这些篇章，篇制短小，有的写物抒情，有的议论抒情，总以抒写作者个人心志为目标，对六朝骈文骈赋有开路作用。但其题材仍然比较沉重，语言也并不华彩。从汉大赋到魏晋骈文骈赋，赋体文章一步步走向"美文"阶段，其间，曹植写的《洛神赋》是一篇转变文坛风气的力作。他写洛神"翩若惊鸿，婉若游龙，荣曜秋菊，华茂春风。仿佛兮若轻云之蔽月，飘摇兮若流风之回雪。远而望之，皎若太阳升朝霞；迫而察之，灼若芙蓉出绿波……"写不完的比喻，并不着眼于喻体的形似，而是着眼于喻体给人的审美感受，着眼于它所激发的情感融通与心理共鸣。这么充分调动美学通感的作用，来大力铺写描摹，此前的文章中实在罕见。它教会人们从一个崭新的角度去观察、去体验、去咀嚼、去表现自己的生活。其后，晋人陆机作《文赋》，师法其艺术构思，行文句式整炼，排偶相连，词采华美，声韵谐调，虽为学术论文，却融进了作者对文学创作事业的挚爱与苦辛。这种文风，预告了南北朝新体骈赋的登台。

（四）骈赋（又称俳赋）

它与骈文一起，是两晋南北朝时期的主要文体。其特征是：在作者对自然对生活作审美观照的基础上，运用"美文"表达手法，比如声律辞藻用典排偶之类，来表现生活，抒发感情。南北朝骈赋（俳赋）中，《月赋》《雪赋》《别赋》《恨赋》是其定体之作，而庾信的《哀江南赋》，则代表着俳赋的最高成就。《月赋》有云："若夫气霁地表，云敛天末，洞庭始波，木叶微脱；菊散芳于山椒，雁流哀于江濑。升清质之悠悠，降澄辉之蔼蔼……"为写秋月升空，预设情境氛围：地表净、天宇清、波纹平、落叶飘、野菊香、归雁鸣，一切都给人以凄清靖谧的感受，能勾起人的家国之思。由此可知，六朝俳赋之美，先决条件是作者的善于审美，善于对生活、对大自然作审美观照，并精于表达，把审美感受准确地传达出来。俳赋语言整饰，声韵和谐，设色布景，心目恬怡，是文艺文章的大宗。《与朱元思书》《与陈伯之书》《哀江南赋序》是南朝骈文的代表作。它只是不讲押韵而已，其他如讲究声律辞藻、用典隶事、四六对偶等，骈文与骈赋都是一样的。请看陶弘景《答谢中书书》，句式整齐偶对，注重设色布景。

　　山川之美，古来共谈［总起，议论入手］。高峰入云［承"山"美］，清流见底。［承"水"美。对偶句。］两岸石壁，五色交辉；青林翠竹，四时俱备。［放开笔写静态。画面色彩明丽、清纯。用对偶句。］晓雾将歇，猿鸟乱鸣；夕日欲颓，沉鳞竞跃。［再写动感。画面音响清泠，光线柔和。又是对偶句，而且短语也两两相对］实是欲界之仙都［再关锁一句］。自康乐以来，未复有能遇其奇者。［总结，回应开头。一个"奇"字是全篇文眼，凝结着作者此时此地的全部感受。］

（五）唐宋律赋

　　律赋是在俳赋基础上形成的，只是它将俳赋通用的行文技巧上升成了必须严守的文体规范：文句只能用四六对偶句式，句子限定平仄声韵，韵脚则必须事先约定，在指定的韵辙内搞限韵、次韵，遣词则须用典、隶事而又藻饰。这样限制太严太死，妨碍了顺畅地记事抒情，后世传诵人口的律赋不多，原因在此。

（六）文赋

　　这是对于律赋的解放，其谋篇布局、结构运思和艺术趣味，与骈文、俳赋倒是大同而小异。唐代骈文随着时代的变迁而不断改造着自己，魏征、张九龄、陆贽等大批文人，用骈体写了不少传诵人口的文章，至今仍不失其生命力。文赋作者吸收"古文"的积极成果，在运笔行文整齐有韵致的基础上，突破平仄格律和韵辙的严格拘禁，用长短文句入赋；白描直叙，行文不求用典、隶事与藻饰，这当然是赋体的一种解放。比如《讨武照檄》（骆宾王）、《吊古战场文》（李华）、《阿房宫赋》（杜牧）、《岳阳楼记》（范仲淹）、《秋声赋》（欧阳修）、《赤壁赋》（苏东坡）就是文赋中的名作。《赤壁赋》中有这样一段话："客亦知乎水与月乎？逝者如斯，而未尝往也；盈虚者如彼，而卒莫消长也。盖将自其变者而观之，则天地曾不能以一瞬；自其不变者而观之，则物与我皆无尽也。而又何羡乎？且夫天地之间，物各有主……唯江上之清风、与山间之明月，耳得之而成声、目遇之而成色；取之不尽，用之不竭——是造物者之无尽藏也，而吾与子之所共适。"造语自然，用典而不觉其用典，有韵又似乎无韵，句子长短伸缩自如，不受格式的限制，却又大体对称，很适合表达苏东坡本人爽朗洒脱的个性。这种典型的"文赋"是我国古代文章中最具艺术性的文艺文——有人把它称作"散文诗"。

十、汉字的繁化简化及其识读

世人总是见物生意而由意配音，依音造字而以字表义的，故"生意、配音、造字"是个连锁关系；而何物何义用何语音来表达，又用何字形相标配，则由人们约定俗成。故老祖宗造字时，不论是独体的象形字还是合体的形声字、会意字，都含有"以形表义"的构件。理顺了汉字形、音、义的这个连锁关系，就可以依字形去求字音，得字义，识事物了。但字形是变化的，由甲骨变大篆，由隶书到楷书，字形变化太大了，若不弄明白汉字构形的古今演变，不能从现行通用的字形，追溯返祖到造字时的原有字形，是弄不清它的本义的，也就不能准确识读它了。因此，如果我们要识读今日的汉字，就得下一番"返祖"功夫，从最早的字形入手，由形求义。而今，我们可以总结出汉字"返祖识读"的四大基本路径：1.变形字的返祖识读；2.繁化字的返祖识读；3.简化字的返祖识读；4.音近义通字的返祖识读。

（一）变形字的返祖识读

需要"返祖识读"的汉字，首为"变形字"。

当初，刻录在甲骨上的最基本的日常生活用字，多为独体象形字，如日月山川、水火土木、口耳手目、犬羊马牛、舟车弓刀之类。这些字，笔画简单，字形形象，好认好记。不过，历经变形后，特别是隶变、楷化之后，就连这些象形的单字，人们也难于说清其所象之"形"了。比如"日"字与"口"字，人人都知它们是"象形字"，可是，天下哪有方形的太阳、方形的嘴巴？但上述单字，只要一"返祖"，回到甲骨文那里去，就全都容易认读了。这叫"返祖识读法"。至于合体的形声字、会意字也可用"返祖法"来依形求义。比如"阵"字，原是"阜"与"车"的结合，"阜"是高地，"车"指战车，全字取义为：在高阜上陈列战车，这样的"战阵"特有冲击力。上古"阵、陈"二字同形，缘由在此。

汉字历史悠久，屡经变形，尤其是作为构字部件的偏旁部首之字的变化幅度为大，或符号化、或简省化，不特地说明，你根本看不出来这些被符号化、简省化的字符跟它们的原字形有什么关系，如"燃、魚、馬"几个繁体字，都用四点作符号，不特意说明，你就无法弄明白它们各自代表的字义。1. 符号化。如"水"成了三点，"火"成了四点，阜旁、邑旁都写成了"宝耳形"，人们见符不能生义，需要"返祖"，知道各个符号是从哪个单字变形而来的，才能准确释义。不知道"打、扣"二字和"弄、弁"二字中都有"手"的变形；不知道"有、友"的"厂"旁和"取、奴"二字的"又"旁，都是"手"符，又怎能正确为之释义？不知"怀、意、恭"三字都是"心"旁，就无法说清它们构形的理据。2.简省化。《说文》中用"从某省"来表达。凡草字头、萤字头、受字头……的字，在多部件的合体字中，都"从某省"了。只有将其还原补足，才能正确释读其字义。你知道吗？"妇"字是"从女、从帚省"的！今日的简体字，很多是原繁体字的"框架"，被高度符号化了，这就更需要"返祖"，才能准确释义，如厂、飞、团、汉、鸡之类简体字。

不过，人们在运用"从某省""某字头"这种方法去还原原字形以释字义时，一定要谨慎，因为形变过程中，原来根本不是同一形态的部件，被后人统一归类了，不能据以释字。比如一个"又"字符，在"奴、取、友、受"中是"手"的变形；但在简化字"仅、汉、鸡、难、权"中，仅仅是个符号，各自代表着原来根本不同的繁体字的部件，所以不能一例看待。

不仅今之简体字中相同字符的含义有时差别很大，就是过去的"正体字"中，相同偏旁也不都是同一个意思。比如"春、舂、秦、奉、泰"几个字，看起来都是"春字头"，其实原不是这样。《说文解字》讲得很清楚："春"字是"从草（艹）、从屯、从日"的，"屯"表发音，"草、日"示形，也示义。"舂"字上部像双手执"杵"之形，下部为"臼"，字义显豁；"秦"字上部"从春省"，下部为"禾"，表明秦人重农，其地的"禾"（稷、谷子）长得特别的好；"奉"字像双手合举供品，"丰"以向天帝敬献之形；"丰"示形，也表读音。"泰"字是"大二下加水（变形）"，"大二"是太的原字；加"水"表示滑、顺，综合为"大顺"之义。这些字的"部首"原本不相干，以往的字典里根本不承认它们是"同部首的字"，而分散在"日、臼、禾、丰、水"各部；现在编字典的人将其归为一类了，但释义时还得"返祖还原"才行。

（二）繁化或简化字的返祖识读

形声字是独体字的繁化。那个形旁往往是后人人为地加上去的，是"汉字繁化"的结果。其形旁所表之义，只是字的义类，且未必贴切；其声旁能表音，还能表义，且所表之义往往是其本义、原始义。例如 "婚、孵、雲"几个繁体形声字，分别以昏、孚、云为声旁，表读音；而以女、卵、雨为形旁，表义类。殊不知，在甲骨文中，本来就只有"昏、孚、云"几个单字，笔画很简单，表义很明白。其形旁"女、卵、雨"则是后人加上去的。

昏，此字本来就有"结婚"的一个义项，因为远古人都是在黄昏后才举行"结昏"仪式的；后人不明就里，外加一个"女"旁，似乎"结婚"只是女性的事，且是女人"昏头昏脑"时的举动！这一繁化，字义反而搞偏了。

孚，上为爪，下为子，表示母鸡在孵化小鸡时，为了调节温度，使其均衡受热，不断地用"爪"翻动鸡子儿（蛋）。这个字造得很科学，其字形、字音都能精确表义。但后人不明就里，外加了个"卵"作形旁，就写成了"孵"，笔画繁了，造型也不美，而"孚"的本义反而退隐了，人们以为它只是个单纯的"声旁"而已，读者的注意力被引向了"卵"而不去关注"爪"与"子"了。

云，甲骨文写作云朵状，原是个独体象形字，象白云、卷云、彩云、祥云之形。华表上的祥云，孙悟空驾的白云，奥运火炬上装饰的彩云，都是那个样子，造型极美；连"子曰诗云"的"云"也借用了它，可见人们对它的喜爱程度。后人画蛇添足，加上"雨"字头，成了繁体形声字的"雲"。经这么一繁化，所有的"云"就都被视同"雨云"了，整日雨云满天，阴沉沉黑压压的，有什么好？而今简化字让它"返祖"成"云"，是很科学，很简洁的。同样，电、雷二字原也无"雨"字头：在甲骨文中，"电"和"申"同体，都取电闪之象。在上古人心目中，电很神秘，故"神"

字从"申"实同于从"电"。"雷"字原为三个圆形的"田"符相叠，象雷声如车轮滚滚之形。云、电、雷这些字原都造得很形象、很科学，加"雨"之后，意思反而弄偏了。

今天看来，凡被人为地繁化了的汉字，都可以用"返祖法"求其本义。有个"受"字，上为"爪"，像手心向下的覆手之形；中为"冖"，象器皿之形；下为"又"，像右手手心向上伸出之形；全字义为"双方伸手以物相授受"。古代"受、授"二义都写成"受"，后来在"受"外再加个"扌"表示"授"，于是"教授"之"授"就有了"三支手"。这是汉字的"繁化"。繁化的汉字要"返祖"之后才能说明它的构形来历，从而准确地释义。

同理，繁体"愛"字，上半截是"从受省"，取受授义；中为"心"，下为"处字去卜"，是"行走"义。合起来便是"心走了"。整个字为"受授一颗游走的心"：可见此字与"喜爱"义原本毫无关系，它本是《诗经》中那句"爱而不见"之"爱"（有的版本在"愛"字上再加个草字头，意思更显豁了）；这个"愛"字后世被借用为"喜爱"之"爱"了。当今简化字的"爱"，上部仍为"从受省"，下部改为"友"字。古人说"同门为朋，同志为友"；爱字从"友"，取义很美；而且，"友"字在甲骨文中，象"左手牵右手"彼此并肩而行之义，用于"爱"字，寓意也极佳。有人说今之"爱"字是"无心之爱"，不好——难道那种"走了心"的、婚前计较财产多寡的"有心之爱"就值得提倡么？

今人用简化字，是保证当代书品之版面洁净清晰而适读的条件之一，是"书品当代化"的一个法定要求。况且，简化字并不违背汉字结体的"六书"原则，更未脱离方块汉字的既定体式，也未改变篆字、隶书、行楷各自原有的运笔方式，完全符合民族文化传统，应予坚持。然而，当今却有一种人，在冒充大文人，鼓吹"废简复繁"论，其口实便是"维护正字"论、"偏旁符号化有害"论、"简化字割断文脉，没文化、不科学"论等，全是些似是而非的伪命题，只需运用文字训诂的传统学术知识去下一番"返祖识读"功夫，就足以驳倒对简化字的污名化不实指控了。

殊不知，隶书"水火手走阜邑草"之类偏旁，在汉字隶变—楷化时，早已统统被符号化了，而今已难以找出几个完全没有"符号化"的汉字来了。请问主张"维护正体字"的人们，你想维护的"正体字形"又是什么样子的呢？你能说得清、道得明船帆的帆（馬風），大炮的炮（石包，或石马爻），粗糙的粗（三个鹿字相叠），"杯碗"之与"不皿、木宛"，哪个才是"正体"？原来，提出"正体"这个概念的，是清朝统治者，是他们为反对革命、反对维新、反对文字通俗化而提出的口号，本来就是个保守僵化的概念。相比之下，甲骨文到金文，汉字结体有一次巨大的"变形"；西周大篆到秦汉隶书，又是一次更大幅度的变形；隶书到行楷，其变化也不小。这些变形，你们都不反对，怎么独独反对今日之简化汉字呢？

再说，晋唐宋明的历代著名书法家们，他们传世的碑帖中，俗体字、通假字（其实是名人写的错别字）比比皆是，从来不讲什么"正体"。现行"简化字表"中，98%以上是"收编"的历代名人的碑、帖、话本、杂抄中的"俗字"，极个别的字（如书、飞等字）是历代一流的行草书法经过楷化而来的，无一字无来历。用这类关于简体字的"训诂知识"，可以向社会说明这些字的"原籍"，一本《宋元以来俗字谱》把问题都说清楚了。

说简化字"不像话""非正体"的，主要是"符号化"问题。他们说，有些繁体字的零部件被"抽肠换肚掏心"了，用一两笔的符号代替了，简得不像话，"许多文化信息都弄丢了"，字形都没法解释了——这个问题是真的吗？

否！文字本来就是符号！不搞符号，"人"字怎么写？"天"字怎么写？其实，古人无论是造字时，还是用字时，符号意识都很强。

一个字到底有无"文化信息含量"，不在笔画之多寡，部件之多少，它与繁简没有必然联系；要说有些联系的话，那倒是：符号越简越抽象，含义越丰富。"一"字、"人"字很简洁，而其意义之丰厚，却是可以说上三天三夜的。不过，并不是所有的信息都是有用的，该丢掉的信息就得丢掉。比如"真"字，简化后稳定了它的字形，上作小"十"字，很受真主信徒的喜爱；原真字头字也有写成"匕"的，读成变化的"化"字音（不是"匕首"的匕字），作"化为真人"解，这是"道教学者"的最爱。再比如"王"字，甲骨文本作"斧钺形"，远古的中外酋长的手中都握有这类"法权象征物"，或权杖，或斧头；说明"王"字的造形是有生活依据的。但孟子说："王者往也，君者群也"，王是百姓向往的对象，君是能团聚群体的人，传达了一种民本思想。董仲舒却说：王字的三横，象征天地人三才，人居中；而一竖象征君王的"顶天立地，天地人一以贯之。"后来王安石作"字说"，康有为写"大同书"，对"字学"都有独到研究，也都服务于本人的政治思想体系，各人的解释并不相同。通常说来，它的底线是"服务于识字教育"，有利于释读就行，倒不必拘守某种特定的解说。其实，你去细看细体会，东汉许慎对汉字的权威解释，就只属于他那个时代！两千年过去了，我们应该有我们这个时代的阐释，只要不离"中华文明"的神韵就行！而为了弄明白字形的"符号义"，对简体字的字形进行"返祖"，做出合理的解释，以利初学，倒更加需要"字源学"的理论修养，更加需要用今天的语言、从今人的生活中取象。这样做认读效果更好。

汉字趋简本是明智而高效之举，将偏旁部首符号化，将构字零部件以简代繁，古人很懂得这一手法。古人用一个怪怪的"耳朵符号"代替"阜、邑"两个独立的汉字，这个"符号化"程度之高，在汉字史上恐怕是很独特的了！要不是有人专门提醒你，你哪能知道"一点是注，两点是冰，三点是水，四点是火"，有什么理由反对那些以"纟、彳、钅、鸟、马"这十四个新偏旁的简化？它们实在是简化得太谨慎了，它们还保留着原来的大致模样，远不像古人的符号阝，……，氵，那么抽象！这是科学的做法，赢得了世人的赞同，而"废简"论者却要加罪于它们。

（三）音近义通字的返祖识读

全世界的婴幼儿见到亲人都喊"ma"，因为"ma"一张口就来，各族人都一样。全球婴幼儿一开始学说话，就都从喊"ma"开始，用来表达他的最亲近、最满意、最需要表达的感受与意愿——汉字就用"妈、母"的字形来表现，进而衍生出姆、嬷等字来，都是"m族字"，其意思是相联通的。这是"音近义通"。

全中国的人，要表达否定义时，用的字都离不开唇音（b、p、m或f、w、v），故北京之不、上海之勿、苏州之弗、湖南之毛、广东之冇（没）、四川之莫，都是唇音，尽管各地方音与字形有异，但音义相连，可以归为"b-m族字"。古人把这种现象称作"音近义通"。

1. 以下"b-m族"各字（词）都有给予否定、被消除的基本义素：不、弗、勿、莫、冇、没、殁、毛、微（式微）、毋、无、乌、末、未、冥、蔑、灭、否、非、匪、拂、（奢）靡、糜（滥）、昧、抹、密（封）、弥（封）、暮、漠（然）、亡、茫、妄、忘、盲、荒、罔、惘、泯，寞、蒙（蔽）、蠓、懵（懂）、冒（然）、贸（然）、瞀（然）、木（然）、墨（贪墨、墨吏）、默（肃默）、缪、（肃）穆、（荒）芜、怃（然），还有从"毛"的眊乱、消耗、毫末、酕醄等词头。

2. 同类事物中的大而强、大而壮者，音相近，义相通，都属"g族字"：岗（大山脊）、钢（铁之坚强者）、纲（粗绳索）、刚（强）、杠（粗大扁担）、缸（敞口大坛子）、江（大河流）、将（大头领）、绛（大红色、深红色）、亢（大喉头）、吭（高音）。

3. 还有"yu族字"，皆有"大"义。如：宇（宇宙、大房子）、芋（大芋头）、竽（大斗笠）、盱（瞪大眼）、纡（弯曲）、迂（绕大弯）、吁（大声、喘大气）、言于谟（大策划）、圩（大堤）、吁（大声、喘大气）。

4. 再如"从戋"的"j族字"，都有卑小简陋的基本义素：浅、贱、笺（小束）、钱（小钞）、线（细绳）、饯（小食品）、栈[简易的（客房、货栈、阁道……）]。

可见，声转义连，音近义通，故依音求义就是一种可行的释字方法。

十一、文言与白话之争：中华书品面貌的新变

文言与白话之争，书面语与口语之别，是近现代书品之区别于古代书品的又一个重要因素。字形之外，就要研究字音与词语了。

识字，古有训诂法、反切法，讲平仄，调四声；今则有注音法、拼音法，讲声韵，讲四声，只是不再守平仄律了。

"汉字注音法"原是由来华的外国传教士提起的，明人徐光启的著作中就有用外文为汉字注音供传教士应用的实例。于是形成了一个"威妥码注音法"，人家是照英文的拼法去发汉语的音，拼出来的"中国""天津""香港""台北"的音译式，至今大陆以外的华人华侨中还有人在使用。那以后，中国学者拟出了一套"国语注音字母"，其书写法简直就是日本假名的变体。"五·四"时期，新文化的中坚们冲破"文言（书面语）—雅言（官场话）"的藩篱，承认"俗字"与"白话"的合法地位，于是风气大开，说"官话（北方话）"，用"俗字"，写"白话文"，形成风气。中国台湾地区迄今拒绝简化字与拼音，却一直保守着清朝皇家提出的"官话"与"正体字"概念，一直信守着清朝人关于写繁体"正字"的要求，致力于把"国语"推广到全社会，并且坚持使用那一套仿日本假名而来的"注音字母"，成就突出，以致引得今之大陆的某些"学者"也心向往之。

严格地说，书面文言与白话口语，原本就是一家。孔夫

子口中的"吾之书"原就是"我的书"，二者没啥区别。我们以为孔孟说的"钟鸣鼎食""箪食壶浆"是"文言"，不好懂；其实，孔孟又哪能听得清今人说的"看电视、吃盒饭、洗桑拿"到底是什么意思！再比如汉乐府、唐传奇、宋话本、元小曲，连同李自成、张献忠们发布的文诰，甚至元明皇帝自拟的诏书，哪一样都有用当时口头语写成的"大白话"！可见，"白话文"也是自古有之的，不是什么新事物；在文言与白话中划道鸿沟，纯属人为！

至于中国近现代的"白话文"风潮，则是随着基督文化的东传，由明清传教士用译著《圣经》等西方读物来启动的。

我们知道，在"五·四"新文化运动中，用白话文代替文言文曾是一个严肃的课题，曾是一场牵动整个中华文化生态的论争。然而，以白话代替文言的舆论种子到底是谁种下的，谁最先做出了"成绩"，这类问题在学界似乎并未引起重视。实情是：文言文是亿万中国人用了数千年的"民族共同语"，非常成熟，中国文人从未轻视过它，也从未想过要推翻它。可是，明清时来华传教的传教士们，他们明白用中国老百姓所欢迎的口语方式来译介《圣经》及一切西方著作，能迅速普及于社会底层的好处，于是掀起了大写近代"白话文"的风潮。这里介绍两条传教史资料，一是想说明，同样的"白话文"主张，外国教士是怎么表述它的，为什么会有这个主张；二是想说明：启动白话文写作，远在"五·四"之前，是早期传教士的特殊"贡献"。

乾隆二十三年（1758年）耶稣会士贺清泰用北京话译出了《古新圣经》。他在《圣经之序》中是这样说他的翻译主张的：

天地，万物，神人，万物终始，人类归向，在世何为，什么是真正善德，真正美功，什么是罪，什么是恶，什么是卑贱，什么是过愆，这些紧要的事，《圣经》全全讲明，又有真切的凭据。天主亲爱我们至极，安排这样齐备……共总紧要的是道理，贵重的是道理。至于说的体面，文法奇妙，与人真正善处，有何裨益？

《再序》又重申了这种重"道理"不重"文法"的主张。

看书有两样人：一样是诚心爱求道理，并不管话俗不俗，说法顺不顺，只要明白出道理来足足够了，也对他的意思。这样的人，可不是贤人么？所该贵重的，他们也贵重；本来要紧的是道理。话虽是文彩光辉，若无道理，算甚呢？一口空嘘气而已。还有一样人，看书单为解闷。倘或是读书的人，单留心话的意思深奥不深奥，文法合规矩不合；讲的事情，或者从来没见过的，或是奇怪的，或是多有热闹的；一见没有，或是书上没有修饰，就厌烦了，抛下书，无心看了。论这样人，一定不服我翻的《圣经》……天主贵重的，不过是人的灵魂。聪明愚蒙，天主不分别。为几个懂文法的人，不忍耽搁了万万愚蒙的人。不能懂文深的书，他们的灵魂，也不能得受便益。天主的圣意是这样，翻《圣经》的人，敢背他的旨意么？

早在新文化运动以前的200年，在北京的洋人翻译家中就已经有了这样清楚的"白话"主张，而且竟能把北方话用得如此的流利顺达，表明这位"外国佬"是个文化修养很高、北方话学得很不错的人。拿这样的文字与"五·四"时期新文化主帅们的"白话文"相比较，反而更接近今天的普通话。更好懂，不是吗？应该说，传教士的东来，西学的东渐，对于启动中国书面文字的白话表达，也是一种推力。当然，这位贺清泰关心的是《圣经》的民间流布，是希望中国老百姓"归主"。

19世纪初，传教士马礼逊等人又一次用白话译出了全套《圣经》，1822年编纂印刷出版了《华英字典》，书中富含对中国各派宗教哲学及神话传说的介绍，对中国礼仪和风俗习惯的介绍，对著名历史人物的介绍，对中国学校教育及科举制度的评价，对中国天文学、音乐、戏剧的介绍，堪称中国文化的百科全书。其中，《华英字典》对中国书面文字从文言到现代白话的过渡也有先导之功，因为它的汉语解释性内容全是用白话文写成。

但是，汉文毕竟不是传教士们的母语，他们难以运用自如；在翻译创作过程中，他们倍感汉语文字的难学难用，他们不习惯于汉文单词的不讲"性""位""数""格"之类"语法"变化，又要尽力在翻译中使用西方的表达式，于是一面骂汉语的"不完善""不科学"，一面迎合西方读者之需，尽力用西式语法来"改造"中文。这就助推了"汉字拉丁化""汉语语法研究""汉文白话化"的风潮；当其走向极端时，便留下了有人要废除方块汉字、诅咒汉语语法"不发达"的祸根。不过，这是中国人自己做的糗事，该由自己负责，怨不得别人的。

当年，意大利大文豪但丁，打造了很多理由来反对用古拉丁文详译《圣经》、搞写作，提倡用意大利本土方言写作，他获得了巨大成功，带动了"意大利国语"的形成。时逢宗教改革风潮席卷西欧，英法德荷各国精英都要求"宗教处境化、本地化"，于是反对早已通用的古拉丁文，而改用英、法、德、荷各国当代的方言土语去译写《圣经》等读物，于是推动了各自"国语"的形成。清末访欧留欧的人士，"言必称希腊"，崇拜但丁们的思想成就，不分青红皂白，把人家反对外族古语古文的种种理由搬来做借口，反对我中华民族的成熟的用了数千年的"民族共同语"——文言文，用他们自己的方言土语写作，号为"白话文"。而其所作，今天读来，反不如《论》《孟》的好懂。好者，在中华大地，文言的出版从未中断，文言的写作也从未中断，尤其是在诗赋韵文的写作方面，而所谓"白话文"也日见摒弃其方言土语而逐步书面化、整饰化、通用化了，没有走上西欧人分道扬镳的岔路。可以说，这是对文言文的遗貌取神之功，也是文言书品的潜力所在。

结 束 语

明清的评注之学，是两汉唐宋文章学在方法论上的集大成，训诂注疏与圈点，义理辞章和考据，在理论性和操作性上，都达到了它所能达到的历史高度。清代在对中华文化所做的整合工程中，发挥了无可替代的作用。或许可以这样说，清代两个世纪内对中华传统文化的大整合，让多民族的四亿人口认同一种文化传统，形成一种心理结构，尊用一个文化形态，使之在强劲的"欧风美雨"的冲击下，仍保持着中华文明的主体性，并为在百年列强瓜分割据之后的再度大统一准备了基地，这个成就不可抹杀，不容蔑视。

晚清以降，文章学在传统文章研究的方法论基础上，又吸收国外文艺理论和美学理论，丰富并发展了自己。新中国成立以来，形成了面貌一新的"赏析之学"。赏析之学也吸收了评注的优点，对新中国成立初的文化大普及起了重要的保障作用。但也不能不指出，它对本民族传统的训诂—注疏—声律之学扬弃过多，过于脱离汉语汉文的读写实际去搞所谓"赏析"，往往沦入架空立论的泥淖。

作为一种方法论的学科，传统文章学以自己特有的学科内容和研究方法而自立于各门学科之林。我们注意到，我国古人关于文章阅读与评析的这种章句训诂之学、声律辞章之学、注疏评点之学，指示了汉语文章的阅读方法、写作方法、评析方法及其实际操作技巧，两千年来，对准确说明古文的形、音、义和典章文物制度，揭示篇章结构与文法特点，阐释古代文章的民族风格、民族气派之固有的美，发挥了特有的作用，至今仍有其独到的功效。而且，它本身并不是封闭体系，过去它吸收过其他学科包括佛学的学术因子，吸收过西方美学原理、文字学原理、语言学原理……我想，今后，如能对传统方法论作系统的整理并作必要的理论更新，同时吸纳当代社会学、文化学、文艺美学的基本理论与方法论，吸收其研究成果，加以体系化的整合，定能为今天的古文阅读和欣赏、教学与研究打开一片崭新的天地，为当代的书品出版、阅读及文化建设服务。

正是出于以上考虑，本书梳理了古代文字、书品、章句、训诂、目录、版本、注疏、声律、辞章和评析之学的成果，用以观照古代书籍的版本、印制、文章的体裁、题材、文法、章法、句法、音读的推衍与变迁，揭示中国文章的民族样式与写作的规律性因素。

近代史上的中华书品，随着东西文化交流的深化、细化，除了文字载体——纸——的材质在不断改善外，装帧上明清的线装册页书已变成了近现代包背装册页书；内文版式上的变化也很明显，历代手抄本与木版、石版之印刷本已为近现代之金属铅版、铜版及胶版和当代电子版之印本所取代；历代以右起直行为特征的传统排版更为现当代以左起横行为特征的革新版式所取代；从字体上看，当代印品更是以新宋体为主导，以简化字为特色的了，它更清晰也更适读了。上述这一切，都还是书品在"外形式"上的变化。至于书品之"内形式"上的讲求，则更贴近"书"的本质：传统的训诂、声律、辞章、考据、注疏、评点之学已经改变为讲求汉语拼音，讲求语法知识，讲求文字改革了；而文学批评、美学赏析更成了新时代的学术追求。这方面的知识太丰富了，已经超出本书的承载范围了。挂一漏万，敬祈补正。